古代歷史文化 研究輯刊

三一編

王明蓀 主編

第 3 冊

宋神宗的軍事改革與對夏經略研究（上）

雷家聖 著

國家圖書館出版品預行編目資料

宋神宗的軍事改革與對夏經略研究（上）／雷家聖 著 -- 初
版 -- 新北市：花木蘭文化事業有限公司，2024〔民 113〕
目 4+168 面；19×26 公分
（古代歷史文化研究輯刊 三一編；第 3 冊）
ISBN 978-626-344-655-7（精裝）

1.CST：宋神宗 2.CST：軍事 3.CST：政治發展 4.CST：北宋史

618   112022520

ISBN-978-626-344-655-7

9 786263 446557

古代歷史文化研究輯刊
三一編 第 三 冊   ISBN：978-626-344-655-7

宋神宗的軍事改革與對夏經略研究（上）

作　　者	雷家聖
主　　編	王明蓀
總 編 輯	杜潔祥
副總編輯	楊嘉樂
編輯主任	許郁翎
編　　輯	潘玟靜、蔡正宣　美術編輯　陳逸婷
出　　版	花木蘭文化事業有限公司
發 行 人	高小娟
聯絡地址	235 新北市中和區中安街七二號十三樓 電話：02-2923-1455／傳真：02-2923-1452
網　　址	http://www.huamulan.tw 信箱 service@huamulans.com
印　　刷	普羅文化出版廣告事業
初　　版	2024 年 3 月
定　　價	三一編 37 冊（精裝）新台幣 110,000 元

宋神宗的軍事改革與對夏經略研究（上）

雷家聖　著

作者簡介

雷家聖，1970 年生。國立中興大學文學士、文學碩士，國立臺灣師範大學文學博士，博士論文為《宋代監當官體系之研究》。曾於臺灣逢甲大學、佛光大學、國立臺灣大學、實踐大學、中國文化大學等校擔任兼任教師，2017 年 9 月起，於上海師範大學古籍整理研究所任教。主要研究方向包括宋史、中國近代史、中國政治制度史、中國貨幣史等領域，並出版《力挽狂瀾——戊戌政變新探》（2004 年初版，2016 年增訂本《失落的真相——晚清戊戌政變史事新探》，2019 年簡體字版《引狼入室——晚清戊戌史事新探》）、《宋代監當官體系之研究》（2009）、《北宋前期文官考銓制度之研究》（2010）、《聚斂謀國：南宋總領所研究》（2013）等學術專書，另在國內外期刊發表論文、書評數十篇。

提　　要

　　宋神宗即位以來，有意一改宋朝積弱積貧的局面，追求富國強兵之道。因此重用王安石推行變法，並設置軍器監、實施將兵法、保甲法等軍事改革措施。在對西夏經略方面，宋神宗一方面派遣由种諤經營綏州，斷西夏左臂；一方面採用王韶〈平戎策〉的計劃，攻佔熙州、河州，設立熙河路。然而由於耗費太多，加上王安石第一次罷相的影響，熙河路的經營暫告中止。至元豐四年，西夏發生政變，使得原本陷入停滯的拓邊計劃出現了新的轉機，宋神宗五路伐夏，卻因後勤運輸能力落後，使得戰爭功虧一簣。反而是西夏在梁太后的領導下，抓住宋朝的弱點，避實擊虛，偷襲宋軍的運補路線，元豐四年的對夏戰爭因此以宋朝大敗收場。

　　神宗去世後，舊黨執政，西北經略一度沉寂。哲宗親政後，重新開始經營西北，攻取邈川（湟州）、青唐（鄯州），終於達到征服河湟的目的。徽宗時，又命王厚重新收復河湟，並開始由河湟出兵威脅西夏。然而宋朝進一步在古骨龍城設置震武軍，並派兵駐防，改機動偷襲為固守防禦，使得宋朝必須在西夏的東面、南面分兵防守，無法集中全力對付西夏。宋朝軍事戰略的失誤，使得宋朝與西夏之間的戰爭連綿不斷，卻始終無法對西夏施以致命的一擊。

本書榮獲 2018 年度
中國大陸「國家社會科學基金」
一般項目之補助，特此致謝

目

次

第一章　緒　論

第一節　北宋的「貧弱」與王安石變法

在中國歷史上，宋朝常被稱為貧弱的朝代。與漢朝、唐朝相比，宋朝沒有漢朝北伐匈奴、西通西域的壯舉，也沒有唐朝征伐高句麗、突厥，被突厥諸部尊為「天可汗」的光榮。宋朝在與遼朝、西夏、金朝、蒙古的戰爭中，敗多勝少，並且經常以「歲幣」換取和平，因此被後世歷史研究者貼上「文弱」的標記。

近代學者錢穆在《國史大綱》一書中，稱宋朝之建立為「貧弱的新中央」，「這一個中央，卻以他特殊的姿態出現於歷史。與秦、漢、隋、唐的統一相隨並來的，是中國的富強；而這一個統一卻始終擺脫不掉貧弱的命運，這是宋代統一特殊的新姿態。」〔註1〕錢穆進一步分析北宋「弱」的原因，認為宋初開國後，先把目標放在平定南方各國，「至太宗時，江南統一，再平北漢，而終於不能打倒契丹，這是宋室唯一主要的弱徵。」「宋則以趙普之謀，先南後北為持重，兵力已疲，而遺艱鉅於後人，則太祖之失也。」〔註2〕錢穆更進一步指出：「北方的強敵（契丹）一時既無法驅除，而建都開封，尤使宋室處一極不利的形勢之下，藩籬盡撤，本根無庇。這一層，宋人未嘗不知，然而客觀的條件，使他們無法改計。」〔註3〕所謂「客觀的條件」，係指養兵的錢糧仰

〔註1〕錢穆：《國史大綱》（北京：商務印書館，1996年），下冊，第523頁。
〔註2〕錢穆：《國史大綱》，下冊，第528頁。
〔註3〕錢穆：《國史大綱》，下冊，第531頁。

賴江南的漕運，故建都不得不遷就漕運方便之處。錢穆引用宋代官員張方平之語說道：

> 石晉割幽薊之地以入契丹，遂與強敵共平原之利，故五代爭奪，其患由乎畿甸無藩籬之限，本根無所庇也。祖宗受命，規模畢講，不還周、漢之舊，而梁氏是因（按：五代後梁建都開封），豈樂而處之？勢有所不獲已者。大體利漕運而瞻師旅，依重師而為國也。則今日之勢，國依兵而立，兵以食為命，食以漕運為本，漕運以河渠為主。〔註4〕

錢穆更指出：宋都開封，不僅對東北是顯豁呈露，易受威脅，其對西北，亦復鞭長莫及，難以駕馭，於是遼人以外復有西夏。〔註5〕北宋對遼、對夏的戰爭，敗多勝少，不得已只能以「歲幣」攏絡遼夏，北宋之「弱」，因此形成。

北宋之「貧」，錢穆指出宋室之患貧，原因有二：一為冗兵，太祖開國時軍隊約二十萬，至仁宗慶曆時竟達百萬以上，且軍隊除了月廩歲給的一般俸祿之外，還有各種額外的賞賜，尤著者為三年一次的郊賚；此外，冗兵之外復有冗吏，宋朝優待士大夫，大量錄取進士，且官俸逐步增添，一般俸祿之外，又有「祠祿」為退職之恩禮，有各種額外賞賜，又有「恩蔭」，每逢郊天，即推恩封蔭。冗官耗於上，冗兵耗於下，財政竭蹶，理無倖免，雖國家竭力設法增進歲入，到底追不上歲出的飛快激增。宋之疆土民庶遠不如漢唐，而國家稅入遠過之，此其所以愈貧而愈弱矣。〔註6〕

實際上，關於北宋「冗兵」、「冗官」、「冗費」的討論，在清代已有人提及。清人趙翼在《廿二史劄記》中屢屢言之，在〈宋郊祀之費〉一條指出：「宋制：每三歲一親郊，大小各官，皆得蔭子。……賦役繁重，轉運使又於常賦外，進羨錢以助南郊，無名斂率，不可勝數。然則南郊之費，大概出於外僚科斂所進之羨餘，是又因百官之濫恩，而朘萬民之財力，立制抑何謬耶？」〔註7〕〈宋制祿之厚〉條中說道：「然給賜過優，究於國計易耗。恩逮於百官者，唯恐其不足；財取於萬民者，不留其有餘，此宋制之不可為法者也。」〔註8〕〈宋恩

〔註4〕李燾：《續資治通鑑長編》（以下簡稱《長編》，北京：中華書局，2004年）卷269，熙寧八年十月壬辰，第6592頁。參見錢穆：《國史大綱》，下冊，第531～532頁。

〔註5〕錢穆：《國史大綱》，下冊，第533頁。

〔註6〕錢穆：《國史大綱》，下冊，第534～548頁。

〔註7〕趙翼：《廿二史劄記》（北京：中國書店，1987年），卷25〈宋郊祀之費〉，第329～330頁。

〔註8〕趙翼：《廿二史劄記》，卷25〈宋制祿之厚〉，第331頁。

蔭之濫〉說道：「朝廷待臣下固宜優恤，乃至如此猥濫，非惟開倖進之門，亦徒耗無窮之經費，竭民力以養冗員，豈國家長計哉？」〔註9〕〈宋恩賞之厚〉說道：「宋制：祿賜之外，又時有恩賞。……班僅庶僚，非有殊績，亦被橫賜。」〔註10〕〈宋冗官冗費〉中亦說道：「宋開國時，設官分職，尚有定數。其後薦辟之廣、恩蔭之濫、雜流之猥、祠祿之多，日增月益，遂至不可紀極。」〔註11〕從清代的趙翼到近代的錢穆，確立與強化了北宋「貧」的形象。

此後學者討論宋代的發展，大多不脫「貧弱」的觀點。例如林天蔚〈北宋積弱的三種新分析〉認為：宋代的積弱，在內政上始於建國時定下的「強幹弱枝」與「重文輕武」二大國策。自宋太祖開國，宋太宗統一，而至宋真宗初期，「兩大國策」之推行，剷除了唐末以來藩鎮割據的惡習，收財政、軍事大權於中央，建立了堅固的中央集權政府，不過，利之所在，弊亦隨之。另一方面，由於杯酒釋兵權，遂特別恩待將領，造成不少冗官冗員。又因宋朝重文，文官俸祿亦特厚，於是產生了財政上種種的困難。仁宗時代是一大轉機，假若當時能力圖振奮，改革積弱，未嘗不可轉弱為強。可惜仁宗初年，女主（劉太后）專政，力主保守，錯失改革時機。同時仁宗開始「殿試」不再黜落，進士科錄取人數普遍增加，此等科舉出身之人，雖盡居要職，但因無實學，致成「誤國之人」。理學初起於仁宗之世，至神宗時始盛，哲宗時遂成「道學」，侈談「心」、「性」、「理」，不切實際，既成風氣，致有「虛言誤國」之譏。此三者皆源於仁宗之世，為北宋積弱之原因。〔註12〕北宋「貧弱」的形象，幾乎已成為學界的定論。

然而北宋真的「貧弱」嗎？全漢昇先生在〈略論宋代經濟的進步〉一文中，認為宋代經濟的發展與進步遠在當時世界其他各國之上，原因包括貨幣經濟的發達（年鑄錢六百餘萬貫，又有交子的使用）、眾多的人口、生產技術的進步（如煤用於燃料，使用指南針航海，印刷術的發達，火藥的使用等），然而，為什麼宋代在如此進步的情形之下，不能產生資本主義、工業革命？全漢昇先生認為：第一，煤礦運輸不便，無法大規模開採與運輸以支持重工業建設；第二，人口過剩，機械化生產變得沒有必要，甚至容易導致失業；第三，理學家

〔註9〕趙翼：《廿二史箚記》，卷25〈宋恩蔭之濫〉，第333頁。

〔註10〕趙翼：《廿二史箚記》，卷25〈宋恩賞之厚〉，第333頁。

〔註11〕趙翼：《廿二史箚記》，卷25〈宋冗官冗費〉，第334頁。

〔註12〕林天蔚：〈北宋積弱的三種新分析〉，收於宋史座談會編：《宋史研究集》第九輯（臺北：國立編譯館，1977年），第147～198頁。

提倡「存天理、去人欲」，不利資本主義精神。劉子健先生更指出：帝國的「重稅」高壓政策，對商業資本的發展不利，法律制度對商業也無獎勵之舉；富人希望子弟讀書仕宦，並以財富購買土地的習慣，使商業資本不易持續累積；平民家庭的分財產制，亦不利資本集中；金銀銅等通貨仍然不足。宋晞又引述Robert Hartwell 的意見，認為女真與蒙古的入侵，影響了宋代經濟發展。〔註13〕整體而言，宋代雖然未達到資本主義、工業革命的階段，但是社會經濟的繁榮與發達，仍是值得正面肯定的。因此，北宋的「貧」，是因為政府開支過大導致財用不足，是政府的財政短缺問題，而不是社會整體的貧窮。

此外，即使北宋英宗以前，因為冗官、冗兵、冗費而有「貧弱」的問題，但宋神宗用王安石變法，推動改革，目標即是改變貧弱的現象，追求國家的富強。關於王安石變法的研究，成果亦不少。〔註14〕最有代表性者，包括梁啟超《王安石評傳》、鄧廣銘《北宋政治改革家王安石》與漆俠《王安石變法》。

梁啟超《王安石評傳》為近代研究王安石的發軔之作，該書詳細介紹了王安石的時代背景、早年生涯、與宋神宗的關係；並對王安石推動的各種改革措施，包括民政與財政（設立制置三司條例司，推行青苗法、均輸法、市易法、募役法等）、軍政（包括省兵，推行置將法、保甲法、保馬法，設置軍器監等）、教育（包括推行太學三舍法、頒布《三經新義》等）、選舉（更改貢舉法，罷明經諸科，已經義策論試進士）等方面，皆做了深入詳細的介紹；又介紹了王

〔註13〕 全漢昇：〈略論宋代經濟的進步〉，收於全漢昇：《中國經濟史研究》（臺北：稻鄉出版社，1991 年，）下冊，第 551～569 頁。文中並附有劉子健、蔣復璁、宋晞、楊樹藩、齊覺生、姚從吾、林瑞翰、趙鐵寒諸先生之討論意見。

〔註14〕 關於王安石變法的研究成果，可參見李華瑞：《王安石變法研究史》（北京：人民出版社，2004 年）。梁啟超：《王安石評傳》（上海：世界書局，1935 年）。鄧廣銘：《北宋政治改革家王安石》（北京：人民出版社，1997 年）。漆俠：《王安石變法》（《漆俠全集》第 2 卷，保定：河北大學出版社，2008 年）。梁庚堯：〈市易法述〉，收入梁庚堯：《宋代社會經濟史論集》（臺北：允晨文化，1997 年），上冊。王曾瑜：〈王安石變法簡論〉，收入王曾瑜：《錙銖編》（保定：河北大學出版社，2006 年），第 1～40 頁。王曾瑜：〈從市易法看中國古代的官府商業和借貸資本〉，收於王曾瑜：《錙銖編》，第 71～90 頁。張元：〈從王安石的先王觀念看他與宋神宗的關係〉，收入宋史座談會編：《宋史研究集》第 23 輯（臺北，國立編譯館，1995 年），第 273～299 頁。日本學者對王安石變法的研究，成果甚多，如佐伯富：《王安石》（東京：中央公論社，1990 年）。小野寺郁夫：《王安石》（東京：人物往來社，1967 年）。小林義廣：《王安石：北宋の孤高の改革者》（東京：山川出版社，2013 年）。東一夫：《王安石新法の研究》（東京：風間書房，1970 年）。

安石的「武功」（創設熙河路的河湟之役，對湖南、四川地區少數民族的經略，以及征伐交趾之役）；並對王安石的新政做了詳細評價與討論；最後討論王安石的用人、交友、家庭、學術等方面，可謂對王安石做了全面性的分析。梁啟超為戊戌變法的參與者與推動者，對於變法改革抱有肯定的態度，因此對王安石也採正面的評價。梁啟超說道：「若乃於三代下求完人，惟公（王安石）庶足以當之矣。悠悠千禩，間生偉人，此國史之光，而國民所當買絲以繡、鑄金以祀也。」〔註15〕然而，梁啟超此書的問題，在於將熙寧時期所有改革成就完全歸功於王安石，過度以傳主為中心，是撰寫人物傳記時難以避免的問題。

　　鄧廣銘《北宋政治改革家王安石》為 1949 年之後中國大陸研究王安石的先驅。該書指出王安石在宋神宗即位之後，勸說宋神宗做大有為之君，並提出變法改革的主張。該書強調王安石在法家的指導思想下變法革新，終極目標是富民、富國與強兵，並主張摧制兼併、崇尚法治，用人方面強調人的主觀能動作用和積極性的調動；以「三不足」（天變不足畏，祖宗不足法，流俗之言不足恤）精神做為革新的精神支柱。變法的具體措施方面，該書討論了王安石農田水利法、均輸法、青苗法、免役法（募役法）、市易法、方田均稅法等理財措施，加強軍隊戰力的將兵法與恢復民兵制度的保甲法，以及全力支持王韶對西蕃諸部的招討（河湟之役）。該書對王安石亦採正面肯定的態度，認為王安石「是一個具有高尚品格的人，是一個傑出的政治改革家，對於政治、經濟、軍事和社會的變革，他都具有理想和抱負、韜略和辦法。」〔註16〕並認為「王安石是一個戰略家，不論在政治、經濟和社會方面，或是對待一直威脅北宋政權安全的北方契丹政權和西北方西夏政權，王安石都有經過他獨立思考和深思熟慮而構成的規劃和籌策，所以是一個真正的能夠高瞻遠矚的戰略家。」〔註17〕「在王安石全力支持的王韶征討河湟之戰過程中，他把前線軍事的指揮之權，全聽王韶自作主張，不在開封做任何形式的遙控，這也果然成為王韶取得戰爭勝利的重要原因。不妨說，這也正是王安石在用兵方略上進行改革的初次實驗。這次初步實驗的成功，也預示著王安石的整個戰略設想之具有可行性與可能性。」〔註18〕該書與梁啟超《王安石評傳》相同，在正面肯定王安石之餘，

〔註15〕梁啟超：《王安石評傳》，第 1 頁。

〔註16〕鄧廣銘：《北宋政治改革家王安石》，第 3 頁。

〔註17〕鄧廣銘：《北宋政治改革家王安石》，第 8 頁。

〔註18〕鄧廣銘：《北宋政治改革家王安石》，第 8～9 頁。

也將熙寧時期所有改革與軍事成就歸功於王安石。

　　漆俠《王安石變法》是繼鄧廣銘《北宋政治改革家王安石》之後又一部研究王安石的經典之作。該書首先分析了宋朝政治、經濟的概況,討論了中央集權政治體系下積弱、積貧的局面,豪強兼併土地的社會問題,以及當時士大夫主張改革的呼聲。在談到王安石變法的實質內容方面,該書討論了對官僚機構的調整、對下層士大夫的提拔、科舉與學校制的變更、整頓軍隊加強戰鬥力(裁減冗兵、實施將兵法等)、鞏固地方秩序(保甲法)、調整國家地主與農民的關係以及發展農業生產的措施(如青苗法、免役法、方田均稅法、農田水利法等)、限制商業資本和供應國家需要的專利制度(如均輸法、市易法、專利制度等)。同時該書也談到變法派與反變法派的衝突與鬥爭,以及神宗以後之哲宗、徽宗時期新舊黨爭的經過。與鄧廣銘《北宋政治改革家王安石》不同的是,該書並未將經營熙河路、西北拓邊的軍事成就歸功於王安石(實際上該書並未提到這一部分),且描述了王安石罷相後宋神宗主導的改革與軍事行動(包括擴大徵收賦稅,加強保甲的訓練,並於元豐四年、五年對西夏發動靈州、永樂之役)。〔註19〕該書似乎已經發現,王安石並非熙寧時期所有改革與軍事成就的主導者,而將王安石的貢獻放在內政、財經與教育方面;並且開始凸顯宋神宗在變法時期扮演的角色與作用。

　　事實上,北宋前期的政治體制有其特殊性,在朝廷中央,宰相(中書)治民,樞密院主兵,三司理財,被錢穆稱為「相權的分割」。〔註20〕北宋前期的宰相,權力其實十分有限。加上宋朝有「異論相攪」的祖宗家法,宋真宗任用寇準時曾說道:「且要異論相攪,即各不敢為非。」〔註21〕亦即讓不同觀點、不同政見的官員彼此相互制衡。〔註22〕實際上,王安石擔任宰相期間,樞密院

〔註19〕漆俠:《王安石變法》,第 189～197 頁。

〔註20〕參見錢穆:《中國歷代政治得失》(臺北:東大圖書公司,1977 年),第 72～73 頁。相關研究成果包括周道濟:〈宋代宰相名稱與其實權之研究〉,收於宋史座談會編:《宋史研究集》第 3 輯(臺北:國立編譯館,1966 年),第 245～263 頁。遲景德:〈宋元豐改制前之宰相機關與三司〉,收於宋史座談會編:《宋史研究集》第 7 輯(臺北:國立編譯館,1974 年),第 607～622 頁。遲景德:〈宋代宰樞分立制之演變〉,宋史座談會編:《宋史研究集》第 15 輯(臺北:國立編譯館,1984 年),第 35～62 頁。

〔註21〕《長編》卷 213,熙寧三年七月壬辰,第 5169 頁。

〔註22〕參見宋晞:〈異論相攪——北宋的變法及其紛爭〉,收於《歷史月刊》第 138 期(臺北:歷史月刊社,1999 年 7 月),第 45～51 頁。

的長貳大部分時間掌握在舊黨官員手中（見本書後述），所以認為王安石能主導軍事戰略的觀點，是十分值得商榷的。

又根據《宋史・神宗紀》的記載：

> 其即位也，小心謙抑，敬畏輔相；求直言，察民隱，恤孤獨，養耆老，振匱乏；不治宮室，不事遊幸，屬精圖治，將大有為。未幾，王安石入相。安石為人，悻悻自信，知祖宗志吞幽薊、靈武，而數敗兵，帝奮然將雪數世之恥，未有所當，遂以偏見曲學起而乘之。青苗、保甲、均輸、市易、水利之法既立，而天下洶洶騷動，慟哭流涕者接踵而至。帝終不覺悟，方斷然廢逐元老，擯斥諫士，行之不疑。卒致祖宗之良法美意，變壞幾盡。自是邪佞日進，人心日離，禍亂日起，惜哉！〔註23〕

《宋史》編修於元朝，而南宋之後，史家對王安石變法多採負面的評價，因此引文中對王安石有許多負面批評。然而前引文中也談到宋神宗「勵精圖治，將大有為」，「知祖宗志吞幽薊、靈武，而數敗兵，帝奮然將雪數世之恥」，可見想要在軍事上有所作為者，實為宋神宗。王安石只不過「以偏見曲學起而乘之」，負責推行青苗、保甲、均輸、市易、水利之法，亦即王安石真正主導的部分，只在於內政理財等問題，軍事與西北拓邊方面王安石雖有建議權，但似非主導者。

台灣學者張元教授曾經指出：宋神宗變法的主要動因，是為了整軍經武，希望能洗雪敗於遼、夏的恥辱。而王安石不以邊事為重，一再勸諫，似乎形成明顯的對比。那麼，為什麼宋神宗還是倚重王安石，支持全面的改革？宋神宗想用兵，先須充裕國庫，就需要王安石為他理財，以達成目的。〔註24〕張元教授又指出：宋神宗既然不能真切體會王安石所倡言的政治理念，何以重用王安石？由他主持全面的改革？王安石的態度較當時許多大臣積極進取，有為宋神宗解決眼前財政困難的決心和辦法，固然是重要原因；但另一方面，神宗是非常聰明，對於臣下辦事能力要求極高的君主，而王安石在這一方面也有過人的才華。所以，宋神宗真正賞識與倚重的，是王安石這方面的才華，而不是他在政治上的理想與抱負。換言之，王安石變法符合宋神宗「為用兵先理財」的

〔註23〕脫脫：《宋史》（北京：中華書局，1985年）卷16〈神宗紀三〉，第314頁。

〔註24〕張元：〈從王安石的先王觀念看他與宋神宗的關係〉，收於宋史座談會編：《宋史研究集》第23輯（臺北：國立編譯館，1995年），第283頁。

要求，才會為宋神宗所重用。〔註25〕言下之意，王安石的作用，似乎僅止於內政理財方面。

　　如果王安石不是宋神宗時期軍事改革與西北經略的主導者，那麼誰才是真正的負責人？我們又應該如何討論這段時間軍事改革與西北拓邊的歷史？本書以「宋神宗的軍事改革與對夏經略研究」為題，希望跳脫「王安石中心論」的侷限，進一步釐清宋神宗時期軍事改革與西北經略的真正主導者，並討論此一時期的軍事改革與西北經略中的種種問題。

第二節　對宋神宗時期歷史的重新檢視

　　如上所述，若王安石不是神宗時期軍事改革與西北拓邊的主導者，誰才是真正的負責人？我們又該如何評價此一時期的軍事成果？為了解答此一問題，必須對當時的人物、制度與具體事件，做深入的分析與探討，才能較完整地呈現當時歷史的面貌。因此，本書的研究對象可分成三大部分：一為人物，以宋神宗為討論的重心，分析其「奮然將雪數世之恥」的理想與對遼夏的戰略，以及在軍事改革與戰爭指揮上，宋神宗有何缺失。此外，同時期的樞密院長官與邊臣將帥（拓邊政策的實際執行者），以及繼承神宗之志的哲宗、徽宗，本書也將討論他們的計畫與實際表現。二為制度，將討論將兵法、軍器監、保甲法等軍事改革的成效。三為實際的軍事表現，討論宋神宗之後西北拓邊的過程，並深入檢討其成效與不足之處。在進行研究分析之前，我們必須先蒐集整理關於這三個方面的相關研究成果，茲分述如下：

一、人物方面

　　關於王安石的討論，已見前述，茲不贅述。其他重要人物包括：

（一）宋神宗

　　關於對宋神宗的研究，專書有仲偉民《宋神宗》，該書以宋神宗為中心，對神宗時期的歷史做了較詳細的介紹，討論了宋神宗即位時內憂外患的歷史背景，重用王安石展開變法的過程，以及富國、強兵、取士等變法的具體內容。該書又談到神宗在變法過程中心態的轉變，由「上與安石如一人」到「上

〔註25〕張元：〈從王安石的先王觀念看他與宋神宗的關係〉，收於宋史座談會編：《宋史研究集》第 23 輯，第 288～289 頁。

益厭安石所為」的變化，以及元豐年間神宗親自推動變法的內容。該書也談到神宗時期對遼的策略，熙寧年間對交趾的戰爭，以及元豐年間對西夏的戰爭。該書既為宋神宗的傳記，故在寫作過程中將當時所有改革政策與軍事策略，通通歸功於神宗，與梁啟超《王安石評傳》有相同的問題。且該書在最後一章〈蓋棺未必能論定──神宗的思想與個性〉中論及神宗的治國思想、人才思想、學術與軍事思想、品德與性格等方面，僅根據宋神宗與朝臣的對話與下達的詔旨，來分析宋神宗的思想與觀念，這種分析容易流於表面化與形式化。〔註26〕

學位論文有古麗巍的博士論文《宋神宗元豐之政的形成與展開》，該論文討論熙寧時期的政治結構與問題，元豐年間神宗直接掌控政局後對政治的調整，以及「元豐改制」後的政治架構。該論文認為神宗即位之初，對於如何實現「大有為」的理想，尚未得要領，因此必須依靠有著同樣政治理想而敢於「改作」的王安石，共同推進「有為」之政，這就體現為神宗與宰相王安石的「共治」；而在王安石罷相後，元豐時期的宋神宗「攬綱柄而自為之」，政務處理更多以皇帝「獨斷」的方式來完成。〔註27〕此文偏重討論熙寧、元豐時期的政務運作與元豐改制的變革，並未論及軍事改革與對夏政策。

籍勇的碩士論文《宋神宗軍事思想研究》討論了神宗對遼、夏、交趾以及對南部羈縻州縣的戰略思想，神宗對軍隊管理（包括將帥管理、士兵管理、武器管理、戰馬管理）思想，以及對軍隊士氣、陣法隊法、後勤補給、軍事地圖、間諜使用等方面觀點，並說明將兵法提高了軍事將領的權力，解決了兵將相知的問題。〔註28〕但此論文對宋神宗採取完全正面的表述，並未討論宋神宗指揮軍事時的缺點與弊病，也未能從北宋軍制演變的角度分析將兵法的特色。

期刊論文有顧全芳〈宋神宗與熙豐變法〉，該文認為王安石的新法弊端叢生，原因在於神宗過度依靠和相信王安石，沒有適當地制約王安石之故，仍將王安石視為變法的主導者。〔註29〕

崔英超〈熙豐變法的醞釀──談宋神宗變法思想的形成〉認為神宗因為國家面臨財政危機與統治危機，受士大夫改革思潮的影響，加上其父英宗已有改革的想法，導致神宗即位後全面推行變法。崔英超、張其凡〈論宋神宗在熙豐

〔註26〕仲偉民：《宋神宗》（長春：吉林文史出版社，1997年）。
〔註27〕古麗巍：《宋神宗元豐之政的形成與展開》，北京大學博士論文，2011年。
〔註28〕籍勇：《宋神宗軍事思想研究》，河北大學碩士論文，2009年。
〔註29〕顧全芳：〈宋神宗與熙豐變法〉，《學術月刊》1988年第8期，第72～77頁。

變法中主導權的逐步強化〉則認為熙寧年間神宗即位未久，變法改革尚須仰賴王安石；熙寧七年（1074）王安石初次罷相，神宗已掌握變法的主導權；熙寧九年（1076）王安石二度罷相後，神宗更獨攬變法主導權，親自主持變法大業。崔英超、張其凡另撰〈熙豐變法中宋神宗作用之考析〉一文，認為宋神宗在變法中扮演了參與政策討論、作出最後決策、監督變法施行、調和改革保守兩派的角色，熙寧九年後更直接指揮變法。〔註30〕以上諸文，認為宋神宗在變法過程中扮演重要的角色，從仰賴王安石到親自掌權，一步步由幕後走向幕前，掌控政局的發展。

冷輯林、樂文華〈宋神宗是熙豐變法的主宰〉更進一步認為宋神宗是變法的最高決策者，王安石的起用與罷免、政治權力的收放，都由宋神宗決定。〔註31〕

張元〈從王安石的先王觀念看他與宋神宗的關係〉認為宋神宗變法的目的，是為了整軍經武，故需要王安石為他理財，而不是重視王安石在政治上的理想與抱負，降低了王安石在整個變法中的地位。〔註32〕

王戰揚〈北宋中後期對夏戰爭的軍事決策及其成敗〉指出：宋神宗朝以後中央在對夏戰爭中的軍事決策地位得到重塑與提高。在熙寧四年（1070）囉兀城之戰中，宋神宗以副相韓絳為宣撫使主持西北邊事，與宰相王安石內外配合，構成宋神宗之下的軍事決策核心。元豐四年（1081），在神宗親自決斷下，派遣宦官王中正、李憲分別掌管麟府、鄜延、環慶、涇原路四路和熙河、秦鳳路兩路的前線軍事決策權，特許便宜行事。元豐五年（1082）在永樂城之戰中，神宗用鄜延路經略安撫使沈括和鄜延路計議邊事徐禧主持戰局。在蘭州之戰中，李憲雖為主帥，神宗卻頻繁使用手詔指揮行動，使得兩府大臣難以參與軍事決策，可以說神宗在軍事決策上已逐步走向獨斷。元祐時期，最高軍事決策一度恢復了中書、樞密院共同負責的舊制，但到宋哲宗紹述時期，相權有所膨脹，章惇甚至用私書控制西北戰事，而樞密院的權力受到壓制，對軍事決策影

〔註30〕崔英超：〈熙豐變法的醞釀——談宋神宗變法思想的形成〉，《甘肅社會科學》2002 年第 5 期，第 126～129 頁；崔英超、張其凡：〈論宋神宗在熙豐變法中主導權的逐步強化〉，《江西社會科學》2003 年第 5 期，第 119～122 頁；崔英超、張其凡：〈熙豐變法中宋神宗作用之考析〉，《暨南學報（人社版）》2004 年第 3 期，第 116～123 頁。

〔註31〕冷輯林、樂文華：〈宋神宗是熙豐變法的主宰〉，《江西社會科學》1999 年第 1 期，第 100～104 頁。

〔註32〕張元：〈從王安石的先王觀念看他與宋神宗的關係〉，《宋史研究集》第 23 輯，第 273～300 頁。

響有限。宋徽宗前期，中央軍事決策與神宗朝有類似之處，即由皇帝及宰相蔡京主要負責，但皇權亦出現獨斷的趨勢。統安城之戰中，宋徽宗以宦官童貫為熙河蘭湟秦鳳路經略安撫使，又多用「御筆手詔」指揮行動。嗣後童貫得到徽宗的寵信，進入軍事決策圈，更多地影響到徽宗的好惡。〔註33〕此文正式跳脫了梁啟超「王安石中心論」的影響，肯定了宋神宗在對夏戰爭中，扮演了主導者的角色，但是對宋神宗軍事指揮的品質與領導統御的能力，尚有待進一步的分析。

方震華〈將從中御的困境——軍情傳遞與北宋神宗的軍事指揮〉認為神宗在軍事管理上企圖落實「將從中御」的理念，神宗基於自己的自信，在士兵訓練、行軍陣法、器械製造等方面都介入主導，戰時更透過加快文書傳遞速度、建立多重訊息取得管道等方式，力圖有效掌握前線戰局。但神宗的意志仍受到諸多條件的限制，如京師到戰場距離遙遠，造成資訊傳遞延遲，使得君主的意志難以影響實際作戰。另一方面，由於神宗對於敵情不能確實掌握，過於樂觀地判斷形勢，下達指令，反而造成宋軍面臨未曾預期的困境。〔註34〕

以上研究成果，我們可以看出學者們逐漸跳出梁啟超《王安石評傳》將所有新政改革與軍事成就歸功於王安石的作法，在「王安石中心論」的模式之外另闢蹊徑，肯定了宋神宗在變法中的積極作用。然而上述諸文仍未將財經教育等改革與軍事拓邊政策分別討論。筆者認為，我們不能排除下述觀點的可能性：在熙寧年間王安石執政時期，王安石雖然主導了財經教育等多項改革政策，但在軍事與拓邊方面，神宗卻是真正的決策與指揮者。這一觀點是否成立？如果成立，宋神宗在軍事領導與指揮上究竟有何優缺點？這些部分，都有待本書的分析與探討。

目前學界關於宋代制度史的研究，著重於釐清政務運作的具體細節，以便更深入地了解宋代政治的運作方式，鄧小南教授將之稱為「活的制度史」。〔註35〕而在政治的實際運作中，帝王的性格往往扮演著重要的角色，帝王本人對

〔註33〕 王戰揚：〈北宋中後期對夏戰爭的軍事決策及其成敗〉，《東嶽論叢》2019年第9期，第101～111頁。

〔註34〕 方震華：〈將從中御的困境——軍情傳遞與北宋神宗的軍事指揮〉，《台大歷史學報》第65期（2020年6月），第1～13頁。又收於方震華：《和戰之間的兩難——北宋中後期的軍政與遼夏關係》（北京：社會科學文獻出版社，2020年），第148～176頁。

〔註35〕 鄧小南：〈走向活的制度史：以宋代官僚政治制度史研究為例的點滴思考〉，《浙江學刊》2003年第3期。

制度的尊重或輕視，往往導致了政治制度與政務運作產生變化，因此，制度不是「死」的，而是隨著不同的人與事而在不斷變遷之中。對宋神宗在熙寧、元豐時期的表現，作出適當而合理的評價，是有其必要的。

（二）邊臣——王韶

王韶，字子純，江西德安人，神宗熙寧元年上〈平戎策〉，主張控制河湟地區以脅制西夏，其後在河湟地區積極經營，建立熙河路，成為北宋的拓邊名臣。關於王韶與〈平戎策〉的相關研究，馮瑞、賀興〈王韶「平戎策」及其經略熙河〉敘述了王韶〈平戎策〉「欲脅制西夏，必先攻取河湟；欲攻取河湟，必先招撫延邊諸族」的戰略構想，對河湟地區吐蕃諸部的歷史由來做了簡單的討論，並描述了王韶經略熙河的過程與取得的勝利，正面肯定了王韶的貢獻。〔註36〕

王曉燕〈王韶經營熙河管窺〉分析了北宋西北地區的局勢與王韶的安邊方略，介紹了王韶在熙河路的治理經驗，並說明王韶除了建立熙河路確保西北地區的安定之外，對熙河路更有懷柔蕃民、鞏固邊防、透過馬政與市易務促進民族交流等貢獻。〔註37〕

彭向前〈試論王安石對「平戎策」的修正〉指出熙河路設置之後，由於吐蕃與西夏聯姻，並於踏白城大破宋軍，使得王安石停止進攻河湟，改採厚結吐蕃的政策，王韶的計畫為之中止；直到哲宗親政後，宋朝才重新開始經略河湟，完成王韶〈平戎策〉的規劃。彭向前比較神宗時期經營河湟與哲宗徽宗時期河湟之役的不同，認為前者由於王安石及時修正〈平戎策〉，對吐蕃改採厚撫政策，使得宋朝與吐蕃的關係得到了加強；後者則是以滅亡吐蕃政權為皈依，是以強淩弱的民族壓迫行動，從而成為宋蕃友誼的墳墓。〔註38〕

王連旗〈北宋王韶、王厚的西北經略與邊疆安全——以軍政經略為中心〉，介紹了北宋西北地區的歷史背景與王韶、王厚父子的生平，敘述了王紹、王厚

〔註36〕馮瑞、賀興：〈王韶「平戎策」及其經略熙河〉，《蘭州大學學報（社會科學版）》2002 年第 1 期，第 63～69 頁。又收於孫家驊、鄒錦良：《王韶研究文獻集》（南昌：江西高校出版社，2018 年），第 225～236 頁。

〔註37〕王曉燕：〈王韶經營熙河管窺〉，《中央民族大學學報（哲社版）》2005 年第 5 期，第 86～91 頁。又收於孫家驊、鄒錦良：《王韶研究文獻集》，第 237～248 頁。

〔註38〕彭向前：〈試論王安石對「平戎策」的修正〉，《宋史研究論叢》第 5 輯（保定：河北大學出版社，2003 年），第 150～159 頁。

父子經營西北的功績，認為王韶、王厚父子的西北軍政經略活動，實踐和豐富了富國強兵的國家安全理論，促進了族際融合和社會的發展，保障了中原到西北地區以絲綢之路為主的商貿交通線的安全，促進了西北地區的開發。〔註39〕

關於王韶與王安石的關係，劉成國《王安石年譜長編》熙寧元年條記載：「是年，見王韶所上〈平戎策〉三篇，力主其議，薦之。」〔註40〕認為王韶之所以得到宋神宗的重用，是出於王安石的推薦。不過，劉成國根據的史料，一為《宋史》卷327〈王安石傳〉所記：「雱字元澤。……性敏甚，未冠，已著書數萬言。年十三，得秦卒言洮、河事，歎曰：『此可撫而有也。使西夏得之，則吾敵彊而邊患博矣。』其後王韶開熙河，安石力主其議，蓋兆於此。」〔註41〕然此條之意為王雱喜言邊事，王安石受王雱影響，因此對於王韶開熙河的計劃，也表示支持，並未直接說明王韶為王安石所推薦。劉成國根據的另一條史料為《朱子語類》卷133所記：「神宗初即位，……已而擢用王介甫（王安石），首以用兵等說稱上旨，君臣相得甚懽。時建昌軍司戶王韶上〈平戎策〉，介甫力薦之。」〔註42〕然而此為南宋朱熹所言，並非直接第一手史料，朱熹所言僅為反映王安石好大喜功的形象而已。因此王韶是否為王安石所薦，尚待商榷。

廖寅〈北宋軍事家王韶研究三題〉指出：王韶擔任建昌軍司理參軍時，與江西提點刑獄蔡挺交往甚厚，蔡挺擔任江西提點刑獄的時間為嘉祐七年（1062）二月，治平初轉任陝西轉運副使，因此王韶擔任建昌軍司理參軍的時間應該在嘉祐七年左右。其後王韶在建昌軍司理參軍任滿後，在參加制科考試之前調官關中，擔任耀州司戶參軍，時間當在治平三年左右，其時，蔡挺正知慶州，耀州與慶州同屬永興軍路，王韶當然應該前往拜謁蔡挺。蔡挺長期任職於西部邊疆，對西部邊事可以說是相當的熟悉，如果王韶想瞭解西部邊事，蔡挺無疑是最佳採訪對象，蔡挺遂將「前後士大夫之言及邊事者皆示之」。王韶又曾拜謁夏竦神道碑，夏竦是仁宗宋夏戰爭的最高統帥，對西夏有著豐富的作戰經驗，曾撰有〈陳邊事十策〉，王韶的〈平戎策〉印證了他的確拜祭過夏竦

〔註39〕王連旗：〈北宋王韶、王厚的西北經略與邊疆安全——以軍政經略為中心〉，《寧夏社會科學》2016年第1期，第193～197頁。又收於孫家驊、鄒錦良：《王韶研究文獻集》，第213～224頁。

〔註40〕劉成國：《王安石年譜長編》（北京：中華書局，2018年），第2冊，第832頁。

〔註41〕《宋史》卷327〈王安石傳附王雱傳〉，第10551頁。

〔註42〕參見劉成國：《王安石年譜長編》，第2冊，第832頁。

神道碑，王韶〈平戎策〉就是在夏竦神道碑中所提的〈陳邊事十策〉的基礎上寫成的。《宋史》說〈平戎策〉有三篇，萬曆《湖廣總志》則記載王韶的〈平戎策〉為十篇，廖寅認為王韶在〈平戎策〉之外，又有〈和戎六事〉，〈和戎六事〉的部分內容與〈平戎策〉是相似的，〈和戎六事〉當是〈平戎策〉的一部分，因此王韶〈平戎策〉「十篇」說當優於「三篇」說。最後，廖寅提出萬曆《湖廣總志·王韶傳》說王韶是羅田（湖北黃岡市）人，廖寅推測可能是王韶的一支後裔遷徙到了羅田，並成為當地的名門望族，羅田王氏以移植的方式復建了自己的家族史，將王氏的家族史納進了方志體系之中。〔註43〕廖寅對王韶早期生平經歷的考證，非常詳細精闢，令人欽佩。

孫家驊、鄒錦良《王韶研究文獻集》與王可喜《王韶家族研究文獻集》則蒐集了正史、方志、著述與出土文物中關於王韶與王韶家族的史料，以及對王韶與王韶家族的研究成果，對於王韶相關史事的研究，提供了相當大的幫助。〔註44〕2019 年 11 月，首屆全國王韶學術研討會在江西南昌大學召開，對王韶的研究正在更進一步地深入發展中。

（三）宦官──李憲與王中正

關於宋代宦官的研究，臺灣學者柳立言在〈以閹為將：宋初君主與士大夫對宦官角色的認定〉一文中，採取「利用」、「控制」、「防範」三個概念來說明宋初三朝（太祖、太宗、真宗）對任用宦官的態度，認為宋初對宦官的任用以軍事參與為主。〔註45〕

關於北宋前期宦官制度的討論，有丁義珏《北宋前期的宦官：立足於制度史的考察》博士論文，該文指出，宋初君主為了適應政務變化的需要，免除宦官權勢增強的隱患，採取了很多辦法，如管理宦官的兩省（內侍省、入內內侍省）只統轄本省東頭供奉官以下的宦官，內殿崇班以上的宦官轉歸樞密院管理；東頭供奉官以下宦官的遷轉與差遣注擬雖然由兩省與皇帝直接決定，但仍要通過樞密院的審核與任命；宦官管理的機構從內廷到外朝均有涉及，但涉及

〔註43〕廖寅：〈北宋軍事家王韶研究三題〉，「十至十三世紀西北史地國際學術研討會暨中國宋史研究會第十八屆年會」宣讀論文，蘭州：西北師範大學主辦，2018年 8 月 15～17 日。

〔註44〕孫家驊、鄒錦良：《王韶研究文獻集》（南昌：江西高校出版社，2018 年）。王可喜：《王韶家族研究文獻集》（南昌：江西高校出版社，2018 年）。

〔註45〕柳立言：〈以閹為將：宋初君主與士大夫對宦官角色的認定〉，收於《宋史研究集》（臺北：宋史座談會，1997 年）第 26 輯，第 249～305 頁。

外朝事務的機構則在外朝的監管下運作，宋廷刻意讓內外兩套體系，宦官與外朝官員，相交互作用，彼此挾制。丁義珏更指出：北宋宦官人才多樣，經常出使及參與各類事務，如軍政、河政等，經過不斷調適，宋廷最終確立了宦官只能擔任都監、鈐轄等次要官職的定制。〔註46〕不過，丁文討論的時間範圍只限於北宋前期，並未說明北宋後期（神宗以後）的變化。

許玲的碩士論文《宦官與宋神宗哲宗兩朝政治研究》介紹了宋代宦官管理機構內侍省與入內內侍省，宦官參與主持的御藥院、內東門司、軍頭引見司、皇城司等機構對宋代政局的影響，以及宦官擔任走馬承受、兵馬都監等軍事職務在軍隊中產生的作用。該文又討論了宋神宗時期重用的宦官，包括西北開邊的李憲、推行保甲法的王中正、監察京城的石得一、修城治河的宋用臣等人，以及哲宗時期的宦官陳衍、梁惟簡、梁從吉等人。〔註47〕其中李憲與王中正，被宋神宗賦予指揮一路大軍的統帥之任，在神宗西北拓邊的過程中扮演相當重要的角色。宋神宗對宦官寵任之專，遠超過北宋以往各個皇帝，然而此文未對宋神宗重用宦官的原因，作深入的分析與討論。

何冠環《拓地降敵：北宋中葉內臣名將李憲事蹟考述》，敘述北宋中葉收復蘭州並開拓熙河著稱的內臣李憲的軍旅生涯與神宗至徽宗朝的複雜政局。李憲是神宗甚為寵信的內臣，雖然文臣屢加反對，但神宗仍委以開邊重任。他也無負神宗之知，破西夏，取蘭州，建設熙河路，並多次擊敗攻打蘭州的西夏軍，為神宗一雪元豐五路伐夏及永樂城之役失敗之恥。李憲積極經營熙河蘭州，其麾下的能吏戰將輩出（如趙濟、苗授、范育等人），成為後來哲宗至徽宗再度拓邊西北的重要資產；李憲的戰略戰術也為其門人童貫繼承，在徽宗朝成功奪取橫山及迫西夏稱臣。然而高太后臨朝的元祐時期，舊黨秉政，他即被罷職貶黜，鬱鬱以終。到哲宗親政，新黨回朝，他才獲得平反，賜諡復官。〔註48〕該書對李憲的事蹟，做了詳細而完整的考訂與整理，對於本書的研究，實有莫大的幫助。

陳峰〈論北宋後期文臣與宦官共同統軍體制的流弊〉一文認為宦官在北宋後期，往往自恃皇帝寵信，驕慢喜功，不計後果肆意妄為，從而對軍事體系與

〔註46〕丁義珏：《北宋前期的宦官：立足於制度史的考察》，北京大學博士論文，2013年。

〔註47〕許玲：《宦官與宋神宗哲宗兩朝政治研究》，山東大學碩士論文，2016年。

〔註48〕何冠環：《拓地降敵：北宋中葉內臣名將李憲事蹟考述》（臺北：花木蘭文化出版社，2019年）。

邊防造成了極大的破壞性效果。〔註49〕相對於何冠環對宦官李憲採取正面肯定的態度，陳峰對宦官的看法則以負面否定為主。其他有關北宋宦官的研究成果，則有何冠環專書《宮闈內外：宋代內臣研究》，以及張邦煒〈北宋宦官問題辨析〉、王曾瑜〈宋徽宗時的宦官群〉等論文。〔註50〕

（四）邊將──高遵裕、种諤

宋朝立國以後，採取重文輕武的政策，抑制武人的地位，因此以往的宋史研究中，除了岳飛等少數特例之外，對於武將的研究常常受到輕視與忽略。近年來，對宋代武將的研究已有蓬勃發展的趨勢，相關研究成果不斷出現。〔註51〕不過，關於宋代武將研究，仍有許多部分有待深入的發掘與探討。

宋神宗元豐四年（1081），宋朝以五路大軍討伐西夏，動員的兵力在三十萬人以上，堪稱宋朝立國以來最大規模的軍事行動。然而，此役中環慶路高遵裕、涇原路劉昌祚兩路圍攻靈州城，西夏決黃河堤以水灌宋軍，又派軍抄截宋軍糧道，導致宋軍大敗。〔註52〕聶麗娜〈高遵裕與元豐四年靈州之戰〉一文介紹了元豐四年靈州之戰的始末，並分析靈州之戰宋軍失敗的原因。聶麗娜認為：靈州之戰宋軍大敗的原因，與高遵裕好大喜功，沒有做好戰略準備有關，但宋神宗對另一將領劉昌祚的不信任與神宗本人獨斷的行事風格，也是導致戰爭失敗的因素。〔註53〕可見高遵裕對此一敗績，應負有很大的責任。

〔註49〕陳峰：〈論北宋後期文臣與宦官共同統軍體制的流弊〉，收於朱瑞熙、王曾瑜、蔡東洲主編：《宋史研究論文集（第十一輯）》（成都：巴蜀書社，2006年），第92～108頁。

〔註50〕何冠環：《宮闈內外：宋代內臣研究》（臺北：花木蘭文化出版社，2018年）。張邦煒：〈北宋宦官問題辨析〉、〈南宋宦官權勢的削弱〉，以上兩文收於張邦煒：《宋代政治文化史論》（北京：人民出版社，2005年），第47～97頁。王曾瑜〈宋徽宗時的宦官群〉，收於黃正建主編：《隋唐遼宋金元史論叢》第5輯（上海：上海古籍出版社，2015年），第141～186頁。其他研究成果，可參見秦克宏：〈二十世紀以來海內外宋代宦官研究綜述〉，《中國史研究動態》2012年第2期，第9～16頁。

〔註51〕關於宋代武將的研究成果，例如何冠環：《北宋武將研究》（香港：中華書局，2003年）。陳峰：《北宋武將群體與相關問題研究》（北京：中華書局，2004年）。何冠環：《攀龍附鳳：北宋潞州上黨李氏外戚將門研究》（香港：中華書局，2013年）。

〔註52〕關於元豐四年宋夏靈州之戰的經過，可參見李華瑞：《宋夏關係史》（北京：中國人民大學出版社，2010年），第139～144頁。

〔註53〕聶麗娜：〈高遵裕與元豐四年靈州之戰〉，《寧夏社會科學》，2015年第1期，第135～138頁。

　　由於高遵裕的姪女為宋英宗之皇后，宋神宗的母親，元朝脫脫所修的《宋
史》將高遵裕列於〈外戚傳〉中，因此後世多認為宋朝在靈州之役的失敗，高
遵裕以外戚身份掌兵，是重要的原因之一。學者黃純怡《北宋的外戚與政治》
一書中即認為：「神宗即位後，高氏家族因高太后為神宗生母，高遵惠、高遵
裕都受到重用。」〔註54〕聶麗娜也注意到高遵裕本身武將世家的背景，但仍稱
高遵裕「他具有外戚和武將的雙重身份，他是宋英宗宣仁聖烈皇后高氏的堂
叔。」〔註55〕然而，高遵裕受到重用是否是因為他「外戚」的身分？值得進一
步加以探討。

　　關於种諤，种諤為宋仁宗時期西北名將种世衡之子。种世衡的後代子孫
多為北宋將領，因此研究者常以「种家將」稱之。代表作有曾瑞龍《北宋种氏
將門之形成》，此書對种氏家族在北宋的發展，做了非常完整的描述。〔註56〕
又有高錦花、白晶麗〈种世衡及种家將西北事蹟考略〉一文，該文認為种世
衡及其子孫在北宋形成了將門世家。祖孫三代的事蹟伴隨著北宋王朝始終。
他們修城築砦，招徠蕃部，在抵禦西夏和遼金的進攻中往往能審時度勢，出
奇制勝。但由於北宋「崇文抑武」政策的制約，使武將總體上難以在戰場中
有效地發揮自己的軍事戰略才能。〔註57〕然而，以上專書與論文都是針對种
氏家族進行整體的研究與討論，目前學界對於种諤個人的生平與事蹟，尚缺
少專門性的論著。

（五）哲宗、徽宗時期人物

　　關於宋哲宗的研究，王菡《宋哲宗》介紹了宋哲宗時期政治、社會各方面
的歷史概況。內容包括介紹哲宗出生于熙寧新政之時、策立前後的相關問題、
哲宗時期的經濟活動和西部防務、後宮風波等。該書第三章〈短暫的親政〉第
二節〈經濟活動與西部防務〉中，指出哲宗親政後，雖然恢復了免役法、青苗
法等，但龐大的西北軍費開支與皇室費用仍使得宋朝財政捉襟見肘，而西北對
西夏的戰爭，則時戰時和，被作者稱為「難以自拔的西部戰爭」。〔註58〕

〔註54〕黃純怡：《北宋的外戚與政治》（臺北：萬卷樓，2016年），第71頁。
〔註55〕聶麗娜：〈高遵裕與元豐四年靈州之戰〉，《寧夏社會科學》，2015年第1期，
　　　　第135頁。
〔註56〕曾瑞龍：《北宋种氏將門之形成》（香港：中華書局，2010年）。
〔註57〕高錦花、白晶麗：〈种世衡及种家將西北事蹟考略〉，《延安大學學報（社會科
　　　　學版）》2014年第6期，第112～116頁。
〔註58〕王菡：《宋哲宗》（長春：吉林文史出版社，1997年），第181～208頁。

關於哲宗元祐時期垂簾聽政的高太皇太后，王敏安《北宋母后聽政及其與士大夫的政治關係——以劉太后與高太皇太后為探討中心》碩士論文，其中關於高太皇太后的討論，認為宋神宗去世後，因為哲宗年幼，高太皇太后以神宗之母、哲宗祖母的身分垂簾聽政，由於高太皇太后的政治傾向保守，因此與司馬光合作盡廢新法並盡力調停保守派內部的黨爭，然而高太皇太后去世後，哲宗親政，全面恢復新法，高太皇太后廢除新法的努力歸於失敗。〔註59〕該文對於高太皇太后執政時期的西北拓邊問題，並未做太多的討論。

關於哲宗親政時期的宰相章惇，林秋均《奸相或能臣：章惇與哲宗後期紹述新政之研究》，討論了章惇早期仕途的發展，紹聖時期章惇擔任宰相主政之後廢除新法的爭論與新黨內部的分裂，對舊黨的政治報復，以及哲宗駕崩後章惇的進退；並專立一章討論章惇主政時期的西北拓邊政策，認為當時章惇對於西北拓邊的態度，比哲宗、曾布更為強硬，一方面是章惇有覆滅西夏的理想，一方面章惇也想透過開邊樹立自己在朝中的影響力。〔註60〕

關於宋徽宗的研究，有任崇岳《宋徽宗·宋欽宗》一書。該書對宋徽宗整體而言是給予負面評價。第三章〈屢開邊釁，黷武窮兵〉第一節〈對西夏的戰爭〉，認為徽宗對西夏是輕啟戰端、徒勞無功；第二節〈對河湟吐蕃的戰爭〉則較為肯定徽宗時期的功績，描述了徽宗時期收復了湟州、鄯州、廓州等地，控制河湟地區的具體貢獻。〔註61〕

關於王韶之子王厚，為哲宗、徽宗時期的西北名將。可參考羅家祥〈北宋晚期王厚軍事活動論略〉、〈北宋晚期的政局演變與武將命運——以王厚軍事活動為例〉等論文。羅家祥指出：王厚在哲宗元符年間偕王瞻等攻取邈川、青唐等地，又在徽宗「紹述」時期再度收復湟、鄯、廓州，立下了顯赫的戰功。羅家祥並指出王厚的名將風範表現在下列各方面：一、王厚在戰場上驍勇善戰、衝鋒陷陣、身先士卒，具有一位名將最重要也是最基本的品格；二、王厚在出師征戰前對諸多影響戰爭結果的重大因素深思熟慮，在戰爭進程中多謀善斷、智勇雙全，具有名副其實的大將風範；三、王厚能審時度勢，善於化不利因素

〔註59〕王敏安：《北宋母后聽政及其與士大夫的政治關係——以劉太后與高太皇太后為探討中心》，臺北：國立臺灣師範大學碩士論文，2008年。

〔註60〕林秋均：《奸相或能臣：章惇與哲宗後期紹述新政之研究》，臺北：國立臺灣師範大學碩士論文，2006年。

〔註61〕任崇岳：《宋徽宗·宋欽宗》（長春：吉林文史出版社，1996年），第52～68頁。

為有利因素，達到最終在戰爭中取勝的戰略目的；四、王厚光明磊落、為人坦蕩，善於與同僚相處，在軍事活動中善於用人，人盡其才，能夠聽取不同意見。在北宋晚期特殊的政治環境中，王厚的確為江河日下的趙宋王朝和那個時代盡了全力，應該在宋代軍事史乃至中國古代軍事史上佔有一席之地。〔註62〕

二、制度改革方面

（一）將兵法（附交趾之役）

關於將兵法實施前北宋禁軍編制的研究，早期有羅球慶〈北宋兵制研究〉、林瑞翰〈宋代兵制初探〉等論文，最詳盡者為王曾瑜《宋朝兵制初探》，對北宋的兵制演變做了完整的介紹。〔註63〕另外，翁建道《北宋出征行營之研究》博士論文則對北宋「置將法」（將兵法）實施之前的「行營」（都部署）體制，做了較完整的說明。趙冬梅《文武之間：北宋武選官研究》一書則在第五章〈軍壁董戎，維護邊防〉與第六章〈捕捉盜賊，安靖地方〉，分別介紹了「都部署」編制與「州都監」。〔註64〕對於「置將法」實施前的北宋禁軍編制，研究成果已不少。然而，學界對於北宋前期禁軍「駐泊」、「屯駐」、「就糧」的區分，以及武官「都部署」、「鈐轄」、「都監」等官職的職掌，尚少見完整的分析與討論。

此外，對於宋神宗「將兵法」的研究，一般當作是王安石變法的一部份進行探討，例如梁啟超《王安石評傳》、鄧廣銘《北宋政治改革家王安石》、漆俠《王安石變法》都有專章或專節介紹王安石的軍事改革與「將兵法」。梁啟超認為將兵法改變了北宋前期更戍法導致「將不知兵，兵不知將」的缺點，設置將官總隸禁旅，使兵知其將，將練其士。梁啟超說道：「將兵之制，所以與晚

〔註62〕　羅家祥：〈北宋晚期王厚軍事活動論略〉，收於鄧小南、楊果、羅家祥主編：《宋史研究論文集（2010）》（武漢：湖北人民出版社，2011年），第227～248頁。羅家祥：〈北宋晚期的政局演變與武將命運——以王厚軍事活動為例〉，《學術研究》2011年第11期，第98～106頁；又收於王可喜：《王韶家族研究文獻集》，第3～21頁。

〔註63〕　羅球慶：〈北宋兵制研究〉，《新亞學報》第3卷第1期（1957年8月），第167～270頁。林瑞翰：〈宋代兵制初探〉，《台大歷史學報》第3期（1976年5月），第101～118頁；又收於《宋史研究集》第12輯（臺北，國立編譯館，1980年），第113～145頁。王曾瑜：《宋朝兵制初探》（北京：中華書局，1983年。增訂本更名《宋朝軍制初探（增訂本）》，北京：中華書局，2011年）。

〔註64〕　翁建道：《北宋出征行營之研究》，臺北：中國文化大學博士論文，2005年。趙冬梅：《文武之間：北宋武選官研究》（北京：北京大學出版社，2010年），第173～217頁。

唐五代之制異者,以其悉為禁旅,天子自為大元帥以統之,將官不得私有其兵,故兵權無旁落之患也;其所以與建隆以來之制異者,則將與士相習,有訓練之實,而無更戍之煩也。」〔註65〕鄧廣銘認為將兵法是由北宋政府選用具有作戰經驗與能力的將官,專門負責對某一地區駐軍的軍事教練;將兵法始於蔡挺的建議,「對於駐屯在涇原路內的正規軍(禁軍),分別由固定的將官負責統領,並加以教練。這種做法得到了宋神宗的讚賞。」其後「又把這種訓練辦法頒給了諸路。」〔註66〕漆俠《王安石變法》認為將兵法設置前,邊防及各地駐軍是由當地的行政長官兼任總管、鈐轄等官銜來指揮的,一般武將沒有獨立的指揮權;將兵法擺脫了地方行政系統對軍隊的束縛,提高了武將的職權,對軍隊的訓練大大地加強了。〔註67〕三者都強調將兵法的特色即是由固定的將領訓練士兵。

王曾瑜《宋朝軍制初探(增訂本)》對「將」的編制與數量,做了詳細的考訂,認為北宋後期各路至少設置了一百一十五將,並指出將兵法是宋神宗與蔡挺等人商議施行的,與王安石本人關係不大。〔註68〕

王宏《北宋置將法淵源探研》認為:唐末已出現「將」作為軍事編制單位,如唐昭宗時朱全忠在京師六軍之下,每軍設步軍四將、騎軍一將,步軍每將二百五十人,騎軍每將一百人,共六千六百人。至北宋前期各將領(部署、鈐轄、都監)統率的部隊,常稱為一「將」,如仁宗寶元二年(1039)知延州范雍奏請同州都監朱吉、環州都監孟方「各領一將軍馬」,可見「將」的編制其來有自。又唐末五代時期,「軍旅之士各知其將,而不識天子之惠」,將兵關係過於親密。宋太祖採取削奪武將軍權,實行「更戍法」等多方面措施,使將兵關係趨於正常。宋太宗及其後繼者卻繼續加強、深化執行這些措施,使將兵關係處於「兵不知將,將不知兵」極不正常的狀態,從而導致宋軍戰鬥力極其低下。戰場上的頻頻失利,要求密切將兵關係,加強士兵訓練的呼聲越來越高,是置將法產生的客觀原因。而宋神宗和王安石銳意改革為置將法的最終實行提供了可能。〔註69〕該文對於軍事單位「將」的沿革與淵源說明甚為詳盡,但對於「置將法」的觀點仍與梁啟超、鄧廣銘、漆俠無太大差別。

〔註65〕梁啟超:《王安石評傳》,第70~72頁。
〔註66〕鄧廣銘:《北宋政治改革家王安石》,第203頁。
〔註67〕漆俠:《王安石變法》,第102頁。
〔註68〕王曾瑜:《宋朝軍制初探(增訂本)》,第114~129頁。
〔註69〕王宏:《北宋置將法淵源探研》,西北大學碩士論文,2002年。

　　趙滌賢〈試論北宋變法派改革的成功〉也認為宋神宗變法後宋朝裁減了大量的冗兵，宋軍的戰鬥力大幅提高，加強了軍事訓練，將兵法的實施解決了兵將分離的問題，同時設置軍器監負責武器的製造，使得宋朝的武器更為精良。此外，軍隊賞罰分明，後勤補給的完善，透過保甲法成立了龐大的後備軍，加上戰略正確，使得宋朝在對西夏、對交趾的戰爭中都取得了勝利。〔註70〕趙滌賢對於將兵法的認識，仍不脫兵將相習、加強訓練的觀點，且對宋朝的軍事成就過於美化，認為對夏、對交趾的戰爭取得了勝利，則已背離了歷史事實。

　　楊德華、王榮甫〈略論王安石變法中「將兵法」和「保馬法」的積極意義〉認為「將兵法」、「保馬法」提高了軍隊戰鬥力，使北宋在對西夏、交趾戰爭中獲勝。〔註71〕然而此文問題甚多，「將兵法」之中對於軍隊上層指揮體系的改革，全未提及；且神宗時對交趾的戰爭損失慘重草草收場，對西夏的戰爭更是慘敗，絕非「獲勝」。

　　日本學者伊藤一馬〈北宋における將兵制成立と陝西地域：対外情勢をめぐって〉一文對將兵法實施時宋朝對遼夏與交趾的關係進行了討論，以說明將兵法實施的必要性。伊藤一馬又撰有〈北宋陝西地域の將兵制と地方統治體制〉一文，認為陝西將兵法（置將法）實施後，每「將」可以在許多個堡寨部署兵力，因此「將」儼然形成一個控制部分地域的軍區；而「將」的長官由副都總管、副總管、鈐轄、都監、巡檢等原有的軍政官員擔任，將官有時亦兼任地方官員（如涇原路第十三將由西安州知州兼任），因此將官與地方的關係十分密切。〔註72〕

　　然而，將兵法的意義僅僅是使兵將相習、加強訓練而已嗎？把同一批軍人納入新的「將」編制中，如此「舊酒裝新瓶，換湯不換藥」，就真的能夠改頭換面、增加戰力嗎？因此，我們對將兵法的理解，如果只是視為設立了新的軍事編制，將原有的禁軍納入其中，即難以理解將兵法的意義。將兵法實施之前，宋朝禁軍派駐在外，有「駐泊」、「屯駐」、「就糧」等種類，由「都部署」、「部

〔註70〕趙滌賢：〈試論北宋變法派改革的成功〉，《歷史研究》1997年第6期。
〔註71〕楊德華、王榮甫：〈略論王安石變法中「將兵法」和「保馬法」的積極意義〉，《雲南師範大學哲學社會科學學報》1992年第6期。
〔註72〕伊藤一馬：〈北宋における將兵制成立と陝西地域：対外情勢をめぐって〉，《史學雜誌》第120卷第6號（2011年）。伊藤一馬：〈北宋陝西地域の將兵制と地方統治體制〉，《待兼山論叢・史學篇》第46輯（2012年12月），第1～25頁。

署」、「鈴轄」、「都監」等武臣統率,而鈴轄、都監又有「駐泊」、「在城」的區別。目前學界研究宋朝軍事制度者,對這些名詞與背後的意義,尚未做出清楚的解釋。而若不對上述辭彙做出清楚的理解,將難以真正認識將兵法的意義。因此本書將深入分析將兵法實施前宋朝軍事制度的特色,說明北宋前期禁軍編制所衍生的問題,以及將兵法改革的重點,對將兵法所帶來的實際改變與效果,做更進一步的探討。希望本書對將兵法的討論,可以說明宋神宗推行將兵法的真正意義與實質作用。

熙寧八年（1075）宋朝與交趾的戰爭,為「將兵法」實施後的第一場大規模戰役,也是檢驗「將兵法」實施成果的試金石。對於宋朝與交趾關係方面,研究成果卻較少,具有代表性者,為湯佩津《北宋的南邊政策——以交趾為中心》,該文指出:自秦始皇統一中國後,為了獲得南海經濟利益,將勢力擴展至南方,並將中原文化輸入嶺南百越地區。秦滅亡後,趙佗自立建南越國,西漢初年,趙佗遣使納貢,直至武帝討平南越,嶺南和交趾內屬中國,交趾展開長期的北屬時代。交趾自漢到唐代的北屬時期,長期接受中原文化的浸潤,中原官吏和土著酋長的長期勢力結合,逐漸發展出地方豪酋階級,唐末藩鎮割據時,地方豪酋的勢力日漸擴大,出現了地方政權。北宋初期,太祖平定南漢,交趾丁朝納貢臣服,太祖即停止了進一步討伐交趾的動作。到了太宗時期,前黎朝黎桓以武力取丁氏而代之,太宗乃趁機討伐交趾,然因宋軍不適應南方氣候,諸軍多死於炎瘴,太宗最後只能放棄軍事手段,對交趾改採「恩信撫綏」政策,即使交趾發生政變,李朝李公蘊推翻前黎朝政權,北宋也保持「不干涉主義」。北宋為了應付北方遼夏的戰事,在邊防呈現「重北輕南」的現象,交趾察覺北宋不欲用兵的心態,態度日趨傲慢,不斷「開疆拓土」征服邊境部族,這些邊境族群逃入宋朝境內,甚至引發了仁宗皇祐年間的儂智高之亂。北宋對交趾的態度,到神宗時期改為「開疆納土」的積極擴張政策,因此引發了熙寧八年北宋與交趾的戰爭,宋朝雖擊退了交趾的入侵並佔領廣源州等地,但瘴癘疾病使屯兵派官困難、動盪不安使管轄困難、財政負擔使經略困難、眾臣反對使闢土困難,最後只能歸還土地,改以撫綏,哲宗繼位後,對交趾又回歸保守撫綏的政策。〔註73〕

雖然湯佩津此文已對北宋時期宋朝與交趾關係,做了完整而詳細的討論,

〔註73〕 參見湯佩津:《北宋的南邊政策——以交趾為中心》,嘉義:國立中正大學博士論文,2004 年。

然該文偏重於分析北宋不同時期對交趾外交策略的變化，對於熙寧八年的交趾之役，較缺少軍事觀點上的分析，而且熙寧八年的交趾之役，在中國軍事史上也鮮少被論及，因此本書將由此一戰爭出發，探討將兵法實施的成效。

（二）保甲法

關於保甲法的研究，鄧廣銘《北宋政治改革家王安石》指出：王安石推行保甲法的目的，除了加強對內的鎮壓之外，還要使其成為從雇傭兵制向徵兵制過度的一個橋樑；但是由於保守者的反對，以及宋神宗只希望保甲可以防備盜賊，可以藉此減少雇傭兵，節省養兵費用，並不想徹底廢除募兵制，因此保甲法沒有獲得完全的成功。〔註74〕

漆俠《王安石變法》認為：王安石與許多士大夫一樣，極力主張恢復兵農合一的制度；實行保甲法後，保甲雖然沒有具備正規軍的性能，從根本上替代禁軍，但已經成為禁軍的重要輔助力量。〔註75〕

席文《王安石保甲法研究——以兵制和鄉里制度的變革為視角》指出保甲法實施後，社會治安有所改善，保丁的素質得以提高，對邊關的侵擾起到鎮懾作用，但保甲法要百姓自備武器，又在農忙時進行訓練，增加了百姓的負擔，影響農業生產，最後在神宗去世後被司馬光廢除；哲宗親政後恢復新法，雖然重行保甲法，但已流於形式。〔註76〕

于忠璽〈試論王安石保甲法的地位和作用〉指出：保甲法實施後的保丁，在元豐四年（1081）西夏進攻蘭州時，神宗下詔徵募熙河保丁充實防衛力量，發揮了重要作用，終於擊退西夏的進攻，可見保甲法的成效。但在神宗去世後，司馬光於元豐八年（1085）六月丙寅「罷開封府界及陝西、河東、河北三路保甲」，保甲法被徹底廢除；南宋為了實際需要，又恢復保甲制度，保甲負責催繳賦稅的特色功能日益明顯，並進而影響元代的「社」、明代的「里甲」以及清代的「保甲」，而清代的「團練」制度，卻類似於北宋時期保甲法的民兵制度。〔註77〕元代的「社」、明代的「里甲」，為地方基層行政單位，可見保甲已脫離原有的民兵性質，成為地方行政管理的基層組織。

刁培俊〈宋朝「保甲法」四題〉認為熙寧三年（1070）十二月的〈畿縣保

〔註74〕鄧廣銘：《北宋政治改革家王安石》，第183～201頁。
〔註75〕漆俠：《王安石變法》，第106～110頁。
〔註76〕席文：《王安石保甲法研究——以兵制和鄉里制度的變革為視角》，山東大學碩士論文，2012年。
〔註77〕于忠璽：《試論王安石保甲法的地位和作用》，山東大學碩士論文，2010年。

甲條制〉規定，保甲制為十家為一保，五十家為一大保，十大保為一都保；熙寧六年（1073）十一月時，保甲制已改為五戶一小保，二十五戶一大保，二百五十戶一都保的形式。熙寧八年（1075）閏四月時，保甲正長已正式取代雇募之耆、戶長，負責向百姓徵稅。鄭勝明〈宋代保甲法的鄉村社會控制功能〉也指出：保甲法實施後，除了維護社會治安外，對社會日常事務的管理的功能日益增加，包括管理戶籍、徵收賦稅、修橋鋪路、救火等，顯示了保甲的職役化。〔註78〕

其他關於保甲法的研究，還有陳曉珊〈北宋保甲法制定與實施過程中的區域差異〉指出：保甲法除了在開封府界與河北、河東、陝西三路外，也在廣南東、西路施行，以訓練少數民族之峒丁為主；而陝西在王安石變法前已有「強壯」、「義勇」等民兵，較官軍更具戰鬥力，保甲法實施後保甲與義勇一度並存，至元豐四年正月按蒲宗孟的建議，將北方義勇全部改為保甲，兩種制度才合而為一；首都開封地區由於原先沒有民兵，因此保甲必須從頭開始建設，因此引起百姓的驚擾與混亂。鄭峰〈論北宋元祐時期的保甲法〉指出：哲宗親政以後，繼續推行保甲法，因團教法影響農時，改為農隙時教閱一月（冬教法），並得招募保丁擔任禁軍，保甲並須負擔上番、戍邊等任務。俞菁慧〈周禮「比閭什伍」與王安石保甲經制研究〉指出王安石的保甲法繼承了《周禮》「比閭什伍」的觀念，是經術與政治結合的一種表現。〔註79〕

以上的研究成果，對於保甲法已經做了相當詳細的討論。但是對於保甲法對當時社會的整體影響，以及在戰爭中的實際效果，還有待進一步的討論。因此本書將在戰爭表現與社會影響方面，做更進一步的探討。

（三）軍器監

關於軍器監的研究，李馳《宋代軍器監研究》指出，熙寧變法時期，軍器監的長官（判軍器監、同判軍器監）多為變法派官員擔任；元豐改制後，軍器監長官（軍器監、軍器少監）須通判以上資序的官員才能擔任。軍器監是宋代

〔註78〕刁培俊：〈宋朝「保甲法」四題〉，《中國史研究》2009年第1期，第69～81頁。鄭勝明：〈宋代保甲法的鄉村社會控制功能〉，《河北大學成人教育學院學報》2008年第1期，第94～96頁。

〔註79〕陳曉珊：〈北宋保甲法制定與實施過程中的區域差異〉，《史學月刊》2013年第6期，第49～56頁。鄭峰：〈論北宋元祐時期的保甲法〉，《江西教育學院學報（社會科學）》2012年第1期，第148～150頁。俞菁慧：〈周禮「比閭什伍」與王安石保甲經制研究〉，《中國史研究》2016年第2期，第111～131頁。

重要的兵器生產管理機構，負有研發改進新兵器（如神臂弓、火器等）、編定兵器法式與陣法、監督中央與地方兵器生產機構（如中央的御前軍器所，地方的都作院）、修築城防、統籌軍事物資與裝備等職權。然而軍器監的問題，包括與其他機構（如工部、戶部）職權疊床架屋、混淆不清，以及受儒家思想與重文輕武觀念的影響，軍器生產無法受到廣泛的重視。〔註80〕

兵器種類方面，周緯《中國兵器史稿》為研究中國兵器發展的經典之作，其第三章〈鐵兵〉之第四節〈宋代兵器〉，介紹了宋代的長兵（以槍為主，長桿大刀次之，又有勾竿、叉竿等雜型長兵）、短兵（刀、劍等）、射遠器（火槍、火炮、床子弩、神臂弓等）、衛體武器（鋼鐵鎖子甲等）、守城武器（鐵菱角、刀車、槍車、拒馬木槍等）等，書末並附有圖片。〔註81〕讓我們對宋代兵器的形制與種類，得到清楚而直接的認識。

史繼剛〈論宋代的兵器生產及其質量〉，宋代的軍器生產，京師有作坊，地方有作院、都作院，北宋前期由三司之冑案負責管理，然管理不善，弊端甚多，熙寧六年時設軍器監負責管理，然軍器製造仍然良莠不齊，其原因包括主管官員不諳兵器製作或玩忽職守、工匠不足、製造程限短促、物料不足等因素。〔註82〕

武金山〈宋代官方兵器的改良〉，指出宋代中央製造兵器的機構，太祖時中央有作坊、弓弩院，地方有作院、造船所。神宗時設置斬馬刀局用以專門製造斬馬刀，南宋時則有御前軍器所。軍器製造機構會招募平民百姓為工匠，急於用人時甚至以罪犯充任。然而軍器製造機構製作的軍器良莠不齊，因此朝廷會徵召懂兵器者協助改良兵器，戰爭時軍事將領與前線軍士也會自行改良兵器。〔註83〕

三、對夏經略方面

（一）對綏州的經略

綏州（今陝西省綏德縣）為北宋與西夏邊境的重鎮，在北宋與西夏的戰

〔註80〕李馳：《宋代軍器監研究》，河南大學碩士論文，2016 年。
〔註81〕周緯：《中國兵器史稿》（臺北：明文書局，1981 年），第 230～244 頁。
〔註82〕史繼剛：〈論宋代的兵器生產及其質量〉，《天府新論》2004 年第 4 期，第 99～104 頁。
〔註83〕武金山：〈宋代官方兵器的改良〉，收於《中國史研究》（韓國）第 76 輯（2012 年 2 月），第 69～94 頁。

爭中，扮演了相當重要的角色。綏州在秦漢時期為上郡之地，西魏時由上郡分出，名為綏州。〔註 84〕唐末党項族領袖宥州刺史拓跋思恭因剿黃巢有功，唐僖宗授以權知夏綏銀節度事，黃巢之亂平定後，進封思恭為夏國公，賜姓李。拓跋思恭死後，其弟思諫代為定難節度使。〔註 85〕此後，綏州與夏州（今陝西靖邊北）、銀州（今陝西榆林）、宥州（今內蒙古南緣與陝北交界處）等地遂為党項族所據，名義上向中原的皇帝稱臣，實際上形同自立，這種情形一直延續到宋初。

宋太宗時，党項人領袖李繼遷叛宋，綏州被党項所據，其後更成為西夏政權的領土，由於綏州位於宋夏邊境，遂成為宋夏攻防爭奪的要地，至宋英宗治平四年（1067）宋朝邊將种諤佔領綏州，綏州才重新納入宋朝的版圖。

學界對宋夏關係的研究成果，以李華瑞《宋夏關係史》最具代表性，該書對西夏的崛起、宋夏的對立與衝突，做了詳細而深入的介紹。該書對治平四年宋朝收復綏州一事做了詳細的描述，並指出當時神宗計劃奪取西夏左廂橫山之地，遮斷西夏賴以生存的右臂（按：應為左臂）；同時旁取熙河、湟、鄯等地，聯合吐蕃從右翼（西夏的右翼）壓迫西夏，這一左一右即可形成一堵傘形的包圍線。由此論證了綏州一地（在橫山之旁）的戰略地位。〔註 86〕

李蔚〈宋夏橫山之爭述論〉強調宋夏邊界的橫山宜農宜牧、出產良馬，又有鹽鐵之利，且橫山羌兵驍勇善戰，故對西夏十分重要。治平四年种諤奪取綏州，開啟了宋夏爭奪橫山的軍事行動，熙寧四年囉兀城之役、元豐四年靈州之役、元豐五年永樂城之役，都與爭奪橫山有關。哲宗紹聖以後，採用築城進逼的蠶食之策，至徽宗宣和元年，童貫大破西夏，終於奪取橫山之地，西夏也因此疆土日蹙，兵勢益衰。〔註 87〕

朱瑞《北宋鄜延路邊防地理探微》討論神宗時期鄜延路防線的變化時，也談及治平四年宋朝攻取綏州一事，認為宋朝經營綏州，以此作為進取橫山的前哨站。〔註 88〕張多勇、楊蕤〈西夏綏州——石州監軍司治所與防禦系統考察研

〔註 84〕樂史：《太平寰宇記》（文淵閣四庫全書第 469 冊，臺北：台灣商務印書館，1986 年）卷 38〈綏州〉，第 322 頁。

〔註 85〕歐陽修、宋祁：《新唐書》（北京：中華書局，1975 年）卷 221 上〈党項〉，第 6218 頁。

〔註 86〕李華瑞：《宋夏關係史》，北京：中國人民大學出版社，2010 年，第 56～59 頁。

〔註 87〕李蔚：〈宋夏橫山之爭述論〉，《民族研究》1987 年第 6 期，第 68～76 頁。

〔註 88〕朱瑞：《北宋鄜延路邊防地理探微》第四章〈神宗時期鄜延路防線縱深的變動〉，寧夏大學碩士論文，2013 年，第 23～24 頁。

究〉則敘述仁宗康定元年（1040）宋朝以种世衡修築青澗城，以威脅西夏的綏州。治平四年宋朝攻取綏州以後，西夏將祥祐監軍司由綏州遷至石州，與宋朝的綏德軍（綏州）對峙，爭奪橫山之地。〔註89〕從上述諸文的討論中，我們可以看到綏州擁有重要的戰略地位，為宋夏必爭之地。

因此，本書將由綏州一地的爭奪，討論綏州在宋夏的對立關係中的戰略地位，並從宋朝對綏州的經營來分析宋朝的對夏策略。

（二）熙河路（河湟地區）的經營

關於北宋前期河湟地區的研究，齊德舜〈《宋史·唃廝囉傳》箋證〉敘述青唐第一任贊普唃廝囉到達河湟地區之後，被李立遵和溫逋奇控制，其後唃廝囉遷居青唐城，建立青唐政權，扮演了為宋朝牽制西夏的重要角色。齊德舜〈《宋史·董氈傳》箋證〉敘述青唐第二任贊普董氈持續唃廝囉「聯宋抗夏」的政策，成為宋朝牽制西夏的重要力量。齊德舜〈《宋史·阿里骨傳》箋證〉則認為青唐第三任贊普阿里骨是青唐政權由盛轉衰的關鍵。齊德舜〈《宋史·瞎征傳》箋證〉指出青唐第四任贊普瞎征在位時，發生內亂，貴族溪巴溫攻佔溪哥城，心牟欽氈在青唐城發動政變，逐走瞎征，擁立溪巴溫之子隴拶。此時正逢宋朝哲宗親政，遂命王贍、王厚進取河湟，攻佔邈川、青唐，瞎征向宋朝投降，隴拶也以青唐城降宋，宋朝賜隴拶名「趙懷德」。後宋朝放棄青唐城，以隴拶之弟溪賒羅撒（小隴拶）為西平軍節度使、邈川首領。徽宗時，宋朝遣王厚再度討伐河湟，崇寧三年（1104）隴拶以河南各部降，溪賒羅撒在宗哥城大敗後逃往西夏，河湟復為宋朝所有。齊德舜〈《宋史·趙思忠傳》箋證〉，記載木征為唃廝囉長子瞎氈之子，即唃廝囉之孫。木征在熙寧七年（1074）王韶佔領河州之後向宋朝投降，宋朝賜名趙思忠。齊德舜另撰有論文〈從贊普到土司——唃廝囉家族家國之間的政治嬗變研究〉等，對河湟地區的歷史有非常深入的研究。專書《唃廝囉家族世系史》，為齊德舜先生研究成果集大成之作。〔註90〕

〔註89〕 張多勇、楊蕤：〈西夏綏州——石州監軍司治所與防禦系統考察研究〉，《西夏研究》2016 年第 3 期，第 57～65 頁。

〔註90〕 齊德舜：〈《宋史·唃廝囉傳》箋證〉，《西藏研究》2015 年第 3 期，第 23～36頁。齊德舜：〈《宋史·董氈傳》箋證〉，《西藏研究》2014 年第 3 期，第 25～40 頁。齊德舜：〈《宋史·阿里骨傳》箋證〉，《西藏研究》2012 年第 2 期，第 28～36 頁。齊德舜：〈《宋史·瞎征傳》箋證〉，《西藏研究》2013 年第 3 期，第 17～26 頁。齊德舜：〈《宋史·趙思忠傳》箋證〉，《西藏研究》2011 年第 2

Paul J.Smith〈作為政治資本的領土收復主義：神宗父子的新政與取吐蕃河湟之地（青海、甘肅高地）〉（Irredentism as Political Capital: The New Policies and the Annexation of Tibetan Domain in Hehuang ［the Qinghai-Gansu Highlands］ Under Shenzong and his Sons, 1068-1126）一文認為神宗時期的西北拓邊戰爭是朝廷中的權力集團取得國家資源的重要管道，到了徽宗時期由於主戰的新黨完全壓倒主和的舊黨，使得朝廷中反對拓邊的意見完全被壓制。〔註91〕關於河湟地區的歷史，另可參見祝啟源《青唐盛衰：唃廝囉政權研究》。〔註92〕

神宗以後，積極進行西北拓邊，關於神宗之後西北開邊與經營熙河路的研究，可參見曾瑞龍《拓邊西北：北宋中後期對夏戰爭研究》，不過該書為論文集，對熙河路的經營缺少整體的論述。〔註93〕李華瑞《宋夏關係史》對於北宋與西夏的關係，有非常詳細的介紹，在第十一章〈宋夏對吐蕃、党項諸族的爭奪〉第三節〈宋夏與河湟吐蕃的關係〉中指出：仁宗宋夏戰爭時期，宋朝欲結唃廝囉以制西夏的計劃並未有太大成效，但河湟青唐這條商道卻成為宋朝溝通中亞的主要道路，青唐還成為宋朝戰馬的主要供應地。神宗西北拓邊的目的，一為遮斷西夏與吐蕃的關係，二為從根本上消除西夏對宋朝的邊患。然而第一個目的耗費巨大，且引起吐蕃各族的反抗，至徽宗時才將河湟納為郡縣；第二個目的（制服西夏）則遠未完成。〔註94〕

崔紅鳳〈北宋熙河路名變遷考〉討論了熙河路路名的演變，熙寧五年（1073）設置熙河路後，元豐四年（1081）李憲取蘭州，次年（元豐五年，1082）熙河路加上蘭會二字，改為熙河蘭會。哲宗元祐四年（1089）改熙河蘭會路為熙河蘭岷路，元符元年（1098）復改為熙河蘭會路，元符二年（1099）收復會州。徽宗時，蔡京任用童貫、王厚，收復湟、鄯、廓三州，崇寧四年（1105）

期，第 28～35 頁。齊德舜：〈從贊普到土司──唃廝囉家族家國之間的政治嬗變研究〉，《中國藏學》2017 年第 3 期，第 133～142 頁。齊德舜：《唃廝囉家族世系史》（北京：民族出版社，2011 年）。

〔註91〕 Paul J.Smith, "Irredentism as Political Capital: The New Policies and the Annexation of Tibetan Domain in Hehuang (the Qinghai-Gansu Highlands) Under Shenzong and his Sons, 1068-1126", in Patricia Buckley Ebrey and Maggie Bickford ed., *Emperor Huizong and Late Northern Song China: The Politics of Culture and the Culture of Politics*, Cambridge, Mass.: Harvard University Asia Center, 2006, pp.78-130.

〔註92〕 祝啟源著、趙秀英整理：《青唐盛衰：唃廝囉政權研究》（西寧：青海人民出版社，2010 年）。

〔註93〕 曾瑞龍：《拓邊西北：北宋中後期對夏戰爭研究》（香港：中華書局，2006 年）。

〔註94〕 李華瑞：《宋夏關係史》，第 299～309 頁。

改熙河蘭會路為熙河蘭湟路，宣和二年（1120）復改為熙河蘭廓路。〔註95〕

　　其他關於宋朝經營熙河路的相關論文，包括陳守忠〈王安石變法與熙河之役〉，該文指出宋朝經營河湟，是為了防禦西夏，促進了當地的民族融合，並使得通往西域的絲路保持暢通。汪天順〈熙河開發與北宋國家統一述評〉認為王韶經營熙河路取得巨大的成功，阻止了西夏與吐蕃、回鶻的聯合，減輕北宋邊防的威脅，並為後世經略青海甘肅地區奠定了基礎，促進了當地少數民族的發展。王連旗、李玉潔〈北宋後期的西北經濟開發與邊疆安全──以王韶的西北經濟開發為中心〉從行政管理的角度，認為北宋主動開發熙河路，促進民族融合與當地開發，保障了中原到西域的絲綢之路交通線的安全，但也帶來自然環境破壞等問題。李強〈北宋經制西北吐蕃之模式述論──以熙河路的範圍變化為點〉說明北宋經營熙河路，有「羈縻」和「漢法」兩種手段，「羈縻」即因俗而治，包括建蕃學、重用蕃僧等，「漢法」包括建置州縣、興屯營田、蕃漢兵制一體化等，此文也談到熙河路的開發導致了自然生態環境的破壞。申慧青〈簡論北宋對絲綢之路的經營與利用〉指出：王韶經略河湟以來，北宋政府借道青海，繞過西夏控制的河西走廊，聯通了絲綢之路的青海道，絲路貿易得以重現。〔註96〕

　　以上專書與論文，雖然對宋朝在熙河路的經營建設有了相當多的介紹，但對於熙河路在戰略上的實際作用，與西夏對於熙河路的反制措施，卻尚有待進一步深入分析，因此本書將針對熙河路的戰略地位與西夏對宋朝經營熙河路的反應，作深入的探討。

（三）元豐宋夏戰爭

　　關於元豐四年的宋夏戰爭，可參考籍勇〈論北宋攻城戰──以元豐五路攻夏戰役為中心〉，此文認為宋神宗先命种諤攻佔綏州，又命王韶經營熙河，以期達到東西兩路夾擊西夏的軍事構想。元豐四年五路伐夏，劉昌祚攻抵靈州城

〔註95〕崔紅鳳：〈北宋熙河路名變遷考〉，《西夏研究》2016 年第 1 期，第 75～78 頁。

〔註96〕陳守忠：〈王安石變法與熙河之役〉，《西北師大學報（社會科學版）》，1980 年第 3 期，第 3～14 頁。汪天順：〈熙河開發與北宋國家統一述評〉，《雲南社會科學》2002 年第 3 期，第 76～80 頁。王連旗、李玉潔：〈北宋後期的西北經濟開發與邊疆安全──以王韶的西北經濟開發為中心〉，《北京行政學院學報》2017 年第 2 期，第 101～107 頁。李強：〈北宋經制西北吐蕃之模式述論──以熙河路的範圍變化為點〉，《康定民族師範高等專科學校學報》2005 年第 1 期，第 17～21 頁。申慧青：〈簡論北宋對絲綢之路的經營與利用〉，《宋史研究論叢》第 19 輯（保定：河北大學出版社，2017 年），第 537～547 頁。

下，卻未急於攻城，其原因在於意圖殲滅靈州以東三十里的東關鎮西夏守軍，如此可使靈州城為孤城，並為攻取興州提供軍事上的便利。然而高遵裕主張強攻靈州，面對靈州的高牆卻缺少攻具，拖延十八天後，西夏決堤水淹宋軍，致宋軍大敗而歸。〔註97〕梁庚堯〈北宋元豐伐夏戰爭的軍糧問題〉，指出元豐四年五路伐夏時，王中正、高遵裕、劉昌祚、种諤等部都面臨缺乏軍糧的問題，是宋軍致敗的主要因素。〔註98〕

方震華〈戰爭與政爭的糾葛——北宋永樂城之役的紀事〉敘述宋朝在元豐四年靈州之役失敗後，神宗採納徐禧之議，在橫山修築永樂城，卻又被西夏攻破，徐禧戰死。當時沈括、种諤等人上奏永樂城陷造成「漢、蕃官二百三十人、兵萬二千三百餘人皆沒」，但保守派官員富弼上奏稱永樂之役軍民死者「無慮數十萬」，劉摯也說永樂之敗致「十數萬眾」死亡，劉安世、梁燾稱「兵民死者數萬計」，這是保守派官員為了反戰目的，刻意誇大死亡數字之故。〔註99〕

第三節　問題的提出

前面提到，一般認為宋代是一個積弱、積貧的朝代，不過宋神宗開始變法之後，貧弱的現象已有所改變。一般討論宋神宗時期的變革，稱為「王安石變法」，梁啟超《王安石評傳》等書將神宗時期的民政、財政、軍政、教育、選舉各方面的改革，以及西北開邊等武功，都歸功於王安石。然而，近來已有許多研究成果認為變法的主導者實為宋神宗，王安石負責的部分，以財經與教育改革為主，而軍事改革與西北拓邊，則由宋神宗親自主導。實際上，若跳脫以王安石為中心的傳統視野，重新檢視宋神宗時期軍事與對夏政策的決策過程，我們可以看到治平四年（1067，神宗已即位）种諤「奉密旨」攻取西夏的綏州，熙寧元年（1068，王安石變法的前一年）神宗採納了王韶經略河湟的〈平戎策〉，熙寧七年（1074）神宗接受蔡挺的建議推行「將兵法」，元豐四年（1081）採納种諤的建議五路討伐西夏，可見在軍事與拓邊方面，神宗是真正的主導者。

〔註97〕籍勇：〈論北宋攻城戰——以元豐五路攻夏戰役為中心〉，《西夏研究》2010年第3期，第9～13頁。

〔註98〕梁庚堯：〈北宋元豐伐夏戰爭的軍糧問題〉，《宋史研究集》，第26輯（臺北：宋史座談會，1997年），第31～174頁。

〔註99〕方震華：〈戰爭與政爭的糾葛——北宋永樂城之役的紀事〉，《漢學研究》第29卷第3期（2011年9月），第125～154頁。又收於方震華：《和戰之間的兩難——北宋中後期的軍政與遼夏關係》，第177～207頁。

　　在宋神宗主導下的軍事改革與對夏經略，究竟成果如何？宋神宗本人的用人方式與決策模式又有何特色？有何得失？這是本書關注與討論的重點。因此，本書的研究重心包括下列各方面：

一、梳理「將兵法」改革的真正意義

　　宋神宗時代的軍事改革，規模最大影響最深遠者，應為「將兵法」。然而一般對將兵法的理解，只視為設立了新的軍事編制──「將」，將原有的禁軍納入其中，將將兵法視為「舊酒裝新瓶」，即難以理解將兵法的意義。將兵法實施之前，宋朝禁軍派駐在外，有「駐泊」、「屯駐」、「就糧」等種類，由「都部署」、「部署」、「鈐轄」、「都監」等武臣統率，而鈐轄、都監又有「駐泊」、「在城」的區別。目前學界研究宋朝軍事制度者，對這些名詞與背後的意義，尚未做出清楚的解釋。而若不對上述辭彙做出清楚的理解，將難以真正認識將兵法的意義。因此本書將深入分析將兵法實施前宋朝軍事制度的特色，以及將兵法改革的重點，以說明宋神宗推行將兵法的真正意義與實質作用。

二、對宋神宗領導統御能力的探討

　　宋神宗既為軍事改革與對夏經略的主導者，則其領導統御能力攸關軍事改革與對夏經略的成敗。目前學界對宋神宗個人的研究，多流於表面化的分析，根據宋神宗與朝臣的對話與下達的詔旨，便對宋神宗的用人政策、政治思想、軍事觀念進行分析。本書將從宋神宗的實際作為出發，來探討宋神宗個人的治國藍圖與領導能力，參考材料亦不僅限於宋神宗的言論與詔旨，更擴大到當時官員呈奏的奏章，以及當時官員的書信、文集、筆記等，以便更清楚的分析宋神宗領導統御上的得失。根據本書的介紹，我們可以看到，宋神宗在領導統御上有急於求成、越級指揮、朝令夕改等缺點，往往造成軍事上的重大問題。

　　由於本書討論的重點之一，為宋神宗主導下的軍事改革與對夏經略計畫，並分析宋神宗在領導統御上的表現與得失。既然以宋神宗為中心，則非常容易步上梁啟超《王安石評傳》將民政、財政、軍政、教育、選舉各方面的改革以及西北開邊的武功都歸功於王安石的缺點，將所有結果歸功（或歸罪）於神宗。因此，在分析具體的事件時，必須多方搜集資料，確定該決策出於神宗之本意。例如治平四年种諤攻佔綏州，台諫紛紛彈劾种諤、高遵裕等將領

「詐傳聖旨」，然《宋史・种諤傳》稱「种諤奉密旨取綏」，〔註100〕《宋史・高遵裕傳》亦作「帝使遵裕諭种諤圖之」，〔註101〕在對比各種史料之下，才能確定攻佔綏州是出神宗的本意。而此時期與軍事改革、對夏經略相關的人物及言論甚多，故需仔細翻查各類史料，才能釐清決策的過程與制訂者。此外，為了討論宋神宗領導統御方面的特色與得失，我們還需要參考行政管理、政府管理乃至軍事管理等相關社會科學書籍，以便對宋神宗的思考與行為模式，進行充分的分析與討論。

三、宋神宗時期對西夏經略的深入探討

以往學界討論宋神宗時期對西夏的經略，多偏重於王韶〈平戎策〉以及熙河開邊，偏重在宋夏邊界南路的分析與討論，然而這僅是宋神宗對夏經略政策的一部分。在宋夏邊界的北路，宋朝將領种諤更以綏州（綏德城）為中心，一步步向西夏進行擴張。這一部分，學界即使在專書或論文中討論到綏州的戰事，也未深入分析綏州的戰略地位，進而探討宋神宗對西夏的整體戰略，這是本書要進一步深入探討之處。

四、元豐宋夏戰爭的檢討

學界一般認為元豐四年宋朝五路伐夏，最後失敗的原因是因為宋軍後勤補給不力，導致前線的失敗。然而後勤補給究竟有何問題，卻缺乏深入的分析與討論。究竟元豐宋夏戰爭期間宋朝軍隊在後勤補給上出現了哪些問題？是出於個人因素或是制度上的缺失？本書將討論元豐宋夏戰爭宋朝失敗的因素，並進而分析宋神宗軍事改革的盲點與缺失。

五、宋神宗之後的對夏經略

學界一般探討北宋後期對西夏的經略，多偏重於宋神宗時期，尤其將重心多放在元豐四、五年的宋夏戰爭，對於宋神宗之後的哲宗、徽宗時期，在對夏經略方面有何作為，討論較少。宋哲宗、徽宗時期，繼承神宗遺志，繼續西北拓邊行動，不但征服河湟之地，更進一步脅制西夏，從熙河路對西夏發動多次進攻，幾乎完成了王韶〈平戎策〉的規劃。本書將敘述哲宗、徽宗對夏戰爭的經過，並分析其軍事戰略的得失。

〔註100〕 《宋史》卷 335〈种世衡傳附种諤傳〉，第 10746 頁。
〔註101〕 《宋史》卷 464〈外戚中・高遵裕傳〉，第 13575 頁。

　　王安石推行變法之後，宋朝國家財富大幅增加，已經大致擺脫了「貧」的問題，然而要擺脫「弱」的問題，追求「強」的目標，卻要透過軍事制度的改革與完整的國家戰略計畫。希望透過本書的討論，讓我們可以進一步瞭解北宋後期軍事改革的真正目的與實際作用，並從軍事的角度分析宋夏戰爭的得失。

　　討論軍事問題，必須有軍事的思維。一場戰爭的決策，可分成三個層級，第一為國家戰略層級，又稱「大戰略」（Grand Strategy），王韶〈平戎策〉主張「欲脅制西夏，必先攻取河湟；欲攻取河湟，必先招撫沿邊諸族」，就是國家的大戰略。第二為「軍事戰略」（Military Strategy）層級，在國家戰略之下，由戰區統帥為了作戰而制定的策略為軍事戰略，种諤如何攻佔綏州經略橫山，王韶如何一步一步收復河州、熙州、岷州等地，便是軍事戰略的運用。第三為「戰術」（Tactics）層級，在兵戎相見的第一線戰場上，實際戰鬥的策略為「戰術」。戰術包括了如何前進、如何後退、如何攻城、如何野戰、如何紮寨、如何偷襲敵軍、如何防範偷襲、如何蒐集情報、步卒騎兵如何搭配、後勤補給如何運送等，這是屬於戰術層面。本書討論北宋後期對夏戰爭，這三個層面的問題都會涉及，北宋在這三個層面究竟做哪些準備？出現哪些問題？這都是本書將會探討的重要部分。

　　希望透過本書的分析與討論，讓我們對北宋後期的軍事改革與對夏經略，得到更完整而深入的認識。

第二章　神宗即位前的宋朝對夏經略與軍事弊端

第一節　對夏關係的困局

一、党項的崛起

　　宋朝立國以來，面對唐末五代藩鎮割據的亂局，便逐步展開統一天下的工作。太祖時期平荊南、滅後蜀、伐南漢、征南唐，將地方割據政權逐一平定；太宗時期又降吳越、滅北漢，於是中國大致上復歸於一統。不過，五代後晉石敬瑭割讓燕雲十六州給契丹，使得中原失去燕山山脈之天然屏障，契丹大軍可以隨時大舉南下，威脅宋朝的生存，因此收復燕雲十六州之地，成為宋太宗滅北漢後的主要戰略目標。

　　太宗太平興國四年（979）滅北漢後，宋太宗繼續率兵北伐，欲乘勝收復燕雲十六州。六月宋軍兵臨幽州，久攻不下，七月甲申，「上以幽州城踰旬不下，士卒疲頓，轉輸回遠，復恐契丹來救，遂詔班師。」[註1] 實際上這場戰役宋朝以大敗收場，是為「高梁河之戰」。從此宋遼之間的關係全面破裂，雙方軍事衝突不斷。太平興國五年（980）三月，契丹兵十萬寇雁門，代州刺史楊業擊敗之。[註2] 太平興國五年十一月，契丹寇雄州，宋太宗御駕親征，癸

〔註 1〕《長編》卷 20，太平興國四年七月甲申，第 457 頁。
〔註 2〕《長編》卷 21，太平興國五年三月癸巳，第 473 頁。

丑，關南宋軍宣稱「破契丹萬餘眾，斬首三千餘級」，契丹遂退兵。〔註3〕雍熙三年（986）宋朝再度大舉北伐，三月，西路潘美「出雁門，自西陘入，與敵戰，勝之，斬首五百級。逐北至寰州，斬首五百級。」〔註4〕然而到了五月，東路曹彬「至岐溝關北，敵追及之，我師大敗。」〔註5〕西路楊業掩護潘美撤退，兵敗被俘，「不食三日而死」。〔註6〕真宗即位後，景德元年（1004）閏九月，「契丹主（遼聖宗）與其母（蕭太后）舉國入寇」〔註7〕，宰相寇準勸真宗御駕親征。〔註8〕十一月，真宗親臨澶州，宋軍大振，斃遼將蕭撻覽，真宗遣曹利用與契丹議和。〔註9〕十二月，宋遼達成和議，宋許遼歲幣三十萬（銀十萬兩，絹二十萬匹），遂定「澶淵之盟」。〔註10〕長達二十五年的宋遼衝突，終於告一段落。

然而就在宋遼對抗衝突之際，宋朝西北的党項族也出了問題。唐朝末年，党項人拓跋思恭因協助唐朝平定黃巢之亂有功，被封為定難節度使，控有夏、銀、綏、宥等州。宋太宗太平興國五年，党項領袖定難軍節度留後李繼筠卒，其弟李繼捧繼立，十一月壬寅，宋太宗「以夏州衙內指揮使李繼捧為定難軍留後。」〔註11〕然而李繼捧以「諸父、昆弟多相怨」〔註12〕，遂於太平興國七年（982）五月入朝，獻所管四州八縣之地。〔註13〕其弟李繼遷不願內附，遂與其黨數十人奔入地斤澤，〔註14〕並於同年開始寇擾銀、夏州。〔註15〕其後李繼遷不斷攻城掠地，又於淳化元年（990）入貢於契丹，受封為「夏國王」，〔註16〕遂借遼人之力不斷攻擊宋境。至道三年（997）宋太宗去世，李繼遷趁機向宋朝上表歸順，新即位的宋真宗「雖察其變詐，時方在諒闇，姑務寧靜，因從

〔註3〕《長編》卷21，太平興國五年十一月壬寅～戊午，第480～481頁。
〔註4〕《長編》卷27，雍熙三年三月庚辰，第608頁。
〔註5〕《長編》卷27，雍熙三年五月庚午，第613頁。
〔註6〕《長編》卷27，雍熙三年八月辛亥，第621～623頁。
〔註7〕《長編》卷57，景德元年閏九月癸酉，第1265頁。
〔註8〕《長編》卷57，景德元年閏九月乙亥，第1267頁。
〔註9〕《長編》卷58，景德元年十一月甲戌～戊寅，第1285～1288頁。
〔註10〕《長編》卷58，景德元年十二月丁亥，第1292～1293頁。
〔註11〕《長編》卷21，太平興國五年十一月壬寅，第480頁。
〔註12〕《宋史》卷485〈夏國傳上〉，第13984頁。
〔註13〕《長編》卷23，太平興國七年五月己酉，第520頁。
〔註14〕《宋史》卷485〈夏國傳上〉，第13986頁。
〔註15〕《宋史》卷274〈梁迥傳〉，第9356頁。
〔註16〕脫脫：《遼史》（北京：中華書局，1974年）卷13〈聖宗紀四〉，第139～140頁。

其請，復賜姓名、官爵。（十二月）甲辰，以銀州觀察使趙保吉（即李繼遷）為定難節度使。」〔註17〕

　　然而李繼遷仍然繼續騷擾宋朝邊境，咸平二年（999）秋，「河西叛羌黃女族長蒙異保及府州所部啜訛等引趙保吉（李繼遷）之眾寇麟州萬戶谷」，「未逾月，保吉之黨萬保移埋沒復來寇」。〔註18〕面對李繼遷的叛服不常，宋朝開始採用「以夷制夷」的策略，拉攏周邊的部族來對付李繼遷。咸平四年（1101）十月乙卯，「以西涼府六谷都首領潘羅支為鹽州防禦使，兼靈州西面都巡檢使。」〔註19〕希望拉攏六谷部來對抗党項李繼遷。十二月，潘羅支貽書宋朝將領李繼和：「言將發兵討李繼遷，願聞朝廷出師之期。」〔註20〕聯合六谷部的計劃已經完成。

　　咸平五年（1102）三月，「李繼遷大集蕃部，攻陷靈州。」〔註21〕六月癸酉，「李繼遷復以二萬騎圍麟州」。〔註22〕隨著靈州陷落、麟州被圍，宋朝加快了聯合潘羅支對抗李繼遷的策略。景德元年二月，潘羅支向李繼遷詐降。「李繼遷之陷西涼也，都首領潘囉支偽降，繼遷受之不疑。未幾，囉支遽集六谷蕃部及者龍族合擊之，繼遷大敗，中流矢，創甚，奔還，至靈州界三十井死。其子阿移嗣位，改名德明。」〔註23〕李繼遷既死，當時潘羅支「累乞會師」，「遣其兄邦逋支入奏，且欲更率部族及回鶻精兵，直抵賀蘭山討除殘孽，請與王師會師靈州。」但是宋朝「朝議遷延未許」。而李繼遷部下迷般囉、日逋吉羅丹二族向潘羅支的盟友者龍族詐降，不久李繼遷之黨來攻打者龍族，潘羅支率百餘騎來援，卻遭迷般囉、日逋吉羅丹二族戕於帳下。〔註24〕

　　關於潘羅支之死，宋朝實有不可推卸的責任，宋朝採「以夷制夷」的策略，利用潘羅支誘殺李繼遷。但李繼遷死後，對於潘羅支「乞會師」的請求卻不斷拖延，使得潘羅支遭到李繼遷支持者的報復，最後死於非命。潘羅支死後，西涼府各部酋豪擁立潘羅支之弟廝鐸督為首領。〔註25〕

〔註17〕《長編》卷42，至道三年十二月甲辰，第896頁。
〔註18〕《長編》卷45，咸平二年秋，第964～965頁。
〔註19〕《長編》卷49，咸平四年十月乙卯，第1079頁。
〔註20〕《長編》卷50，咸平四年閏十二月戊寅，第1101頁。
〔註21〕《長編》卷51，咸平五年三月戊申，第1118頁。
〔註22〕《長編》卷52，咸平五年六月癸酉，第1136頁。
〔註23〕《長編》卷56，景德元年二月丁巳，第1228頁。
〔註24〕《長編》卷56，景德元年六月丁丑，第1240～1241頁。
〔註25〕《長編》卷56，景德元年六月丁丑，第1241頁。

　　另一方面，李繼遷死後，宋朝對其子德明改採招撫策略，宋真宗於景德三年（1006）授德明為定難軍節度使，封西平王，[註26] 宋夏關係大致處於穩定的狀態。宋仁宗明道元年（1032）德明卒，子元昊繼立為定難軍節度使、西平王。[註27] 元昊的崛起，使得宋夏關係發生了劇烈的變化。

二、元昊稱帝與宋夏戰爭

　　宋仁宗寶元元年（1038）十月，元昊稱帝，[註28] 宋夏關係又走向了對立與衝突。寶元二年（1039）六月壬午，「詔削趙元昊官爵，除屬籍，揭榜於邊。募人擒元昊，若斬首獻，即以為定難節度使。元昊界蕃漢職員，能帥族歸順者，等第推恩。」[註29] 削去元昊賜姓官爵，並懸賞捉拿。不過，元昊也在宋朝邊境招募人馬，九月甲辰，「斬偽環州刺史劉奇徹於都市，奇徹名重信，為元昊招誘延州屬羌，而金明都監李士彬執送京師，遂斬之。」[註30] 劉奇徹因替元昊招募羌人而被宋朝斬殺。十一月，西夏開始以武力騷擾宋朝邊境，「是月，西賊寇保安軍，鄜延鈐轄盧守懃等擊走之。賊又以三萬騎圍承平寨，鄜延部署許懷德時在城中，率勁兵千餘人突圍破賊。已而賊復成陣，有出陣前據鞍謾罵者，懷德引弓一發而踣，賊乃解去。」[註31] 隨著衝突不斷升高，宋朝也在陝西邊境部署重兵，與西夏的大戰一觸即發。

　　康定元年（1040）元月，「元昊寇延州，執鄜延、環慶兩路副都總管劉平，鄜延副都總管石元孫。」[註32] 是為宋夏間的第一次大戰，史稱「三川口之戰」。（關於此一戰役的相關問題之分析，見本章第二節）。三川口之戰宋朝大敗後，宋朝對邊防部署做了調整，二月「丁亥，以夏守贇為宣徽南院使，陝西馬步軍都總管、經略安撫使。……壬辰，夏守贇兼沿邊招討使。出內藏縑錢十萬賜戍邊禁兵之家。知制誥韓琦安撫陝西。」五月「戊寅，以夏竦為陝西馬步軍都總管兼招討使」。[註33] 己卯，「以起居舍人、知制誥韓琦為樞密直學士，陝西都轉運使、吏部員外郎、天章閣待制范仲淹為龍圖閣直學士，並為陝西安

〔註26〕《宋史》卷 485〈夏國傳上〉，第 13989 頁。

〔註27〕《長編》卷 111，明道元年十一月癸巳，第 2593～2594 頁。

〔註28〕《長編》卷 122，寶元元年十月甲戌，第 2882～2883 頁。

〔註29〕《長編》卷 123，寶元二年六月壬午，第 2913 頁。

〔註30〕《長編》卷 124，寶元二年九月甲辰，第 2924 頁。

〔註31〕《長編》卷 125，寶元二年十一月末，第 2944 頁。

〔註32〕《宋史》卷 10〈仁宗紀二〉，第 206 頁。

〔註33〕《宋史》卷 10〈仁宗紀二〉，第 206～208 頁。

撫副使、同管勾都部署司事。」〔註34〕宋朝以夏竦為陝西經略安撫使，韓琦、范仲淹副之，負責對夏作戰。

元昊方面，則不斷派兵攻打宋朝邊境，康定元年五月，「元昊陷塞門砦，兵馬監押王繼元死之，又陷安遠砦。」九月，「元昊寇三川砦，都巡檢楊保吉死之；又圍師子、定川堡，戰士死者五千餘人，遂陷乾溝、乾河、趙福三堡。環慶路兵馬副都總管任福破白豹城。」〔註35〕

面對元昊不斷襲擾，韓琦與范仲淹的用兵方略卻有不同，韓琦主攻，范仲淹主守，范仲淹主張：「今臣督諸將於二月半出兵，先修復廢寨，不須大段軍須，只以隨軍運糧兵夫，因便興功，候有倫序，別置戍守。既逼近蕃界，彼或點集人馬，朝夕便知。大至則閉壘以待隙，小至則扼險以制勝。」范仲淹前後「凡六奏，卒城承平等前後十二寨。」〔註36〕相對於范仲淹主張築城固守，韓琦則主張進攻，韓琦認為：「昊賊據數州之地，精兵不出四五萬，餘皆老弱婦女，舉族而行。陝西四路之兵，雖不為少，即緣屯列城寨，勢分力弱。……加以興師以來，科斂萬計，民已大困，配率不止。……若仲淹招懷未見其效，則別命近臣以觀賊隙，如須討擊，即乞斷在不疑，克日降旨，則庶事易辦，便可進兵。」〔註37〕韓琦認為分兵守城，則兵力分散，加上軍費開銷太大，百姓負擔沉重，所以主張速戰速決。慶曆元年（1041），「諜者言元昊閱兵折薑會，謀寇渭州」，於是韓琦「亟趨鎮戎軍，盡出其兵，又募敢勇凡萬八千人，使（任）福將以擊賊。」〔註38〕此一役史稱「好水川之戰」，「元昊寇渭州，環慶路馬步軍副總管任福敗于好水川，福及將佐軍士死者六千餘人。」〔註39〕（關於此一戰役的相關問題之分析，見本章第二節）好水川大敗後，宋仁宗下詔「詔陝西諸路總管司嚴邊備，毋輒入賊界，賊至則禦之。」〔註40〕放棄攻勢而完全改採守勢。

慶曆二年（1042）三月，正當宋朝在好水川大敗之際，遼興宗趁宋夏戰爭，遣使蕭英、劉六符向宋要求瓦橋關以南十縣之地。遼興宗的國書中說道：「儻

〔註34〕《長編》卷125，康定元年五月己卯，第3013～3014頁。
〔註35〕《宋史》卷10〈仁宗紀二〉，第208～209頁。
〔註36〕《長編》卷130，慶曆元年正月戊午，第3082頁。
〔註37〕《長編》卷131，慶曆元年二月丙戌，第3099頁。
〔註38〕《長編》卷131，慶曆元年二月己丑，第3100頁。
〔註39〕《宋史》卷11〈仁宗紀三〉，第211頁。
〔註40〕《宋史》卷11〈仁宗紀三〉，第212頁。

或思久好，共遣疑懷，曷若以晉陽舊附之區，關南元割之縣，俱歸當國，用康黎人，如此，則益深兄弟之懷，長守子孫之計。」〔註41〕當時宋朝面臨了最嚴重的外交危機，如若處理不當，則宋朝將同時面臨對夏與對遼兩面作戰。宋朝對夏作戰尚且屢戰屢敗，一旦對遼夏兩面作戰，後果將不堪設想，宋朝可能有崩潰亡國之虞。

四月，宋朝「以右正言、知制誥富弼為回謝契丹國信使」，赴遼談判。〔註42〕七月，富弼以誓書三份供遼興宗選擇：「議婚則無金帛，若契丹能令夏國復納款，則歲增金帛二十萬，否則十萬」。〔註43〕最後遼興宗說道：「誓書何在？取二十萬者來。」〔註44〕宋遼達成協議，同意增歲幣銀十萬兩、絹十萬匹。

閏九月，當宋遼「增幣交涉」剛剛告一段落之際，宋夏之間發生了第三場大戰。「元昊寇定川砦，涇原路馬步軍副都總管葛懷敏戰沒，諸將死者十四人，元昊大掠渭州而去。」〔註45〕（關於此一戰役的相關問題之分析，見本章第二節）十月丙辰，宋朝派梁適為回謝契丹國信使，〔註46〕催促遼國兌現諾言，令西夏向宋朝納款請和。慶曆三年（1043）西夏遣六宅使、伊州刺史賀從勖至宋朝納款，賀從勖稱：「契丹使人至本國，稱南朝遣梁適侍郎來言，南北修好已如舊，惟西界未寧，知北朝與彼為婚姻，請諭令早議通和。故本國遣從勖上書。」〔註47〕不過元昊仍自稱「男邦泥定國兀卒曩霄上書父大宋皇帝」，並未稱臣，四月，宋朝遣邵良佐出使西夏，告知：「其稱男，情意雖見恭順，然父子亦無不稱臣之禮。自今上表，只稱舊名，朝廷當冊封為夏國主。」〔註48〕宋夏因為稱臣問題陷於僵持。由於遼國不斷向西夏施壓，遭到西夏拒絕，遼國已決定向西夏用兵。西夏為了避免與遼、宋兩面作戰，終於在慶曆四年（1044）向宋朝稱臣，「（五月）丙戌，元昊始稱臣，自號夏國主，復遣尹與則、楊守素來議事。」〔註49〕七月，遼國因西夏納契丹降人，決定討伐西

〔註41〕《長編》卷135，慶曆二年三月己巳，第3230頁。
〔註42〕《長編》卷135，慶曆二年四月庚辰，第3234頁。
〔註43〕《長編》卷137，慶曆二年七月癸亥，第3286頁。
〔註44〕《長編》卷137，慶曆二年九月癸亥，第3292頁。
〔註45〕《宋史》卷11〈仁宗紀三〉，第214頁。
〔註46〕《長編》卷138，慶曆二年十月丙辰，第3315頁。
〔註47〕《長編》卷139，慶曆三年正月癸巳，第3343～3344頁。
〔註48〕《長編》卷140，慶曆三年四月癸卯，第3362頁。
〔註49〕《長編》卷149，慶曆四年五月丙戌，第3616頁。

夏，並託中國為名，遣使耶律元衡至宋，稱：「元昊負中國當誅。」〔註50〕十月，遼夏發生戰爭：

> 契丹夾山部落呆兒族八百戶歸元昊，契丹主責還，元昊留不遣，契丹主遂親將至境上，各據山巖兵相持，元昊奉巵酒為壽，大合樂，折箭為誓，乃罷。契丹夜以兵劫元昊，元昊有備，反以兵拒之，大敗契丹主，入南樞密蕭孝友寨，擒鶻突姑駙馬。契丹主從數十騎走，元昊縱其去，尋復與契丹解仇如故。〔註51〕

遼國因西夏招納呆兒族八百戶，出兵與西夏對峙，又派兵偷襲元昊，結果為元昊所擊敗。可見西夏戰力強悍，遼國也不敢輕易全面開戰，遂「解仇如故」。西夏也因同時與宋遼兩大國發生衝突，戰略上處於相當不利的地位，最後被迫向宋朝稱臣。慶曆四年十二月乙未，宋朝正式冊封元昊為「夏國主」。〔註52〕宋夏戰爭至此告一段落。

　　宋仁宗時期的宋夏戰爭，從一開始的宋夏軍事對抗，到後期的宋遼夏外交戰，上演了縱橫捭闔戲劇性的一幕。學者陶晉生指出：北宋在慶曆年間的宋遼夏交涉中，本來是處於極為不利的地位，當時遼夏如果真的聯合起來對付北宋，則後者必然被迫付出極高的代價。但由於元昊野心過大，開罪了易於衝動的遼興宗，所以產生了出乎宋人意料的遼夏戰爭。遼夏之間的嫌隙，未嘗不和宋人的外交政策有關。從慶曆二年「增幣交涉」開始，宋人不斷要求遼朝勸西夏與北宋議和，遼興宗原以為西夏必然會聽他的話，但元昊卻不完全遵從遼興宗的命令。〔註53〕正當慶曆三年遼國向西夏施壓，遼夏關係日趨緊張之際，宋朝已逐漸從宋夏衝突中脫身，將范仲淹調回朝廷，開始了「慶曆變法」。因此，宋夏戰爭所以能以元昊稱臣的結局收場，並不是因為宋朝軍力能夠擊敗西夏，而是外交上的勝利。西夏在連續擊敗宋、遼兩大強國之後，雖迫於形勢向宋朝稱臣，但日後仍將成為宋朝的西北隱患。宋朝以大國之尊，卻屢屢敗於西夏小國之手，自然也引起了有識之士的憂慮。范仲淹〈十事疏〉中「修武備」的主張，即是根據宋夏戰爭時宋朝的軍事弱點而發。〔註54〕宋神宗趙頊出生於慶曆八年（1048），更是「知祖宗志吞幽薊、靈武，而數敗兵，帝奮然將雪數世之

〔註50〕《長編》卷151，慶曆四年七月癸未，第3668頁。
〔註51〕《長編》卷152，慶曆四年十月末，第3711頁。
〔註52〕《長編》卷153，慶曆四年十二月乙未，第3723頁。
〔註53〕陶晉生：《宋遼金史論叢》（臺北：聯經出版公司，2013年），第224～225頁。
〔註54〕《長編》卷143，慶曆三年九月丁卯，第3441頁。

恥」〔註55〕，以復仇雪恥為念。

三、聯合青唐唃廝囉以制西夏

元昊稱帝叛宋之時，宋朝已計劃採取「以夷制夷」的方式來對付西夏，而在河湟地區的青唐城（今青海西寧），位於祁連山脈之南，越過祁連山即為西夏河西走廊之地，戰略地位非常重要。宋朝若得到青唐的協助，一方面宋朝由陝西自東向西攻打西夏正面，一方面由青唐自南向北偷襲西夏腹地，則可以對西夏形成兩面夾攻的局面。當時青唐城的城主為大贊普唃廝囉。關於唃廝囉，《宋史》記載：

> 唃廝囉者，緒出贊普之後，本名欺南陵溫籛逋。籛逋猶贊普也，羌語訛為籛逋。生高昌磨榆國，既十二歲，河州羌何郎業賢客高昌，見廝囉貌奇偉，挈以歸，置鄯心城，而大姓聳昌廝均又以廝囉居移公城，欲於河州立文法。河州人謂佛「唃」，謂兒子「廝囉」，自此名唃廝囉，於是宗哥僧李立遵、邈川大酋溫逋奇略取廝囉如廓州，尊立之。部族寖彊，乃徙居宗哥城，立遵為論逋佐之。……論逋者，相也。立遵貪，且喜殺戮，國人不附，既與曹瑋戰三都谷不勝，又襲西涼為所敗。廝囉遂與立遵不協，更徙邈川，以溫逋奇為論逋，有勝兵六七萬，與趙德明抗，希望朝廷恩命。〔註56〕

當時宋朝對於各部蕃族都加以籠絡，「授（李）立遵保順軍節度使，賜襲衣、金帶、器幣、鞍馬、鎧甲等」，「大中祥符八年，廝囉遣使來貢。詔賜錦袍、金帶、器幣、供帳什物、茶藥有差，凡中金七千兩，他物稱是。」當時唃廝囉「立文法，聚眾數十萬，請討平夏以自效」，但不被宋朝信任，「上以戎人多詐，或生他變，命周文質監涇原軍，曹瑋知秦州兼兩路沿邊安撫使以備之。」仁宗即位後，「明道初，即授廝囉寧遠大將軍。愛州團練使，授逋奇歸化將軍。已而逋奇為亂，因廝囉置窖中，出收不附己者，守窖人間出之。廝囉集兵殺逋奇，徙居青唐。」〔註57〕唃廝囉在誅殺溫逋奇之後，遷徙至青唐城，遂以青唐為發展的根據地。

〔註55〕《宋史》卷16〈神宗紀三〉，第314頁。
〔註56〕《宋史》卷492〈外國八‧吐蕃唃廝囉〉，第14160頁。關於唃廝囉的研究，可參見齊德舜：《唃廝囉家族世系史》（北京：民族出版社，2011年）。齊德舜：〈《宋史‧唃廝囉傳》箋證〉，《西藏研究》2015年第3期，第23～36頁。
〔註57〕《宋史》卷492〈外國八‧吐蕃唃廝囉〉，第14161頁。

元昊崛起之後，對於以青唐城為中心的河湟地區也十分覬覦。「景祐中，……元昊侵略其界，兵臨河湟，廝囉知眾寡不敵，壁鄯州不出，陰間元昊，頗得其虛實。元昊已渡河，插幟志其淺，廝囉潛使人移植深處以誤元昊，及大戰，元昊潰而歸。士視幟渡，溺死十八九，所鹵獲甚眾。自是，數以奇計破元昊，元昊遂不敢窺其境。」〔註58〕唃廝囉曾多次大勝元昊，這也是宋朝希望利用唃廝囉的原因之一。

元昊稱帝之後，宋朝為脅制西夏，開始加封唃廝囉，並要求唃廝囉攻打西夏。「寶元元年，加保順軍節度使，仍兼邈川大首領。時以元昊反，遣左侍禁魯經持詔諭廝囉，使背擊元昊以披其勢，賜帛二萬匹。」在宋朝使臣魯經的催促要求下，「廝囉奉詔出兵嚮西涼，西涼有備，廝囉知不可攻，捕殺遊邏數十人亟還，聲言圖再舉。」〔註59〕

寶元二年（1039）四月，宋朝繼續賞賜唃廝囉，「癸亥，以保順軍節度使、邈川大首領前妻安康郡君李氏為尼，仍賜紫衣，妻太原郡君喬氏為永嘉郡夫人，子瞎氈為澄州團練使，磨氈角為順州團練使，各賜襲衣、金帶、器幣及茶，仍每月別給綵絹各十五匹。時唃廝囉父子猜阻異居，不相統屬，朝廷欲兼撫之，故有是命。然瞎氈與氈磨角雖各治一城，別立文法，然終不能總攝諸蕃，但自保爾。」〔註60〕可見當時唃廝囉的政權亦不穩定，父子分居，實力有限，因此對西夏也不敢正面攻擊，只能象徵性地偷襲西涼，「捕殺遊邏數十人亟還」。但宋朝還是寄希望於唃廝囉，希望唃廝囉能發揮制衡西夏的作用，故不斷加以賞賜。

康定元年八月癸卯，宋朝「遣尚書屯田員外郎劉渙使邈川。」〔註61〕當時唃廝囉對劉渙的態度相當禮敬，「（劉）渙至，廝囉迎導供帳甚厚，介騎士為先驅。引渙至庭。廝囉冠紫羅氈冠，服金線花袍、黃金帶、絲履，平揖不拜，延坐勞問，稱『阿舅天子安否』。道舊事則數十二辰屬，曰兔年如此，馬年如此。渙傳詔，已而廝囉召酋豪大犒，約盡力無負，然終不能有大功。」〔註62〕唃廝囉雖然對劉渙熱情招待，但因「父子猜阻異居，不相統屬」，實力大減，也無法有效協助宋朝攻打西夏，「終不能有大功」。因此，宋朝聯絡青唐唃廝囉以脅

〔註58〕《宋史》卷492〈外國八·吐蕃唃廝囉〉，第14161頁。
〔註59〕《宋史》卷492〈外國八·吐蕃唃廝囉〉，第14162頁。
〔註60〕《長編》卷123，寶元二年四月癸亥，第2901頁。
〔註61〕《宋史》卷10〈仁宗紀二〉，第208頁。
〔註62〕《宋史》卷492〈外國八·吐蕃唃廝囉〉，第14162頁。

制西夏的策略，並未真正奏效。但宋朝仍對唃廝囉賞賜不斷，慶曆元年正月「己未，西蕃邈川首領、保順節度使唃廝囉兼河西節度使。」〔註63〕

唃廝囉對宋朝的要求陽奉陰違，不全力攻擊西夏，除了本身的實力有限之外，還有另一因素。元昊稱帝前，「元昊取西涼府，潘羅支舊部往往歸廝囉，又得回紇種人數萬。廝囉居鄯州，西有臨谷城通青海，高昌諸國商人皆趨鄯州貿賣，以故富強。」〔註64〕王稱《東都事略》更指出：「元昊取西涼府，而唃斯囉併斯鐸督之眾十餘萬，回紇亦以數萬歸焉，其勢遂彊於諸羌。」〔註65〕原西涼府大首領潘羅支的餘眾，在元昊攻佔西涼府後，由其首領斯鐸督率領，紛紛投靠唃廝囉，因此唃廝囉對於宋朝利用潘羅支襲殺李繼遷，卻對潘羅支請求會師遷延未決，又對潘羅支被殺之事不聞不問的情形十分瞭解。鑒於潘羅支的前車之鑑，唃廝囉對於宋朝攻打西夏的請求，雖然表面同意，但並不敢真正向西夏發動進攻。因此也造成了宋朝方面兩路夾攻的策略始終無法成型。

仁宗宋夏戰爭結束以後，面對叛服無常的西夏，宋朝需要更周密的對策與計劃，要實施對西夏兩路夾攻的戰略，青唐的配合必不可少。對於青唐，既然不能利誘，那就只有一個辦法：威脅與奪取。神宗時期王韶的〈平戎策〉，就是以威脅青唐，使之與宋朝合作，共同對付西夏，作為主要的戰略目標。

第二節　軍事制度的弊端

宋仁宗時期對夏戰爭的失利，促使宋朝官員們開始檢討宋朝的軍事制度，在宋神宗變法中，推動了許多軍事方面的改革。這些軍事改革之中，對於宋朝軍制改變最大者，便是「將兵法」（又稱「置將法」）的實施。《宋史》卷 188〈兵志二·禁軍下〉記載：

> 將兵者，熙寧之更制也。先是，太祖懲藩鎮之弊，分遣禁旅戍守邊城，立更戍法，使往來道路，以習勤苦、均勞逸。故將不得專其兵，兵不至於驕墮。淳化、至道以來，持循益謹，雖無復難制之患，而更戍交錯，旁午道路。議者以為徒使兵不知將，將不知兵，緩急恐不可恃。神宗即位，乃部分諸路將兵，總隸禁旅，使兵知其將，將練其士，平

〔註63〕《長編》卷 130，慶曆元年正月己未，第 3083 頁。

〔註64〕《宋史》卷 492〈外國八·吐蕃唃廝囉〉，第 14161～14162 頁。

〔註65〕王稱：《東都事略》（濟南：齊魯書社，2000 年）卷 129〈附錄七〉，第 1113 頁。

居知有訓屬而無番戍之勞，有事而後遣焉，庶不為無用矣。〔註66〕

北宋前期「更戍法」導致「兵不知將，將不知兵，緩急恐不可恃」，因此推行「將兵法」，使得「兵知其將，將練其士，平居知有訓屬而無番戍之勞，有事而後遣焉，庶不為無用矣」。亦即強調「將兵法」實施之後，加強了對兵士的訓練，使得宋朝軍隊的戰鬥力大幅提高。

然而，北宋前期軍隊制度的問題，真的僅是「兵不知將，將不知兵，緩急恐不可恃」而已嗎？要瞭解宋神宗推行「將兵法」的真正目的與作用，我們就要從北宋前期宋朝軍事體制上的弊端開始進行討論。

一、從「三衙」到「都部署」：北宋初年禁軍編制的變化

宋代的禁軍編制，複雜多變。北宋初期以禁軍為主要武力，禁軍的編制為廂、軍、指揮、都，而隸屬於「三衙」（殿前司、侍衛親軍馬軍司、侍衛親軍步軍司）。這一以三衙（殿前司、侍衛親軍馬軍司、侍衛親軍步軍司）為首的禁軍編制之中，三衙之下，有各「廂」，長官為廂都指揮使（俗稱「廂主」）；各廂之下，為各「軍」，長官為軍都指揮使（俗稱「都校」、「軍主」）；各軍之下，為各「指揮」（或稱「營」），長官為指揮使；指揮之下為「都」，各「都」的正、副長官，步軍為「都頭」、「副都頭」，馬軍則為「軍使」、「副兵馬使」。其基本架構如表2-2-1：

表2-2-1：北宋禁軍編制及各級正、副長官表

編　　制	殿前司	侍衛親軍馬軍司	侍衛親軍步軍司
三　　衙	殿前司都指揮使	侍衛馬軍都指揮使	侍衛步軍都指揮使
廂（不常設）	廂都指揮使、廂都虞候	廂都指揮使、廂都虞候	廂都指揮使、廂都虞候
軍	都指揮使、都虞候	都指揮使、都虞候	都指揮使、都虞候
指揮（數百人）	指揮使、副指揮使	指揮使、副指揮使	指揮使、副指揮使
都（約百人）	馬軍：軍使、副兵馬使 步軍：都頭、副都頭		
下級軍官	軍頭、十將、將虞候、承局、押官		

資料來源：王曾瑜《宋朝軍制初探（增訂本）》，第18～42頁。

〔註66〕《宋史》卷188〈兵志二・禁軍下〉，第4627頁。

　　在宋代文獻中，關於禁軍名號的資料頗多，例如：李燾《續資治通鑑長編》卷 10 有「以龍捷左廂第六軍指揮使潘光裕為內外馬步軍副都頭，領振州團練使，賞石嶺關捍寇之功也。」〔註67〕同書卷 247 則記載步軍司虎翼右廂第二軍第三指揮有兵士 346 人。〔註68〕

　　宋太祖即位之後，一方面實施「強幹弱枝」的政策，削弱地方藩鎮的軍事力量；一方面推行「杯酒釋兵權」，將中央禁軍將領高懷德、石守信等人調任虛職，〔註69〕加強了皇帝對中央禁軍的掌控。

　　至於地方上的藩鎮兵力，從晚唐以來即為抗衡中央的強大勢力，北宋初期地方將領仍有相當大的權力。《東齋記事》記載：「太祖時，李漢超鎮關南，馬仁瑀守瀛洲，韓令坤常山，賀惟忠易州，何繼筠棣州，郭進西山，武守琪晉陽，李謙溥隰州，李繼勳昭義，趙贊延州，姚內斌慶州，董遵誨環州，王彥昇原州，馮繼業靈武。笇榷之利，悉以與之，其貿易則免其徵稅。故邊臣皆富於財，以養死士，以募諜者，敵人情狀、山川道路罔不備見而周知之，故十餘年無西北之憂也。」〔註70〕《萍洲可談》記載：「州郡承唐衰藩鎮之弊，頗或僭擬，衙皂有子城使、軍中使、教練使等號。」〔註71〕地方將領手中掌握了兵權與財賦，隱然有抗衡中央的力量。太祖乾德三年（965）三月下詔：「諸州度支經費外，凡金帛以助軍實，悉送都下，無得占留。」一路之財賦置轉運使掌之。〔註72〕此為收地方藩鎮之財政權。乾德三年八月戊戌又下詔：「令天下長吏擇本道兵驍勇者，籍其名送都下，以補禁旅之闕。」〔註73〕將藩鎮之精兵收歸中央。開寶二年（969）十月己亥，正式收藩鎮兵權，罷節度使王彥超、武行德、郭從義、白重贊、楊廷璋等五人，改授虛銜。〔註74〕太宗太平興國二年（977）八月戊辰，詔節度使所領支郡皆直屬京，收藩鎮行政權。〔註75〕唐代以來藩鎮割據的問題，因此逐步得到解決。地方藩鎮的軍隊除了挑選部分精銳編入禁軍

〔註67〕《長編》卷 10，開寶二年九月辛未，第 232 頁。按潘光裕原為龍捷左廂第六軍某指揮的「指揮使」，因功卻升為「副都頭」（指揮之下「都」的副長官），似有疑問，「副都頭」似應為「副都校」（軍副都指揮使）之誤。

〔註68〕《長編》卷 247，熙寧六年十月丁亥，第 6026 頁。

〔註69〕《長編》卷 2，建隆二年七月庚午，第 49～50 頁。

〔註70〕范鎮：《東齋記事》（北京：中華書局，1980 年）卷 1，第 1 頁。

〔註71〕朱彧：《萍洲可談》（北京：中華書局，2007 年）卷 2，第 144 頁。

〔註72〕《長編》卷 6，乾德三年三月月末，第 152 頁。

〔註73〕《長編》卷 6，乾德三年八月戊戌，第 156 頁。

〔註74〕《長編》卷 10，開寶二年十月己亥，第 233 頁。

〔註75〕《長編》卷 18，太平興國二年八月戊辰，第 411 頁。

之外，其他則編為廂兵，在地方上負責修橋鋪路、整修城池、管理倉場等勞務工作。

然而，宋太祖、太宗時期，為了統一中國，不斷對外發動戰爭。為了適應戰爭時期的需要，一種臨時性的軍事編制出現了。這種新的編制，打破了原有的禁軍編制，將禁軍各單位納入「都部署」之下，「都部署」成了實際統帥。這種臨時性的編制，可稱為「行營」（都部署司）編制。

為了瞭解北宋前期的行營（都部署司）編制，我們以宋太祖討伐後蜀的戰爭為例，說明行營的特色。乾德二年（964）十一月，宋太祖討伐後蜀，成立「西川行營」，以王全斌為都部署，崔彥進、劉廷讓為副都部署，分鳳州路（北路）、歸州路（東路）兩路，指揮體系如下：

> 命忠武軍節度王全斌充鳳州路行營前軍兵馬都部署，武信軍節度、侍衛步軍都指揮使崔彥進充副都部署，樞密副使王仁贍充都監，龍捷右廂都指揮使史延德充馬軍都指揮使，虎捷右廂都指揮使張萬友充步軍都指揮使，隴州防禦使張凝充先鋒都指揮使，左神武大將軍王繼濤充濠砦使，內染院使康延澤充馬軍都監，翰林副使張煦充步軍都監，供奉官田仁朗充濠砦都監，殿直鄭粲充先鋒都監，步軍都軍頭向韜充先鋒都軍頭。
>
> 寧江軍節度、侍衛馬步軍都指揮使劉廷讓充歸州路行營前軍兵馬副都部署，內客省使、樞密承旨曹彬充都監，客省使武懷節充戰櫂部署，龍捷左廂都指揮使李進卿充步軍都指揮使，前階州刺史高彥暉充先鋒都指揮使，右衛將軍白廷誨充濠砦使，御廚副使朱光緒充馬軍都監，儀鸞副使折彥贇充步軍都監，八作副使王令岊充先鋒都監，供奉官郝守濬充濠砦都監，馬步軍都軍頭楊光美充戰櫂左右廂都指揮使，供奉官藥守節充戰櫂左廂都監，殿直劉漢卿充戰櫂右廂都監。
>
> 率禁兵三萬人、諸州兵二萬人分路討之。〔註76〕

在上述作戰序列中，「都部署」、「副都部署」為行營的正副統帥，「都指揮使」（部隊長）、「濠砦使」（工兵司令）為統兵將領，而「都監」一職，除了北路行營都監王仁贍為樞密副使外，其餘的都監都是橫行、閣職、諸司使、副使或三班使臣等「武選官」，官資地位皆低於行營都指揮使、濠砦使，故尚帶有「監軍」的性質。「行營都部署司」的軍事編制，已逐漸形成。

〔註76〕《宋史》卷479〈世家二・西蜀孟氏〉，第13875頁。

其後，在太祖、太宗不斷的征戰中，「行營都部署司」軍事編制進一步發展，在「都部署」、「都監」之中，又增加了「部署」、「鈐轄」等名，使得行營（都部署司）編制更為詳密而完備。

然而，雖然我們知道北宋前期的「都部署司」編制之下，有「部署」、「副部署」、「鈐轄」、「都監」等武職差遣，但是歷來研究宋史者，對於史料中「路分部署」、「州部署」、「路分鈐轄」、「駐泊鈐轄」、「州鈐轄」、「路分都監」、「駐泊都監」、「州都監」等武職差遣，都缺乏明確的解釋。例如，龔延明《宋代官制詞典》〈馬步軍都部署〉條記載：「五代後唐已見馬步都部署之官。宋初，有征討事，即置行營都部署。有禁軍駐泊地，稱駐泊都部署。景德間去行營之名，止稱駐泊都部署。英宗即位，於嘉祐八年改都部署為都總管。」〔註77〕〈路分馬步軍部署〉條記載：「部署又有路分、州之分，在路者，為路分部署，稱馬步軍部署，北宋一路多至十四、五員，聽本路都部署節制。慶曆二年，詔路分部署許與都部署司計議軍事。」〔註78〕〈州兵馬部署〉條記載：「部署在州統兵，稱兵馬部署，不預路軍事者，冠以州名。」〔註79〕龔延明雖已指出兵馬部署有路分、州的區別，但卻未說明兩者所轄的禁軍兵馬有何差異。

《宋代官制詞典》〈路分兵馬鈐轄〉條指出：「兵馬鈐轄冠以路名者，稱路分鈐轄，與總管司共議軍事，參總本路不係將駐泊、屯駐、就糧禁軍的軍政。」〈州兵馬鈐轄〉條則指出：「兵馬鈐轄在州者，稱州兵馬鈐轄。」〔註80〕認為兵馬鈐轄冠以路名就是路分鈐轄，在州則為州鈐轄，路分鈐轄可以掌管駐泊、屯駐、就糧禁軍，但卻未說明州鈐轄是否可以掌管駐泊、屯駐、就糧禁軍。

該書〈路分兵馬都監〉條說道：「冠以路名，參總本路不係將駐泊、屯駐、就糧禁軍。」同樣認為路分都監可以掌管駐泊、屯駐、就糧禁軍。〈州駐泊都監〉條說道：「諸州禁、廂軍駐泊在州，置州駐泊兵馬都監。」認為駐泊都監可以掌管廂軍。〈本城兵馬都監〉條說道：「即州府以下兵馬都監，與駐泊都監相對而言。」卻未清楚說明駐泊都監與本城都監究竟有何不同。〔註81〕

由上可見，由於對於各種稱謂的解釋的模糊不清，甚至有許多錯誤之處，使我們對北宋前期的軍事編制，缺乏清晰而完整的認識。因此，我們必須說明

〔註77〕龔延明：《宋代官制詞典》（北京：中華書局，1997年），第441頁。
〔註78〕龔延明：《宋代官制詞典》，第443頁。
〔註79〕龔延明：《宋代官制詞典》，第444頁。
〔註80〕龔延明：《宋代官制詞典》，第448頁。
〔註81〕龔延明：《宋代官制詞典》，第450頁。

「路分部署」、「州部署」、「路分鈐轄」、「駐泊鈐轄」、「州鈐轄」、「路分都監」、「駐泊都監」、「州都監」等稱謂的區別，才能進一步深入分析北宋前期軍事體系的組織架構及其問題。以下我們將分別介紹此一軍事編制的各級長官：

（一）都部署、副都部署

都部署之名，始於五代。據《舊五代史》記載：「（後唐應順元年〔934〕二月）丁酉，王思同加同平章事，充西面行營都部署；以前邠州節度使藥彥稠為副部署，以河中節度使安彥威為西面兵馬都監。」〔註82〕宋太祖即位後，每有征伐，即設立「行營」，命重臣為都部署，為行營之最高統帥，如上述征後蜀時，以王全斌為西川行營都部署，即是一例。

副都部署，為都部署之副貳。部署、副部署，則為都部署之下的統兵官。太宗、真宗之後，隨著宋遼戰爭持續不斷，「都部署」、「部署」越設越多，例如真宗景德元年（1004）宋遼戰爭期間，有北面三路（鎮、定、高陽關）都部署王超〔註83〕、高陽關都部署周瑩〔註84〕、邢洺路部署王能、冀州路部署石普、寧邊軍路部署魏能、定州路部署張凝〔註85〕，顯然此時都部署、部署之名，已甚為浮濫，王超與周瑩雖同為都部署，但王超轄鎮、定、高陽關三路，範圍較大，故高陽關路都部署周瑩、定州路部署張凝皆隸屬於北面三路（鎮、定、高陽關）都部署王超之下。宋遼「澶淵之盟」簽訂後，宋真宗「以河北諸州禁軍分隸鎮、定、高陽都部署，合鎮、定兩路為一。」〔註86〕可見當時鎮、定、高陽關三路的統兵官皆已升為都部署。

然而，若戰區不設「都部署」（或戰區統帥資歷較淺，不足以擔任都部署之職），則「副都部署」為最高軍事長官。前面提到澶淵之盟後，宋真宗將鎮州、定州兩路都部署合而為一，以「曹璨為鎮、定兩路副都部署」〔註87〕，此時因簽訂和約，戰事平息，故合併鎮、定兩路，不設都部署，以副都部署為最高長官。

〔註82〕 薛居正：《舊五代史》（北京：中華書局，1974 年）卷 45〈閔帝紀〉，第 618 頁。另參見翁建道：《北宋出征行營之研究》，臺北：中國文化大學史學研究所博士論文，2005 年，第 138 頁。

〔註83〕 《長編》卷 56，景德元年正月己丑，第 1224 頁。《長編》卷 56，景德元年四月丁卯，第 1234 頁。《長編》卷 56，景德元年五月丁酉，第 1237 頁。

〔註84〕 《長編》卷 56，景德元年四月丙辰，第 1233 頁。

〔註85〕 《長編》卷 56，景德元年七月己丑，第 1245 頁。

〔註86〕 《長編》卷 59，景德二年正月癸丑，第 1307 頁。

〔註87〕 《長編》卷 59，景德二年正月乙卯，第 1309 頁。

　　除了戰時的「行營都部署」外，北宋亦設有「駐泊都部署」。北宋禁軍實施「更戍法」，禁軍要經常性地調動，一方面讓士兵習於勞苦，一方面避免兵為將帥私有。北宋禁軍移屯的名目有三種，「駐泊」、「屯駐」、「就糧」。據馬端臨《文獻通考》記載：

> 至於諸州禁、廂兵，亦皆戍更，隸州者曰「屯駐」；隸總管（都部署）
> 曰「駐泊」。〔註88〕

可見「駐泊」與「屯駐」的區別，是隸屬關係與指揮體系的不同。〔註89〕至於「就糧」，《文獻通考》記載：

> 其京畿、諸州便運路者，則有就糧兵焉，許挈家屬以往。〔註90〕

王曾瑜教授認為「駐泊」、「屯駐」是軍事性或政治性的移屯，「就糧」則是經濟性的移屯。〔註91〕關於北宋禁軍的「就糧」，包拯《包孝肅奏議集》卷8〈請移冀博深三州兵馬〉記載了明顯的例子：

> 臣昨准樞密院箚子，奉聖旨：令計會河北四路安撫司並都轉運司同
> 密切相度，合那移是何軍馬，卻於甚處有糧草，州軍就食，約減省
> 得多少糧草，仍具委得穩便，連署聞奏。

包拯統計了冀、博、深三州「逐處那移軍馬、減省得糧草」的具體數字，包括冀州「那移馬軍十一指揮，人員兵士共四千三百八十二人，馬九百四十七匹」，減省糧草「料錢一萬四千七百七十五貫，糧四萬五千一十二石，草一十五萬七千三百一十一束，料一萬五千七百三十一石」。博州「那移振武兩指揮，人員兵士共九百四人往澶州」，減省軍糧「一萬二千餘石」。深州「那移馬軍雲翼兩指揮，人員兵士共九百七十九人，馬四百一十四匹」，減省「糧八千八百八十一石，草一十一萬九千二百三十二束，料一萬一千九百二十三石二斗」。〔註92〕這些記載，正是禁軍為了減省糧草，「就糧」調動移防他處的寫照。

　　由於禁軍的移防有「駐泊」、「屯駐」、「就糧」之別。屬於「駐泊」的禁軍士兵調動時，每至一地，不分殿前軍、侍衛馬軍、侍衛步軍，統一由當地的「駐

〔註88〕馬端臨：《文獻通考》（北京：中華書局，2011年）卷152〈兵考四〉，第4556頁。

〔註89〕參見王曾瑜：《宋朝軍制初探（增訂本）》，第68～69頁。

〔註90〕馬端臨：《文獻通考》卷152〈兵考四〉，第4551頁。

〔註91〕參見王曾瑜：《宋朝軍制初探（增訂本）》，第68頁。

〔註92〕包拯：《包孝肅奏議集》（文淵閣四庫全書第427冊，臺北：台灣商務印書館，1986年）卷8〈請移冀博深三州兵馬〉，第164～165頁。

泊都部署」指揮統率，例如《宋史・楊業傳》：「帝以業老於邊事，復遷代州兼三交駐泊兵馬都部署。」〔註93〕而「屯駐」、「就糧」的禁軍士兵則隸於各州，由各州的州部署或州鈐轄（通常由知州兼任）指揮，不歸「駐泊都部署」統率。宋真宗與遼簽訂「澶淵之盟」後，下詔：「行營之號悉罷。」〔註94〕「行營都部署」在非戰爭時期不再設置，但「駐泊都部署」卻逐漸成為常設，「都部署司」編制因此保留了下來。

　　仁宗以後，隨著各路安撫使逐漸設置，駐泊都部署常由安撫使（大多為文官）兼任，武將一般最高僅能做到副都部署。〔註95〕宋夏戰爭時期，寶元二年（1039）七月，「知永興軍夏竦知涇州、兼涇原秦鳳路緣邊經略安撫使、涇原路都部署，知延州范雍兼鄜延環慶路緣邊經略安撫使、鄜延路都部署。」〔註96〕這是以文官擔任安撫使兼都部署的例子。康定元年（1040）正月，宋夏「三川口之戰」，宋軍將領「鄜延環慶副都部署劉平」、「鄜延副都部署石元孫」兵敗被俘，劉平、石元孫為武將，只能做到副都部署。〔註97〕同年二月，宋仁宗以「夏守贇換宣徽南院使，陝西都部署兼經略安撫等使。」〔註98〕將文官夏守贇「換官」為武職，使其擔任陝西都部署兼經略安撫使，這是在戰爭吃緊之際，任命武官（實際上還是由文官改任而來）擔任都部署，屬於少見的特例。且到了該年五月，夏守贇罷，改以夏竦為「陝西都部署、兼經略安撫使、緣邊招討使」，韓琦、范仲淹為「陝西經略安撫副使、同管勾都部署司事」。〔註99〕同樣以文官擔任安撫使、副使，兼任都部署（或管勾部署司事）。慶曆元年（1041）宋軍於好水川之戰再度失敗後，十月將陝西分為秦鳳、涇原、環慶、鄜延四路，以韓琦、王沿、范仲淹、龐籍四人「並兼本路馬步軍都部署，經略安撫緣邊招討使」。〔註100〕仍是以文官擔任安撫使兼都部署。

　　嘉祐八年（1063）仁宗去世，英宗趙曙即位，下詔：「天下官名，地名，人姓名與御名同者，改之。改名部署曰總管。」〔註101〕因此，英宗以後的「都

〔註93〕《宋史》卷272〈楊業傳〉，第9303頁。
〔註94〕《長編》卷59，景德二年正月癸丑，第1307頁。
〔註95〕趙冬梅：《文武之間：北宋武選官研究》，第208～209頁。
〔註96〕《長編》卷124，寶元二年七月戊午，第2919頁。
〔註97〕《長編》卷126，康定元年正月壬申～己卯，第2967～2968頁。
〔註98〕《長編》卷126，康定元年二月丁亥，第2971頁。
〔註99〕《長編》卷127，康定元年五月戊寅～己卯，第3013～3014頁。
〔註100〕《長編》卷134，慶曆元年十月甲午，第3191頁。
〔註101〕《長編》卷198，嘉祐八年四月乙亥，第4795頁。

總管」、「總管」，即由「都部署」、「部署」改名而來。

（二）路分部署與州部署

部署、副部署，則為都部署之下的統兵官。例如真宗景德元年（1004）宋遼戰爭期間，有冀州路部署石普、寧邊軍路部署魏能、定州路部署張凝〔註102〕，定州路部署張凝應該是隸屬於北面三路（鎮、定、高陽關）都部署王超之下。

若戰區無「都部署」、「副都部署」，則以「部署」為最高軍事長官，例如宋太祖開寶二年（969）親征北漢時，以何繼筠為「石嶺關部署」。〔註103〕王曾瑜教授指出：「部署的官位較低，轄區較小，統兵也較少。」〔註104〕趙冬梅教授也說：「都部署為一路之大帥，任職者資歷較淺或轄區範圍較小，亦可稱部署。」〔註105〕

除了戰時的「行營」之外，平時各路的駐泊都部署之下，亦有部署、副部署，又稱「路分部署」、「路分副部署」。顧名思義，路分部署、路分副部署即隸屬於路，為各路都部署司之下的高級統兵官，因此在稱呼時又常將路名冠於部署、副部署之前，如「涇原部署」、「環慶副部署」等。此外，由於部署、副部署地位較高，因此有參與各路都部署司決策之權。例如宋夏戰爭時期，慶曆元年好水川之戰前，「朝廷欲發涇原、鄜延兩路兵討賊，議未決，詔環慶副部署任福乘驛詣涇原計事」。〔註106〕環慶副部署任福可參與計事，有建議之權。慶曆二年（1042）仁宗再下詔：

> 近分陝西緣邊為四路，各置經略、安撫、招討等使，自今路分總管（部署）、鈐轄以上，許與都總管（都部署）司同議軍事，路分都監以下並聽都總管（都部署）等節制，違者以軍法論。〔註107〕

這段文字中，我們可以看出「路分部署」、「路分鈐轄」可以與都部署討論軍事，有建議之權，「路分都監」則是單純的執行者，沒有討論軍事的權力。

此外，從前面任福的例子，我們還可以看出，環慶副部署任福之上未設「環慶部署」，故任福直接受安撫使兼都部署的指揮，可知若未設部署，則由副部

〔註102〕《長編》卷56，景德元年七月己丑，第1245頁。

〔註103〕《長編》卷10，開寶二年四月壬子，第220頁。

〔註104〕參見王曾瑜：《宋朝軍制初探（增訂本）》，第74頁。

〔註105〕趙冬梅：《文武之間：北宋武選官研究》，第197～198頁。

〔註106〕《長編》卷131，慶曆元年二月己丑，第3100頁。

〔註107〕孫逢吉：《職官分紀》（文淵閣四庫全書本，北京：中華書局，1988年）卷35〈兵馬總管副總管〉，第660頁。

署單獨指揮部隊。

由上可見，「都部署」為一路的最高軍事統帥，統轄該路「駐泊禁軍」。都部署之下的「路分部署」、「路分副部署」，以及後文會提到的「路分鈐轄」、「路分都監」，都是隸屬於都部署司的統兵官。路分鈐轄以上，除了統率軍隊，並可以與都部署討論軍事，參與計議。而以上各級統兵官統率的軍隊，是隸屬於都部署司的「駐泊禁軍」。

路分部署之外，又有「州部署」，負責統率「屯駐」、「就糧」禁軍。《長編》記載：

> （康定元年七月）癸亥，鄜延鈐轄張亢上疏曰：「舊制：諸路部署、
> 鈐轄、都監不過三兩員，餘官雖高，止為一州部署、鈐轄，不預本
> 路事。」〔註108〕

這些「不預本路事」的州部署、州鈐轄，所管轄者為該州的「屯駐」、「就糧」禁軍（駐泊禁軍由各路都部署指揮）。例如太祖開寶二年（969），聶章為「沁州兵馬部署」。〔註109〕太宗端拱二年（989）正月「壬辰，以涪州觀察使柴禹錫為澶州兵馬部署。」〔註110〕按宋朝制度，各地知州大多兼州鈐轄或副鈐轄，統率「屯駐」、「就糧」禁軍（詳見後述）。若一州軍事地位特別重要，則將「州鈐轄」提升為「州部署」。這類「州部署」，除了派遣專人擔任外，亦可由當地的知州兼任。

（三）路分（駐泊）鈐轄與州（在城）鈐轄

「鈐轄」之名起源於五代，後晉出帝開運二年（945）二月，「甲戌，幸澶州，以景延廣為隨駕馬步軍都鈐轄。」〔註111〕宋太祖時，「以兩浙都鈐轄使沈承禮為威武節度使」〔註112〕。太宗時去「使」字，改稱「都鈐轄」，太平興國四年（979）四月，「辛酉，以孟玄喆、劉廷翰為兵馬都鈐轄。」〔註113〕其後，官高資深者稱「都鈐轄」，官卑資淺者稱「鈐轄」。〔註114〕現在為了行文敘述

〔註108〕　《長編》卷128，康定元年七月癸亥，第3025頁。

〔註109〕　《長編》卷10，開寶二年五月癸巳，第222頁。

〔註110〕　《宋史》卷5〈太宗紀二〉，第83頁。

〔註111〕　薛居正：《舊五代史》卷83〈少帝紀三〉，第1101頁。

〔註112〕　《長編》卷17，開寶九年正月丙子，第363頁。

〔註113〕　《宋史》卷4〈太宗紀一〉，第61頁。

〔註114〕　徐松輯，劉琳、刁忠民、舒大剛校點：《宋會要輯稿》（上海：上海古籍出版
社，2014年），〈職官〉48之107，第4380頁。

方便，統稱為鈐轄。

　　鈐轄與部署相同，有路分鈐轄、州鈐轄之分。「路分鈐轄」顧名思義，隸屬於各路都部署司，可以與都部署討論軍事。路分鈐轄統率的軍隊是「駐泊禁軍」，故路分鈐轄又稱「駐泊鈐轄」。《宋會要輯稿》記載：

> 真宗咸平五年（1002）四月，以知鎮戎軍李繼和兼涇、原、儀、渭州駐泊兵馬鈐轄，真宗曰：「李繼和累請益兵，朝廷難以應副，本路總管司（都部署司）軍馬之數已是不少，繼和益者，慮至時總管司不為策應，朕細思，莫若就命繼和充四州駐泊鈐轄，其鎮戎軍駐泊兵士卻令總管司通連管轄。」宰臣等以為然，故有是命。〔註115〕

李繼和是地方官（知鎮戎軍），因為邊防需要不斷請求增兵，真宗遂令李繼和兼任涇、原、儀、渭四州「駐泊兵馬鈐轄」，我們也可以從「鎮戎軍駐泊兵士卻令總管司（都部署司）通連管轄」一語看出，「駐泊鈐轄」管轄駐泊禁軍，由都部署司統一指揮。《宋會要輯稿》又記載：

> 大中祥符五年（1012）六月，涇原路駐泊都鈐轄兼知渭州曹瑋言：「乞依舊制別差人知渭州，臣當乞一面管勾鈐轄司事。」帝宣示王欽若等曰：「邊防軍馬所屯之地，若別置知州，即各生事體，可降詔以此意諭之。」〔註116〕

真宗認為邊境的知州最好由駐泊鈐轄兼任，以收統一事權、集中管理之效，故拒絕了曹瑋另置知州的請求。

　　路分（駐泊）鈐轄雖成為都部署編制下的統兵官，但若以宦官為鈐轄，仍常被宋人視為「監軍」：

> （寶元元年〔1038〕二月）己丑，皇城使、文州防禦使、入內副都知王守忠領梓州觀察使，為陝西都鈐轄。知諫院富弼言：「唐代之衰，始疑將帥，遂以內臣監軍，取敗非一。今守忠為都鈐轄，與監軍何異？」〔註117〕

此外，在南方地區，各路往往不設都部署、部署，以安撫使兼任鈐轄，統率駐泊禁軍。王栐《燕翼貽謀錄》說道：

> 自江南既平，兩浙、福建納土之後，諸州直隸京師，無復藩府。惟

〔註115〕　《宋會要輯稿》，〈職官〉48之107，第4380頁。
〔註116〕　《宋會要輯稿》，〈職官〉48之108，第4380頁。
〔註117〕　《長編》卷126，康定元年年二月己丑，第2972頁。

河北、河東、陝西以捍禦西北二虜，帥臣之權特重，其他諸路，責任監司按察而已。嘉祐四年五月丁巳，始詔揚、廬、江寧、洪、潭、越、福七路兼本路軍馬鈐轄，各置禁軍駐泊三指揮，越、福二指揮，以威果為額，每指揮四百人，各路兵馬都監二員，越、福一員。其後二廣經略、京東西路安撫、江東西路安撫，皆因事令守臣兼領，而加以鈐轄之名，以至兩浙、四川皆以調發之故，後又改鈐轄為總管。〔註118〕

可見揚、廬、江寧、洪、潭、越、福七路安撫使都是兼任兵馬鈐轄，統率駐泊禁軍三指揮共一千二百人（越、福二路僅二指揮共八百人）。

「路分（駐泊）鈐轄」之外，各州又有「在城鈐轄」。《長編》記載：「在城鈐轄、都監、監押與知州軍、通判同管屯駐、就糧本城軍馬。」〔註119〕可見「在城鈐轄」管轄者，為各州的「屯駐」、「就糧」禁軍。我們如果在史料中看到「某州鈐轄」，我們應該先弄清楚他是「某州駐泊鈐轄」或「某州在城鈐轄」。

路分（駐泊）鈐轄如果率領駐泊禁軍駐於某州，當地知州也有權管理駐泊軍馬。例如，《職官分紀》記載：

知潞州：提舉澤、潞、晉、絳、慈、隰州、威勝軍一路屯駐、駐泊、就糧本城兵馬巡檢公事。

潞州駐泊兵馬鈐轄，兼提舉澤、潞、晉、絳、慈、隰州、北威勝軍一路屯駐、駐泊、就糧本城兵馬巡檢公事。〔註120〕

前面曾提到，北宋禁軍派駐在外，分成「駐泊」（歸都部署司指揮）、「屯駐」、「就糧」三類，當地的知州對於駐於該州的駐泊、屯駐、就糧禁軍，都有管轄指揮之權。而路分（駐泊）鈐轄如果率領駐泊禁軍駐紮在某州，除了管理駐泊禁軍外，對於該地的屯駐、就糧禁軍，也有連帶管轄權，顯然路分（駐泊）鈐轄的地位，高於各州的「在城鈐轄」。又如《長編》記載：

諸州軍駐泊鈐轄、都監、監押與知州、軍同管駐泊軍馬。在城鈐轄、都監、監押與知州軍、通判同管屯駐、就糧本城軍馬，內屯駐、就糧仍與駐泊兵官通管轄差使，其河北、河東、陝西諸路帥府所在州、

〔註118〕王栐：《燕翼貽謀錄》（北京：中華書局，1981年）卷5，第51頁。

〔註119〕《長編》卷239，熙寧五年年十月戊子，第5811頁。

〔註120〕孫逢吉：《職官分紀》卷35〈提舉兵甲巡檢公事〉，第665頁。

軍，即通判與在城兵官更不通管。〔註121〕

也就是說，路分（駐泊）鈐轄率領的駐泊禁軍駐在某州（軍），當地的知州（軍）有管轄指揮權；而各州的屯駐、就糧禁軍，由知州、通判統率，該州（軍）的在城鈐轄、都監、監押則負責實際管理。此外，駐泊兵官（駐泊鈐轄、都監、監押）可以通管當地的屯駐、就糧禁軍，但在城兵官（在城鈐轄、都監、監押）卻不能管理駐泊禁軍，顯然駐泊兵官的地位，高於在城兵官。河北、河東、陝西安撫使（帥府）所在之處，當地的通判與在城兵官（在城鈐轄、都監、監押），則「更不通管」屯駐、就糧禁軍，完全交由帥府（安撫使）與駐泊兵官管理。

這裡所謂的在城兵官，包括了在城鈐轄、都監、監押，在城鈐轄又稱「州鈐轄」，大多由當地知州兼任：

> 舊州鈐轄，除本州知州已帶本路帥臣、並本路兵職高、及管內安撫使者，依舊稱鈐轄，餘知州見帶本州兵馬鈐轄，其州鈐轄依新制改稱兵馬副鈐轄。〔註122〕

可見宋朝知州原本兼「州（在城）鈐轄」，其後除了兼任安撫使或高級兵職者仍兼任州鈐轄外，其餘知州改兼「副鈐轄」。隸屬於在城鈐轄之下的兵官，則有在城都監、在城監押。

（四）路分（駐泊）都監與州（在城）都監

「都監」之名亦起源於五代，《舊五代史》記載：

> （康）福便弓馬，少事後唐武皇，累補軍職，充承天軍都監。莊宗嗣位，嘗謂左右曰：「我本蕃人，以羊馬為活業。彼康福者，體貌豐厚，宜領財貨，可令總轄馬牧。」由是署為馬坊使，大有蕃息。及明宗為亂兵所迫，將離魏縣，會福牧小馬數千匹於相州，乃驅而歸。明宗即位，授飛龍使，俄轉磁州刺史，充襄州兵馬都監。尋以江陵叛命，朝廷舉兵伐之，以福為荊南道行營兵馬都監，俄以王師無功而還。〔註123〕

可見康福在後唐曾任「承天軍都監」、「襄州兵馬都監」、「荊南道行營兵馬都監」等軍職。到了宋代，「都監」成為「行營」（都部署司）的下級兵官。前面曾提

〔註121〕《長編》卷239，熙寧五年年十月戊子，第5811頁。
〔註122〕《宋會要輯稿》，〈職官〉48之107，第4380頁。
〔註123〕薛居正：《舊五代史》卷91〈康福傳〉，第1200頁。

到，太祖征後蜀時，除了北路行營都監王仁贍為樞密副使外，其餘的都監都是橫行、閤職、諸司使、副使或三班使臣等「武選官」，官位皆低於行營都指揮使、濠砦使，故「監軍」的性質甚厚。但是因為戰事需要，「都監」有時也奉派領兵作戰，逐漸成為都部署司的下級統兵官。

前面說道，「都部署」為戰區統帥，「部署」地位同於都部署，只是資歷較淺或戰區較小，故稱部署。資歷較部署更低、戰區較部署更小的統兵官，則為都監。《長編》記載太祖開寶九年（976）北伐北漢時：

> （八月）辛亥，命鎮州西山巡檢、洺州防禦使郭進為河東道忻、代
> 等州行營馬步軍都監。〔註124〕

此處的兵馬都監郭進，即為小戰區的統兵官。

而在平時，都監也有「路分（駐泊）都監」、「在城都監」之分。《宋史‧職官志》記載：

> 路分都監，掌本路禁旅屯戍、邊防、訓練之政令，以肅清所部。州
> 府以下都監，皆掌其本城屯駐、兵甲、訓練、差使之事，資淺者為
> 監押。〔註125〕

可見「路分都監」掌本路之禁旅，即駐泊禁軍，故又稱「駐泊都監」，受各路都部署司管轄；各州之下都監則掌管「屯駐」、「就糧」禁兵，資淺者稱「監押」，受各州知州（兼州鈐轄）管轄。

趙冬梅教授認為州都監所掌之兵主要是本城廂軍，故州都監又稱本城都監。趙冬梅並引用《文獻通考‧兵考八》記載：「廂軍者，諸州之鎮兵也，各隸其州之本城，專以給役。……置都監、監押以領之。」〔註126〕然而實際上，《文獻通考‧兵考八》記載：

> 廂軍者，諸州之鎮兵也，各隸其州之本城，專以給役。……凡諸州
> 置馬步軍都指揮使、副都指揮使、都虞候；馬軍有都指揮使、副都
> 指揮使、都虞候，步軍亦如之；馬、步軍諸指揮各有指揮使、副指
> 揮使；每都有軍使、副兵馬使、都頭、副都頭、廂軍頭、十將、將虞
> 候、承局、押官，置都監、監押以領之。〔註127〕

王曾瑜教授指出，各種番號的廂軍以指揮為單位，「凡諸州置馬步軍都指揮使、

〔註124〕《長編》卷17，開寶九年八月辛亥，第375頁。
〔註125〕《宋史》卷167〈職官七〉，第3980頁。
〔註126〕趙冬梅：《文武之間：北宋武選官研究》，第215頁。引文刪節處按趙書原文。
〔註127〕《文獻通考》卷156〈兵考八〉，第4650頁。

副都指揮使、都虞候」，以統轄本州府不同番號的廂兵若干指揮。〔註128〕可見統率各州廂軍者，應為馬步軍都指揮使。至於「置都監、監押以領之」一語，則意謂「州都監（監押）」在管理屯駐、就糧禁兵之外，另兼管廂兵。管理屯駐、就糧禁兵，才是「州都監（監押）」的主要職掌。

　　一州之在城都監、監押隸屬於知州（兼州鈐轄），故又稱州都監、監押。若屯駐、就糧禁兵由知州分派於各縣、鎮、寨，負責管理的在城都監、監押也會隨之前往各縣、鎮、寨，因此在城都監、監押又可按實際駐紮地區來稱呼，稱為「某縣兵馬都監（監押）」、「鎮監押」、「寨監押」。〔註129〕《宋會要輯稿》記載：

> 《兩朝國史志》：都監有路分、有州府軍監、有縣鎮、有城寨關堡。……
> 其知縣、監鎮，朝官即兼都監，京官即兼監押，畿縣則云同簽書兵
> 馬司公事。〔註130〕

可見擔任「縣都監（監押）」、「鎮監押」、「寨監押」者，除武臣外，大多由各地知縣、監鎮官兼任。

二、仁宗宋夏戰爭時期北宋禁軍編制衍生的問題

　　按上文所述，北宋前期的軍事編制，相當複雜多變。三衙禁軍「廂—軍—指揮—都」的禁軍編制逐漸打破，禁軍以「指揮」為單位，按「駐泊」、「屯駐」、「就糧」等名目分散於各地，而由各級統兵官負責實際指揮。其中，駐泊禁軍的統帥為都部署、副都部署，下屬的統兵官則有路分鈐轄、路分都監，因駐泊禁軍駐紮於各州，故統兵官又稱某州駐泊鈐轄、某州駐泊都監。屯駐禁軍與就糧禁軍則由州部署或州鈐轄（大多由知州兼任）管理，州鈐轄之下的統兵官為州在城都監（監押），若按兵士駐紮地區來區分，則稱為「縣都監（監押）」、「鎮監押」、「寨監押」。

　　其中各路都部署只能指揮駐泊禁軍，無權指揮各州屯駐、就糧禁軍。即使仁宗以後，都部署由各路安撫使兼任，情況似乎仍未改善。安撫使由各路要郡之知州兼任，宋人吳儆說道：

> 所謂帥臣（安撫使）者，雖名為一路兵民之寄，其實一大郡守耳。
> 平居無事之時，所部州縣既不知帥臣之威，一旦有盜賊意外之警，

〔註128〕　參見王曾瑜：《宋朝軍制初探（增訂本）》，第 84 頁。
〔註129〕　參見龔延明：《宋代官制辭典》，第 451 頁。
〔註130〕　《宋會要輯稿》，〈職官〉49 之 1，第 4403 頁。

　　帥臣之權復為憲（提點刑獄）、漕（轉運使）所奪，調兵賦粟，莫之
　　適從。〔註131〕

從「其實一大郡守耳」與「所部州縣既不知帥臣之威」等語，我們可以看出安撫使無法直接指揮該路的知州，也無法指揮知州所轄的屯駐、就糧禁軍，因此在戰爭時，「調兵賦粟，莫之適從」，動員軍力捉襟見肘。

　　我們以宋仁宗時期的宋夏戰爭為例，來說明當時軍事體制出現的問題。當時宋朝因宋夏戰爭，禁軍人數已擴張至百萬人。張方平說：

　　伏以太祖皇帝取荊、潭，收蜀、廣南、江南，備晉寇，禦西北二敵，
　　計所蓄兵不及十五萬。太宗皇帝平太原，備西邊，禦北塞，料簡軍
　　旅，增修戎備，志在收取燕薊，然蓄兵不過四十餘萬人。先皇咸平
　　中，備西邊，禦北塞，蒐募戰士，至五十餘萬人。及契丹請和，祥
　　符以後稍稍消汰，弛馬牧地給耕民，邊將占兵自固者輒罷之，至於
　　寶元，幾四十年，可謂乂安矣。向因夏戎阻命，始籍民兵，俄命刺
　　之以補軍籍，遂於陝西、河北、京東、西增置保捷、武衛、宣毅等
　　軍，既而又置宣毅於江淮、荊湖、福建等路，凡內外增置禁軍約四
　　十二萬餘人，通三朝舊兵且百萬。其鄉軍義勇，州郡廂軍，諸軍小
　　分、半分、剩員等，不列於數。〔註132〕

雖然仁宗時禁軍數量已達百萬，然而實際動員參戰兵力，卻十分有限。我們再度以仁宗宋夏戰爭中的三場大戰役（三川口、好水川、定川寨）為例，說明宋軍動員情形：

　　第一場大戰役為康定元年（1040）「三川口」之役，《長編》記載：

　　元昊乃盛兵攻保安軍，……遂乘勝抵延州城下。雍（安撫使范雍）
　　先以檄召鄜延、環慶副都部署劉平於慶州，使至保安，與鄜延副都
　　部署石元孫合軍趨土門。及是，雍復召平、元孫還軍救延州。平得
　　雍初檄，即率騎兵三千發慶州，行四日至保安，與元孫合軍趨土
　　門。……而後雍後檄尋到，平、元孫遂引還。……平、元孫領騎兵
　　先發，步軍繼進，夜至三川口西十里止營，令騎兵先驅延州奪門。

〔註131〕吳儆：《竹洲集》（文淵閣四庫全書第 1142 冊，臺北：台灣商務印書館，1986
　　　　年）卷 2〈論廣西帥臣兼知漕計〉，第 218 頁。另參見李昌憲：《宋代安撫使
　　　　考》（濟南：齊魯書社，1997 年），第 51 頁。
〔註132〕張方平：《樂全集》（文淵閣四庫全書第 1104 冊，臺北：台灣商務印書館，
　　　　1986 年）卷 23〈再上國計事〉，第 222～223 頁。

時鄜延都監黃德和將二千餘人屯保安北碎金谷，巡檢万俟政、郭遵
各將所部分屯，雍皆召之以為外援，平亦使人趨其行。戊寅，步兵
未至，平與元孫逆還之，行二十里乃遇步兵。及德和、政、遵所將
兵悉至，五將合步騎萬餘，結陳東行五里，平令諸軍並進，至三川
口，遇賊。……賊舉鞭麾騎士自山四出，合擊官軍，平與元孫巡陣
東偏，賊衝陣分為二，遂與元孫皆被執。〔註133〕

元昊明顯用「圍點打援」的方式，包圍延州，誘使宋軍劉平、石元孫率軍來救
援，然後聚殲之。劉平所部「騎兵三千人」，黃德和所部「二千餘人」，加上石
元孫、万俟政、郭遵三路，總計不過「合步騎萬餘」，這就是范雍為救大城延
州所動員的五路大軍。

第二場戰役是慶曆元年（1041）「好水川之戰」：

（二月）己丑，琦（陝西經略安撫副使韓琦）亟趨鎮戎軍，盡出其
兵，又慕敢勇，凡萬八千人，使福（副部署任福）將以擊賊，行營
都監桑懌為先鋒，鈐轄朱觀、涇州都監武英繼之，行營都監王珪、
參軍事耿傅皆從。……福、懌合軍屯於好水川，朱觀、武英為一軍
屯龍落川。……福等不知賊之誘也，悉力逐之。癸巳，至龍竿城北，
遇賊大軍循川行，出六盤山下，距羊牧隆城五里，結陳以抗官軍。……
（任福）揮四刃鐵簡，挺身決鬥，槍中左頰，絕其喉而死。福子懷
亮亦死之。先是，琦命渭州都監趙律將瓦亭騎兵二千二百為繼，是
日與觀、英會兵於姚家川。福既死，賊並兵攻觀、英等。戰既合，
珪自羊牧隆城以屯兵四千五百來，陣於觀軍西，屢出略陣，堅不可
破。英重傷，不能視軍，自午至申，賊兵益至，東偏步兵先潰，眾
遂大奔，英、律、珪、傅皆死之。〔註134〕

元昊採誘敵深入之計，在好水川殲滅了任福等人的兵馬。此役任福主力有
18000 人，渭州都監趙律的後繼部隊有 2200 餘人，行營都監王珪率領羊牧隆
城增援部隊 4500 人，總計 24700 人。軍隊死亡數字：「指揮使、忠佐死者十五
人，軍員二百七十一人，士卒六千七百餘人。」〔註135〕

第三次大戰役為慶曆二年（1042）定川寨之戰：

〔註133〕《長編》卷 126，康定元年正月壬申～己卯，第 2967～2968 頁。
〔註134〕《長編》卷 131，慶曆元年二月己丑～癸巳，第 3100～3101 頁。
〔註135〕司馬光：《涑水記聞》（北京：中華書局，1989 年）卷 12，第 225 頁。

（閏九月）辛未朔，（涇原安撫使）王沿命懷敏（涇原副都部署葛懷敏）將兵禦之。……（懷敏）命諸將分四路趣定川寨，劉湛、向進出西水口，趙珣出蓮華堡，曹英、李知和出劉璠堡，懷敏出定西堡。……賊自偏江川、葉燮會出，四面俱至。……懷敏及曹英、李知和、趙珣、王保、王文、劉賀、李岳、張貴、趙璘、許思純、李良臣、涇原巡檢楊遵、籠竿城巡檢姚爽、都巡檢司監押董謙、同巡檢唐斌、指使霍達皆遇害。餘軍九千四百餘人，馬六百餘匹悉陷於賊。〔註136〕

具體兵馬數字不詳，但四路軍中，「韓質、郝從政、胡恩領軍三千保蓮華堡，劉湛、向進領軍一千保向家峽，皆不赴援」〔註137〕，估計每路約數千人，四路總兵力約1至2萬人。〔註138〕

　　三大戰役之後，宋夏戰爭時期，陝西四路（鄜延、環慶、涇原、秦鳳）的兵力數字，據《長編》記載：

自劉平敗於延州，任福敗於鎮戎，葛懷敏敗於渭州，賊聲益震。然所以復守巢穴者，蓋鄜延路屯兵六萬八千，環慶路五萬，涇原路七萬，秦鳳路二萬五千，有以牽制其勢故也。〔註139〕

四路總計21萬3千人，平均每路5萬3千餘人。張方平亦說道：

三司勘會陝西用兵以來，內外所增置禁軍八百六十餘指揮，約四十有餘萬人。……其係三路保捷、振武、宣毅、武衛、清邊、蕃落等指揮，並本道土兵，連營仰給，約二十餘萬人，比屯駐戌兵當四十萬人。〔註140〕

張方平指出：宋夏戰爭以來，宋朝增加禁軍40餘萬人，其中三路（陝西、河北、京東西）增加20餘萬人，這些禁軍應是駐泊禁軍，經常調動作戰，開銷較大，故其花費數字約當屯駐兵40萬人。若將這20餘萬人分配於三路，而陝西因為位於宋夏戰爭前線，邊防吃緊，可分得一半，估計可得10萬人，將這10萬人再平均分配給鄜延、環慶、涇原、秦鳳四個帥司路，則每個帥司（安撫使）得新募兵不過2萬5000人，加上原有的禁軍，才有前述平均5萬左右的

〔註136〕　《長編》卷137，慶曆二年閏九月癸巳～辛卯，第3300～3302頁。

〔註137〕　《長編》卷137，慶曆二年閏九月辛卯，第3302頁。

〔註138〕　關於葛懷敏指揮兵馬數字，《長編》卷137引司馬光《涑水記聞》記載：「沿使部署懷敏、鈐轄知和以甲七萬出屯瓦亭，稗將劉賀以兵三萬從行。」（第3302頁）估計有十萬人，但此數字遠遠超出涇原路現有之總兵力，值得商榷。

〔註139〕　《長編》卷137，慶曆二年閏九月辛卯，第3303頁。

〔註140〕　張方平：《樂全集》卷23〈論國計出納事〉，第221頁。

兵力。因此一場戰役，折損 1 萬人，便是大敗。宋朝空有百萬以上的大軍，但前線將帥卻乏兵可用，這是宋夏戰爭所暴露的最大問題。

由於禁軍分隸各個層級的都部署、部署、鈐轄、都監，因此在作戰時期，軍隊的指揮調遣非常複雜。一路的安撫使往往不能直接調動轄下各州的軍隊（因各州的屯駐、就糧禁軍由各州知州統帥，安撫使亦僅一大州之長而已），而是要經過朝廷的指示。這種疊床架屋的編制方式，雖可避免軍閥割據地方，但是在對外作戰時，則非常不利於軍隊的調度。因此，神宗時期，推行「將兵法」（又稱「置將法」），主要就是針對此一軍事弊端進行改革。

本章小結

北宋建立以來，面對遼夏的威脅，經常處於弱勢、守勢的一方。對遼的戰爭敗多勝少，使得宋朝無力完成太祖、太宗收復燕雲十六州的理想。對夏的戰爭則屢屢失利，耗兵糜餉，為宋朝的財政帶來了巨大的負擔。因此，宋神宗即位後，為了一雪前恥，開始重用王安石進行變法，希望達到富國強兵的目標。

宋朝對遼夏戰爭的失敗，除了將帥的能力、軍事的謀略等主觀因素外，軍事編制的缺失也是導致宋朝軍隊不能發揮戰力的重要原因。宋代的禁軍編制，複雜多變。北宋初期以禁軍為主要武力，禁軍的編制為廂、軍、指揮、都，而隸屬於「三衙」（殿前司、侍衛親軍馬軍司、侍衛親軍步軍司）。隨著宋太祖、太宗南征北戰，為適應戰爭的需要，在禁軍編制之外，又採取了「行營」編制，以「都部署」為實際的統帥。都部署之下，又有部署、鈐轄、都監等差遣，而原有的禁軍編制，則被打散分隸於行營編制之下。真宗、仁宗以後，禁軍以指揮為單位，分散駐防於全國各地，而統領各地禁軍者，則為各地的都部署、部署、鈐轄或都監。

北宋在外禁軍分為「駐泊」、「屯駐」、「就糧」三類，各路駐泊都部署所轄，只有駐泊禁軍，路分部署、路分鈐轄（又稱駐泊鈐轄）、路分都監（又稱駐泊都監）即是各路都部署轄下的統兵官。至於各州的「屯駐」、「就糧」禁軍，則由各州的知州（兼州部署或州鈐轄）統率，其下的統兵官則有州都監、縣都監（監押）、鎮監押、寨監押等。這種分散部署、分散指揮的方式，導致仁宗宋夏戰爭時期，陝西各路安撫使（兼都部署）用兵捉襟見肘，宋朝因此處於不利的一方。

　　由於禁軍按照種類分別隸屬於不同的地方行政單位，而各行政單位之間又非上級與下級的領導指揮關係，因此戰時軍隊的調度非常複雜。一路的安撫使除了駐泊禁軍之外，只能以兼任某州知州的身分，調動該州的屯駐、就糧禁軍，而該路其他各州的屯駐、就糧禁軍，則不能直接調動（因安撫使亦僅一大州之長而已，各州的屯駐、就糧禁軍由各州知州統帥，安撫使無權調動）。安撫使要向朝廷請示，得到皇帝的批准，才能動員其他各州的軍隊。這種編制方式雖可避免軍閥割據，但是在動員軍隊、集中兵力作戰時，就產生了非常嚴重的問題。因此，神宗時期，推行「將兵法」，主要就是針對此一軍事體制，進行全面的改革。設置新的軍事單位──「將」，將各類禁軍甚至鄉兵、蕃兵都納入「將」的編制之中，由安撫使統一指揮，提高了安撫使的權力，使得北宋後期的軍事動員能力，大幅提升。

第三章　宋神宗即位後的對夏政策及其影響

宋英宗於治平四年（1067）正月去世，由英宗之子趙頊即位，是為神宗。
[註1]《宋史》對神宗的評價，說道：

> 帝天性孝友，其入事兩宮，必侍立終日，雖寒暑不變。嘗與岐、嘉
> 二王讀書東宮，侍講王陶講論經史，輒相率拜之，由是中外翕然稱
> 賢。其即位也，小心謙抑，敬畏輔相；求直言，察民隱，恤孤獨，養
> 耆老，振匱乏；不治宮室，不事遊幸，屬精圖治，將大有為。未幾，
> 王安石入相。安石為人，悻悻自信，知祖宗志吞幽薊、靈武，而數
> 敗兵，帝奮然將雪數世之恥，未有所當，遂以偏見曲學起而乘之。
> 青苗、保甲、均輸、市易、水利之法既立，而天下洶洶騷動，慟哭
> 流涕者接踵而至。帝終不覺悟，方斷然廢逐元老，擯斥諫士，行之
> 不疑。卒致祖宗之良法美意，變壞幾盡。自是邪佞日進，人心日離，
> 禍亂日起，惜哉！[註2]

由於南宋時的士大夫多將北宋之亡歸咎於王安石變法，而元朝修的《宋史》踵
襲其說，故對王安石也是採取負面的評價。但我們從上段文字中，我們也可看
出宋神宗「屬精圖治，將大有為」、「知祖宗志吞幽薊、靈武，而數敗兵，帝奮
然將雪數世之恥」，是一位積極進取、富有理想的君王。《東都事略》記載神宗
即位後與王安石的對話：

[註 1]《長編》卷 209，治平四年正月丁巳，第 5073 頁。
[註 2]《宋史》卷 16〈神宗紀三〉，第 314 頁。

神宗曰：「唐太宗何如？」安石曰：「陛下當以堯舜為法，太宗所知
不遠，所為不盡合先王。」〔註3〕

可見宋神宗有意效法唐太宗平突厥、征高句麗的事功，希望能夠討平遼夏的邊
患，建立不世之功勳。王銍《默記》亦記載：

神宗初即位，慨然有取山後之志。滕章敏（按：滕元發）首被擢用，
所以東坡詩云：「先帝知公早，虛懷第一人」，蓋欲委滕公以天下之
事也。一日，語及北虜事，曰：「太宗自燕京城下軍潰，北虜追之，
僅得脫。凡行在服飾寶器盡為所奪，從人宮嬪盡陷沒，股上中兩箭，
歲歲必發，其棄天下竟以箭瘡發云。蓋北虜乃不共戴天之讎，反捐
金繒數十萬以事之為叔父，為人子孫，當如是乎？」已而泣下久之，
蓋已有取北虜大志。其後永樂、靈州之敗，故鬱鬱不樂者尤甚，愴
聖志之不就也。章敏公為先子言。〔註4〕

神宗以太宗高梁河之役的失敗為恥，積極尋求強國復仇之道。後來經歷了元豐
年間靈州、永樂之役兩場大敗，到了神宗晚年，還諄諄告誡邊將：

夏國自祖宗以來，為西方巨患，歷八十年，朝廷傾天下之力，竭四
方財用，以供饋餉，尚日夜惴惴焉，惟恐其盜邊也。若不乘此機隙，
朝廷內外并力一意，多方為謀經略，除此禍孽，則祖宗大恥，無日
可雪；四方生靈賦役，無日可寬；一時主邊將帥得罪天下後世，無
時可除。〔註5〕

可見宋神宗一生念念不忘者，即為經營西北，擊敗西夏。因此，宋神宗與真宗、
仁宗、英宗的保守作為迥然不同，非常積極地盼望在西北拓邊上有所作為。

然而，由於宋朝「重文輕武」政策的影響，朝廷的主要決策官員大多為文
官，甚至負責軍事決策的樞密使，也多由文官擔任。而文官個性一般偏向保守，
缺少積極進取的精神。因此，神宗要規劃拓邊的方略，必須在既有的用人範圍
之外，選拔人才，本章將提到的种諤、王韶等人，即是在此背景下受神宗重用
的官員。可見宋神宗時，已逐漸改變宋朝「重文輕武」的祖宗家法。

如果因為王韶是文官出身（雖然是武將化的文官，但仍是文官），所以無
法完全證明宋神宗時期「重文輕武」、「以文制武」的政策已有改變的話，那麼

〔註3〕王稱：《東都事略》卷79〈王安石傳〉，第663頁。
〔註4〕王銍：《默記》（北京：中華書局，1981年）卷中，第20頁。
〔註5〕《長編》卷349，元豐七年十月癸巳，第8376頁。

种諤則是典型的武將，在面對西夏的前線，扮演了決定國家軍事政策的重要角色，可以說是宋神宗時期「重文輕武」、「以文制武」政策已有改變的最好例子。而宋朝與西夏的關係，也隨著种諤、王韶等人受到重用，開啟了嶄新的一頁。

第一節　綏州的佔領與宋夏衝突

一、神宗即位時的西夏

　　一般人對西夏的認識，可能僅止於西夏的崛起與稱帝。本書第二章第一節中曾提到，西夏為党項族建立的國家，宋太宗時，党項領袖李繼遷叛宋自立；至其子德明，向宋稱臣，被封為西平王。德明之子元昊，卻企圖稱帝，打破了與宋朝之間的和睦關係。宋仁宗寶元元年（1038）十月，元昊稱帝，定國號為「夏」，宋夏戰爭隨之爆發。康定元年（1040）西夏大破宋軍於三川口，宋軍將領劉平、石元孫被俘。慶曆元年（1041）元昊又大破宋軍於好水川，宋將任福、桑懌戰死。慶曆二年（1042），西夏又大破宋軍於鎮戎軍定川寨，殺宋將葛懷敏。元昊對宋朝作戰，雖然屢戰屢勝，但西夏在長期戰爭的負荷之下，國力日漸衰落，於是元昊在慶曆四年（1044）向宋朝稱臣，宋夏戰爭告一段落。

　　在元昊崛起的過程中，野利家族對元昊幫助甚大，野利仁榮創造了西夏文字，元昊也娶了野利家族之女為皇后，並冊立野利皇后所生之寧令哥為太子。宋夏戰爭期間，野利皇后的兄弟野利旺榮、野利遇乞兄弟，為元昊立下了重大戰功。不過，野利家族的坐大，讓元昊深感不安，於是慶曆三年（1043）時，元昊下令誅殺野利旺榮、遇乞兄弟。〔註6〕

　　野利兄弟死後，野利皇后向元昊哭訴其兄弟無罪，於是元昊下令尋找野利兄弟的家屬，準備予以補償，結果找到了野利遇乞的妻子沒藏氏。元昊見到了沒藏氏，一見鍾情，於是將沒藏氏迎養於宮中，與之私通。野利皇后憤恨不已，就在慶曆五年（1045）下令將沒藏氏送到興州戒壇寺，令她出家為尼，號稱「沒藏大師」。〔註7〕沒藏氏雖然出家，但元昊仍對她念念不忘，經常私下去戒壇寺與她見面，沒藏尼於是懷孕，在慶曆七年（1047）生子，名為諒祚。同時，元昊「愛屋及烏」，同年三月，任命沒藏尼的兄弟沒藏訛龐為國相，沒藏家族

〔註 6〕吳廣成著，龔世俊等校證：《西夏書事校證》（蘭州：甘肅文化出版社，1995 年）卷 17，第 196～197 頁。
〔註 7〕《西夏書事校證》卷 18，第 208～209 頁。

開始專權。〔註8〕

　　元昊將國事委於沒藏家族之後，更沈湎於酒色，見太子寧令哥的妻子沒移氏長相貌美，便奪為己有。慶曆七年五月，更進一步將野利皇后廢位，改立沒移氏為新皇后。〔註9〕太子寧令哥的妻子被父親所奪，母親又被廢，對父親元昊的怨恨越來越深。此時沒藏訛龐勸誘寧令哥，令其刺殺元昊以洩心頭之恨。在沒藏訛龐的唆使之下，寧令哥在慶曆八年（1048）大年初一當天，潛入皇宮刺殺元昊，割下了元昊的鼻子，致元昊流血而死。一代梟雄，竟是如此下場。寧令哥行凶後，逃到沒藏訛龐家中，沒藏訛龐卻以謀反弒君為名，誅殺寧令哥。在沒藏訛龐的操縱之下，沒藏氏才滿周歲的兒子諒祚被擁立為新的國主，沒藏氏則被尊為「宣穆惠文皇太后」，國家大權，牢牢掌握在沒藏訛龐手中。〔註10〕

　　沒藏氏成為太后之後，宮闈之中仍不斷傳出醜聞。沒藏太后先與野利遇乞手下掌出納的家臣李守貴私通，後來又與在興州戒壇寺伺候她與元昊的家臣寶保吃多已私通，結果引起了李守貴不滿。嘉祐元年（1056）十月，李守貴趁沒藏太后與寶保吃多已出遊之際，率領殺手刺殺了沒藏太后與吃多已。沒藏訛龐知道後，立刻誅殺李守貴。沒藏太后死後，沒藏訛龐為了鞏固沒藏家族的地位，又將自己的女兒嫁給了十歲的諒祚，成為沒藏皇后。〔註11〕

　　諒祚逐漸長大，也逐漸得知沒藏訛龐的專橫跋扈。把國家大事、民間利弊告訴諒祚的，是高懷正、毛惟昌二人，這兩人的妻子是諒祚的乳母，因此最得諒祚的親信。沒藏訛龐發現後，於嘉祐四年（1059）八月將高、毛二人處死。這一作法，更激化了諒祚對沒藏訛龐的不滿。〔註12〕

　　沒藏訛龐之子，娶漢人梁氏為妻。諒祚見到了梁氏，一見傾心，於是遂與梁氏私通。訛龐之子知道後，非常憤怒，於是與訛龐計畫殺死諒祚，但梁氏卻偷聽到訛龐父子的計劃，並密告於諒祚。於是諒祚暗中埋伏兵士在皇宮密室，趁訛龐進宮之時，將其捉拿誅殺；接著派兵至訛龐家中，殺其子，沒藏家族也被株連族誅。〔註13〕沒藏訛龐自慶曆七年（諒祚出生那一年）被任命為國相，

〔註8〕《西夏書事校證》卷18，第211～212頁。

〔註9〕《西夏書事校證》卷18，第212～213頁。

〔註10〕《西夏書事校證》卷18，第214～215頁。

〔註11〕《西夏書事校證》卷19，第227～228頁。王稱：《東都事略》卷128〈附錄六·西夏〉，第1105頁。

〔註12〕《西夏書事校證》卷20，第232頁。

〔註13〕《西夏書事校證》卷20，第233頁。王稱：《東都事略》卷128〈附錄六·西夏〉，第1105頁。

至嘉祐六年（1061）被誅，掌權十四年，可謂「成也諒祚，敗也諒祚」。

沒藏訛龐死後，諒祚廢皇后沒藏氏，旋殺之，而將他的情人兼功臣梁氏立為皇后。〔註14〕梁氏並為諒祚生下一子，名為秉常。梁氏與梁氏家族的勢力，開始崛起，為西夏歷史的發展，帶來了重大的影響。

宋英宗治平四年十二月，諒祚去世。關於諒祚的死因，《西夏書事》說道：「諒祚凶忍好淫，過酋豪大家輒亂其婦女，故臣下胥怨，而身以羸死，年二十一。」〔註15〕意即諒祚沈溺於美色，最後縱慾過度而死。不過，《西夏書事》這段話，明顯引用自南宋王稱的《東都事略》。《東都事略》卷128《西夏二》說諒祚「凶忍好為亂，時過酋豪大家，輒私其婦女，故下多怨」〔註16〕。並未說諒祚「以羸死」，治史者不能因為諒祚貪戀美色，便直接認定他的早逝與好色有關。諒祚的死因，史無明載。諒祚死後，子秉常即位，年僅七歲，由梁太后（封號為「恭肅章憲皇太后」）攝政。宋神宗拓邊西北，主要面對的對手，便是這位梁太后。

二、綏州的重要性

綏州（今陝西省綏德縣）為北宋與西夏邊境的重鎮，在北宋與西夏的戰爭中，扮演了相當重要的角色。綏州在秦漢時期為上郡之地，西魏時由上郡分出，名為綏州。〔註17〕唐末党項族領袖宥州刺史拓跋思恭因剿黃巢有功，唐僖宗授以權知夏綏銀節度事，黃巢之亂平定後，進封思恭為夏國公，賜姓李。拓跋思恭死後，其弟思諫代為定難節度使。〔註18〕此後，綏州與夏州（今陝西靖邊北）、銀州（今陝西榆林）、宥州（今內蒙古南緣與陝北交界處）等地遂為党項族所據，宋人記載綏州：「自唐末蕃寇侵擾，所管五縣並廢，或陷在蕃界，亦無鄉里，其民皆蕃族，州差軍將徵科。」〔註19〕可見唐末至宋初，綏州已成為党項族居住之地，唐代設置的縣級機構皆被廢除。而綏州的刺史也多由党項李氏擔任，例如五代後晉時的綏州刺史李仁寶，為拓跋思恭之族

〔註14〕《西夏書事校證》卷20，第234～236頁。

〔註15〕《西夏書事校證》卷21，第249頁。

〔註16〕王稱：《東都事略》卷128〈附錄六·西夏〉，第1105頁。

〔註17〕樂史：《太平寰宇記》（文淵閣四庫全書第469冊，臺北：台灣商務印書館，1986年）卷38〈綏州〉，第322頁。

〔註18〕歐陽修、宋祁：《新唐書》（北京：中華書局，1975年）卷221上〈党項〉，第6218頁。

〔註19〕樂史：《太平寰宇記》卷38〈綏州〉，第322頁。

侄；〔註20〕後周時期的綏州刺史李彝謹，則為拓跋思恭之孫。〔註21〕拓跋氏（李氏）名義上向中原的皇帝稱臣，實際上形同自立，這種情形一直延續到宋初。宋太宗時，党項人領袖李繼遷叛宋，綏州被党項所據，其後更成為西夏政權的領土，由於綏州位於宋夏邊境，遂成為宋夏攻防爭奪的要地。

宋太宗太平興國五年（980），党項領袖定難軍節度留後李繼筠卒，其弟李繼捧繼立，繼捧以「諸父、昆弟多相怨」〔註22〕，遂於太平興國七年（982）五月入朝，獻所管四州八縣之地。〔註23〕其弟李繼遷不願內附，遂與其黨數十人奔入地斤澤，〔註24〕並於同年開始寇擾銀、夏州。〔註25〕其後李繼遷不斷攻城掠地，佔據銀、綏等州。不過，淳化五年（994）李繼遷欲將綏州百姓遷往平夏，引起綏州部將高文岯的反抗。〔註26〕高文岯「始為本（綏）州衙校，以計破叛羌逆謀，殺其愛將，卒完城以歸本朝，太宗嘉嘆。」〔註27〕由於高文岯的歸降，使得宋朝一度收復綏州。然而，至道三年（997）宋太宗去世，李繼遷趁機向宋朝上表歸順，新即位的宋真宗「復賜姓名、官爵。（十二月）甲辰，以銀州觀察使趙保吉（即李繼遷）為定難節度使。」〔註28〕李繼遷受封定難節度使之後，再度取得了銀、夏、綏、宥等州的控制權。

景德元年（1004）李繼遷死，子德明繼立，宋真宗於景德三年（1006）授德明為定難軍節度使，封西平王，〔註29〕宋仁宗明道元年（1032）德明卒，子元昊繼立為定難軍節度使、西平王，〔註30〕寶元元年（1038）十月，元昊稱帝，〔註31〕宋夏關係又走向了對立與衝突。

〔註20〕 參見陳瑋：〈後晉刺史李仁寶墓誌銘考釋〉，《西夏學》第 11 輯（2015 年 3 月），第 138～143 頁。陳瑋認為拓跋思恭為李仁寶的伯祖或叔祖，此說有誤，拓跋思恭應為李仁寶的伯父或叔父。

〔註21〕 參見陳瑋：〈後周綏州刺史李彝謹墓誌銘考釋〉，《西夏學》第 5 輯（2010 年 10 月），第 234～240 頁。

〔註22〕 《宋史》卷 485〈夏國傳上〉，第 13984 頁。

〔註23〕 《長編》卷 23，太平興國七年五月己酉，第 520 頁。

〔註24〕 《宋史》卷 485〈夏國傳上〉，第 13986 頁。

〔註25〕 《宋史》卷 274〈梁迥傳〉，第 9356 頁。

〔註26〕 《宋史》卷 485〈夏國傳上〉，第 13987 頁。

〔註27〕 參見蘇俊芳：〈北宋武將高繼嵩神道碑考釋〉，《西夏研究》2016 年第 3 期，第 85 頁。高繼嵩為高文岯之子。

〔註28〕 《長編》卷 42，至道三年十二月甲辰，第 896 頁。

〔註29〕 《宋史》卷 485，〈夏國傳上〉，第 13989 頁。

〔註30〕 《長編》卷 111，明道元年十一月癸巳，第 2593～2594 頁。

〔註31〕 《長編》卷 122，寶元元年十月甲戌，第 2882～2883 頁。

　　仁宗時期宋夏戰爭爆發後，綏州的重要性被凸顯了出來。當時宋夏邊界線的北段，宋朝鄜延路與西夏交界之處，有橫山聳峙其間。清人顧祖禹在《讀史方輿紀要》一書記載：「今延、綏邊有山崖高峻，連延千里，即橫山也。」〔註32〕宋人非常重視綏州的戰略地位，宋人沈括指出：「盡城橫山瞰平夏，則彼不得絕磧為寇。」种諤也說道：「橫山延袤千里，多馬宜稼，人物勁悍善戰，且有鹽鐵之利，夏人恃以為生，其城壘皆控險，足以守禦。」〔註33〕沈括與种諤認為，橫山的東西兩邊，分別為宋朝與西夏，橫山即是宋夏之間的天然屏障，若能守住橫山上險要的城壘，就可以抵擋西夏的進攻。然而，綏州卻在橫山之東，只要綏州在西夏手中，橫山就失去了屏障的作用，西夏可以由綏州向宋朝的延州進攻，對延州產生重大的威脅。仁宗寶元二年（1039），知延州范雍表達了他對延州防務的憂慮：「延州最當賊衝，地闊而砦柵疏，近者百里，遠者二百里，土兵寡弱，又無宿將為用，而賊出入於此，請益師。」〔註34〕西夏軍隊可以無視橫山的屏障，「出入於此（延州）」，便是因為佔據了綏州之故。

　　宋夏之間的第一場大戰為康定元年（1040）的三川口之役，便是綏州戰略地位的明證。《續資治通鑑長編》記載：

　　　　元昊乃盛兵攻保安軍，自土門路入，壬申，聲言取金明寨，李士彬嚴兵以待之，夜分不至，士彬釋甲而寢，翌日奄至，士彬父子俱被擒，遂乘勝抵延州城下。雍（知延州范雍）先以檄召鄜延、環慶副都部署劉平於慶州，使至保安，與鄜延副都部署石元孫合軍趨土門。及是，雍復召平、元孫還軍救延州。……平令諸軍並進，至三川口，遇賊。……賊舉鞭麾騎士自山四出，合擊官軍，平與元孫巡陣東偏，賊衝陣分為二，遂與元孫皆被執。〔註35〕

我們根據清代顧祖禹《讀史方輿紀要》，以延州為中心，考察上述引文中的地名，我們即可發現綏州的重要性：

　　綏德州（宋之綏州）：在延安府（宋之延州）東北三百六十里。其屬有土門寨，在綏州西北。〔註36〕

〔註32〕顧祖禹：《讀史方輿紀要》（北京：中華書局，1955年）卷57〈陝西六〉，第2507頁。
〔註33〕《讀史方輿紀要》卷57〈陝西六〉，第2507頁。
〔註34〕《宋史》卷288〈范雍傳〉，第9679頁。
〔註35〕《長編》卷126，康定元年正月壬申～己卯，第2967～2968頁。
〔註36〕《讀史方輿紀要》卷57〈陝西六〉，第2506、2511頁。

保安縣（宋之保安軍）：在延安府（延州）西北百八十里。〔註37〕

金明城（宋之金明縣），在延安府（延州）西北百里，其屬有金明砦。〔註38〕

三川口戰役的經過，即是西夏軍由綏州的土門出擊，揚言要攻打保安軍，然而卻繞過保安軍，攻下金明寨，俘李士彬父子，並直撲延州城。元昊用「圍點打援」的方式，包圍延州，誘使宋軍劉平、石元孫率軍來救援，然後聚殲之，導致宋軍大敗。戰後知延州范雍上奏說道：「臣又請選兵官及益河東兵馬二十指揮至延州，亦不得報。西賊既知本路無銳兵宿將，遂悉舉眾而來，攻圍李士彬父子寨柵，三日之內，逕至州城下。……（劉）平既軍馬遠來，為賊隔斷，眾寡不敵，遂致陷沒。」〔註39〕可見三川口之敗，除了宋軍在延州無銳兵宿將之外，西夏軍從綏州出發，可以在三日之內趕抵延州城下，讓劉平的援軍來不及救援，也是重要的原因。因此，只要綏州掌握在西夏手中，宋朝的延州便無法高枕無憂。

康定元年八月，宋朝任命陝西經略安撫副使范仲淹兼知延州，〔註40〕當時大理寺丞、簽書定國節度使判官事种世衡認識到綏州對延州的威脅，為瞭解決這一問題，向范仲淹建議修築青澗城，种世衡說道：「安遠、塞門既陷賊，東路無藩籬，賊益內侵，……請營故宥州西南，直延安二百里，當賊衝，右捍延安，左可致河東粟，北可圖銀、夏。」范仲淹因此向朝廷推薦种世衡負責此事，仁宗隨即下詔令种世衡修築青澗城。然而种世衡築城時困難重重，「壘近敵，屢出爭，世衡且戰且城。初苦無水，鑿地百五十尺，至石而不及泉，工以為不可穿，世衡命屑石一畚酬百錢，卒得泉。城成，賜名青澗。世衡改秩主之。」〔註41〕种世衡克服了敵人騷擾、缺乏泉水等種種困難，終於將青澗城修築完成。

青澗城究竟有何重要性？《讀史方輿紀要》記載：青澗縣（宋之青澗城）在延安府（延州）東北二百三十五里，北至綏德州（綏州）百二十里。〔註42〕亦即青澗城位於綏州與延州之間，在青澗築城可以擋住西夏來自綏州的進攻，以保衛延州的安全。青澗城完工前，「東路無藩籬」；青澗城完工後，成為綏州與延州之間屏障，保障了延州的安全。青澗城完工之後，宋朝下令「授君（种世衡）內殿承制，知（青澗）城事。復就遷供備庫副使，旌其勞

〔註37〕《讀史方輿紀要》卷57〈陝西六〉，第2494頁。
〔註38〕《讀史方輿紀要》卷57〈陝西六〉，第2489、2491頁。
〔註39〕《長編》卷126，康定元年二月己酉，第2979～2980頁。
〔註40〕《長編》卷128，康定元年八月庚戌，第3035頁。
〔註41〕《長編》卷128，康定元年九月庚午，第3043頁。
〔註42〕《讀史方輿紀要》，卷57，〈陝西六〉，第2499頁。

也。」〔註43〕將种世衡由文官改換為武職，使其負責青澗城的防務。

　　青澗城除了防禦的功能之外，种世衡更將青澗城作為招撫羌人、蒐集情報的根據地，根據范仲淹〈東染院使种君墓誌銘〉的記載：「塞下多屬羌，向時漢官不能恩信，羌皆持兩端。君（种世衡）乃親入部落中，勞問如家人意，多所周給，常自解佩帶與其酋豪可語者。有得虜中事來告於我，君方與客飲，即取坐中金器以獎之。屬羌愛服，皆願效死。」〔註44〕在范仲淹、种世衡的積極經營下，綏州對延州的威脅得以減輕，鄜延路的防線至此才算鞏固。

圖 3-1-1　綏州位置圖

三、种諤與治平四年綏州事件

　　仁宗宋夏戰爭結束後，西夏儼然已成為宋朝西北的巨患，因此如何解決西夏的威脅，成為後任君主的挑戰。宋神宗即位後，以擊敗遼國、西夏作為其目標。而對西夏方面的首要之務，便是解決西夏對延州的威脅，神宗採取的方法是：攻佔綏州。負責執行這項任務的，即是种世衡之子种諤。

　　种諤是北宋「种家將」的代表人物之一。「种家將」（种氏武將家族）的由來，即始於宋仁宗宋夏戰爭時期的种世衡，康定元年（1040）宋夏三川口戰役

〔註43〕范仲淹：〈東染院使种君墓誌銘〉，《范仲淹全集》（成都：四川大學出版社，2007 年），上冊，第 355 頁。

〔註44〕范仲淹：〈東染院使种君墓誌銘〉，《范仲淹全集》，上冊，第 355 頁。

之後，當時為大理丞（文官寄祿官）的种世衡，換官為武職內殿承制，負責修築青澗城以防禦西夏，世衡「膽勇過人，雖俯逼戎落，曾不畏憚，與兵民暴露數月，且戰且城」，終於將青澗城修築完成。其後世衡又親入羌人部落中「勞問如家人，意多所周給」，對羌人招納安撫，並利用羌人打探西夏方面的情報。范仲淹得知世衡在青澗城的表現之後，又重用世衡為環州知州，並持續進行招納羌人的活動。种世衡卒於慶曆五年（1045），年六十一。有八子：种詁（古）、种診、种諮、种詠、种諤、种說、种記、种誼。世衡諸子之中，以种諤在神宗時期征討西夏，最為知名。〔註45〕

种諤字子正，以父任累官左藏庫副使，因鄜延安撫使陸詵之薦，知青澗城。种諤一如其父，對西夏積極招降納叛，《宋史·种諤傳》記載：

> 夏酋令唆內附，詵恐生事，欲弗納，諤請納之。夏人來索，詵問所以報，諤曰：「必欲令唆，當以景詢來易」。乃止。詢者，中國亡命至彼者也。〔註46〕

當令唆內附時，安撫使陸詵原本不願接受，但种諤卻向陸詵建議，接納令唆投降。可見种諤對安撫使不願生事的作法，已有異議。英宗治平四年（1067），种諤又逼迫西夏將領嵬名山向宋朝投降，並攻取綏州城：

> 夏將嵬名山部落在故綏州，其弟夷山先降，諤使人因夷山以誘之，略以金盂，名山小吏李文喜受而許降，而名山未之知也。諤即以聞，詔轉運使薛向及陸詵委諤招納。諤不待報，悉起所部兵長驅而前，圍其帳。名山驚，援槍欲鬥，夷山呼曰：「兄已約降，何為如是？」文喜因出所受金盂示之，名山投槍哭，遂舉眾從諤而南。得酋領三百、戶萬五千、兵萬人。將築城，詵以無詔出師，召諤還。軍次懷遠，晨起方櫛，敵四萬眾坌集，傅城而陳。諤開門以待，使名山帥新附百餘人挑戰，諤兵繼之，鼓行而出。至晉祠據險，使偏將燕達、劉甫為兩翼，身為中軍，乃閉壘，悉老弱乘城鼓譟以疑賊。已而合戰，追擊二十里，俘馘甚眾，遂城綏州。〔註47〕

原先是嵬名山之弟夷山向宋朝投降，种諤又讓夷山勸其兄嵬名山投降，並以金

〔註45〕關於种世衡的事蹟，可參見曾瑞龍：《北宋种氏將門之形成》（香港：中華書局，2010年）；雷家聖：〈宋夏戰爭時期范仲淹的薦才用人策略——以滕宗諒、种世衡為例〉，收於《東華人文學報》第11期（2007年7月），第121～142頁。

〔註46〕《宋史》卷335〈种世衡附种諤傳〉，第10745頁。

〔註47〕《宋史》卷335〈种世衡附种諤傳〉，第10745～10746頁。

盂賄賂嵬名山的手下李文喜。值得注意的是，种諤在嵬名山尚未決定投降，种諤也未收到宋廷同意招納的命令之前，便率軍進入綏州，逼迫嵬名山降宋。种諤收復綏州的計劃，實際上出於北宋名將折德扆之曾孫折繼世，「嵬名山之內附，（折）繼世先知之，遣其子克勳報种諤，諤用是取綏州。」〔註48〕

　　按照宋朝的決策體制，招降納叛或閉關自守，攻佔城池或採取守勢，這是屬於文官統帥的軍事戰略。种諤雖然擊退了西夏軍隊，並在綏州築城，但他擅自納降、擅興軍旅的作法，已經打破了由文官統帥（安撫使陸詵）負責軍事戰略的決策體制，因此种諤的行為，引起了許多朝廷官員的不滿，翰林學士鄭獬彈劾种諤：

> 种諤不顧國家始末之大計，乃欲以一螻蟻之命，以天下為兒戲，苟貪微功，以邀富貴，此正天下之奸賊，若不誅之，則無以屬其餘。臣以為陛下必欲逆折禍亂之機牙，使不為異日之悔，莫若下詔聲諤之罪，誅於塞下。〔註49〕

又如知諫院楊繪上奏：

> 比者西戎新納信款，切聞高遵裕詐傳聖旨，與种諤等納西夏叛人首領近三十人，仍深入敵界地名綏州，築城以居之。臣切謂朝廷若遂從其計，則失信於敵國，生起邊事，無窮極矣。為今計者，莫若貶謫其矯制擅興之罪，以正典刑。〔註50〕

知雜御史劉述亦奏言：

> 臣昨以种諤不稟朝命，擅興兵馬，城西界綏州，有違誓詔，為國生事，曾具奏聞，乞並同謀人枷送下獄，從朝廷差官制勘，依軍法施行。〔註51〕

彈劾种諤者還有知諫院臣陳薦，李心傳《舊聞證誤》記載：

> 治平四年十一月，知諫院陳薦、楊繪皆請治薛向、种諤之罪，以安夏人，不聽。按：陳薦知諫院在熙寧元年正月，其二月，种諤乃貶，此不當附在四年，又云不聽也。〔註52〕

〔註48〕《宋史》卷253〈折德扆傳附繼世傳〉，第8865頁。
〔註49〕黃淮、楊士奇等編：《歷代名臣奏議》（上海：上海古籍出版社，1989年）卷329，第4265頁。
〔註50〕黃淮、楊士奇等編：《歷代名臣奏議》卷329，第4265～4266頁。
〔註51〕黃淮、楊士奇等編：《歷代名臣奏議》卷329，第4266頁。
〔註52〕李心傳：《舊聞證誤》（北京：中華書局，1981年）卷2，第26頁。

种諤的長官安撫使陸詵也彈劾种諤擅興軍旅之罪：

> （陸）詵劾諤擅興，且不稟節制，欲捕治，未果而詵徙秦。言者交攻之，遂下吏，貶秩四等，安置隨州。〔註53〕

在朝廷官員的交章彈劾下，讓种諤背上了「詐傳聖旨」、「矯制」的罪名，於是种諤雖立功卻被貶官，其後，神宗向官員侯可詢問對此事的看法，侯可說道：「种諤奉密旨取綏而獲罪，後何以使人？」神宗才重新恢復了种諤的官職。〔註54〕由此也可見，种諤之所以敢斷然出兵攻佔綏州，是「奉密旨」，得到神宗之同意的。綏州對宋朝邊防造成的威脅，一直至治平四年宋朝邊將种諤佔領綏州，綏州重新納入宋朝的版圖之後，才告解除。

當時眾文官們彈劾种諤的重點，在於种諤「擅興兵馬」、「矯制擅興」，然而卻無人論及种諤此舉在戰略上的意義。种諤收復綏州之後，西夏與宋朝鄜延路的邊界，便大致以橫山為界。有了橫山的屏障，宋朝在橫山以東形勢完固，延州也不再受到西夏的威脅。此外，宋朝更可以以綏州為根據地，西出橫山，向西夏境內發起進攻。因此，綏州的收復，讓宋朝在戰略上處於「進可攻，退可守」的有利局面。

正因為宋朝收復綏州破壞了西夏對宋朝的戰略優勢，收復綏州事件引起了西夏的強烈不滿，西夏毅宗諒祚開始對宋朝發動軍事反攻，與宋軍爆發軍事衝突。宋將折繼世「以騎步萬軍於懷寧砦，入晉祠谷，往銀川，分名山之眾萬五千戶居於大理河。夏人來攻，再戰皆捷。」〔註55〕諒祚又「詐為會議，誘知保安軍楊定、都巡檢侍其臻等殺之。」〔註56〕幸而諒祚於治平四年十二月突然暴卒，〔註57〕宋夏之間才未爆發更大規模的戰爭。

由於綏州戰略地位重要，西夏新即位的惠宗秉常與攝政的梁太后向宋朝表達願意以塞門、安遠二砦交換綏州，神宗一開始也同意了西夏的請求，熙寧元年（1068）十二月「庚戌，賜夏國主秉常詔，許納塞門、安遠二砦，歸其綏州。」〔註58〕但大臣郭逵反對，說道：「虜既殺王官（按：指保安軍楊定等人被殺之事），而又棄綏不守，見弱已甚。且名山舉族來歸，當何以處？」〔註59〕

〔註53〕《宋史》卷335〈种世衡傳附种諤傳〉，第10746頁。
〔註54〕《宋史》卷335〈种世衡傳附种諤傳〉，第10746頁。
〔註55〕《宋史》卷253〈折德扆傳附折繼世傳〉，第8865頁。
〔註56〕《宋史》卷485〈夏國傳上〉，第14002頁。
〔註57〕《宋史》卷485〈夏國傳上〉，第14003頁。
〔註58〕《宋史》卷14〈神宗紀一〉，第269～270頁。
〔註59〕《宋史》卷290〈郭逵傳〉，第9724頁。

在郭逵的堅決反對下，將綏州交還西夏的計劃無疾而終。宋朝為了減低綏州的敏感性，熙寧二年（1069）十月將綏州改名「綏德城」，〔註60〕降低綏州的行政地位，以示和平之意。但西夏仍不死心，熙寧四年（1071）九月，西夏又遣使「表乞綏州城」，但宋神宗回答「更不令夏國交割塞門、安遠二寨，綏州更不給還」〔註61〕，仍表明了拒絕交還綏州的態度。

四、橫山之經略

种諤復官之後，又遣折繼世勸說宣撫使韓絳經略橫山，「（折繼世）說韓絳城囉兀以撫橫山，因畫取河南之策，絳以為然。」〔註62〕种諤希望從綏州出發，進一步越過橫山，攻略橫山以西的西夏領土。韓絳同意後，种諤於熙寧四年採取行動：

> 韓絳宣撫陝西，用（种諤）為鄜延鈐轄。絳城囉兀，規橫山，令諤將兵二萬出無定川，命諸將皆受節度，起河東兵會銀州。城成而慶卒叛，詔罷師，棄囉兀，責授汝州團練副使。〔註63〕

魏泰《東軒筆錄》亦記載：

> 延州當西戎三路之衝，西北金明寨，正北黑水寨，東北懷寧寨，而懷寧直橫山，最為控要。頃年，薛向、种諤取綏州，建為綏德城，據無定河，連野雞谷，將謀復橫山，而朝廷責其擅兵，二人者皆罷黜。熙寧五年（按：應為熙寧四年）韓丞相絳以宰相宣撫陝西，復取前議，遂自綏州以北，築賓草坪，正東築吳堡，將城銀州，會抽沙，不可築而罷，遂建羅兀城，欲通河東之路。既而日月淹久，糧運不濟，言事者屢沮止之。旋屬慶州卒叛，遽班師，韓以本官知鄧州，副使呂大防奪職知臨江軍，棄羅兀等城，而河東路不可通矣。〔註64〕

打通橫山之路，一方面可以向北與宋朝河東路的麟州相連，一方面可以向西威脅西夏的銀州，有重要的戰略價值。种諤在宣撫使韓絳的授意之下，越過橫山，築囉兀城，並企圖攻略銀州，然而因為慶州軍士叛變，影響軍事行動，最後只好放棄了囉兀城，种諤也再度被貶官。

〔註60〕《宋史》卷14〈神宗紀一〉，第272頁。
〔註61〕《長編》卷226，熙寧四年九月庚子，第5514～5515頁。
〔註62〕《宋史》卷253〈折德扆傳附折繼世傳〉，第8865頁。
〔註63〕《宋史》卷335〈种世衡傳附种諤傳〉，第10746頁。
〔註64〕魏泰：《東軒筆錄》（北京：中華書局，1983年）卷5，第54頁。

從治平四年种諤冒著挑起戰爭的危險收復綏州，到西夏屢屢請求宋朝交還綏州，再到种諤由綏州出發攻略橫山、銀州，築囉兀城，我們可以看到綏州戰略地位的重要。學者朱瑞認為宋朝經營綏州，以此作為進取橫山的前哨站，「綏州位於無定河下游，又扼大里河出口，是守衛銀夏地區的重要屏障，一旦據有綏州，就可以沿無定河谷長驅北上，西夏的米脂寨、銀州、夏州、宥州就猶如囊中探物。因此，對宋夏雙方來說，綏州城具有不同尋常的戰略地位。」〔註65〕學者張多勇、楊蕤也認為：「治平四年，种世衡之子种諤，利用青澗城策反嵬名山部落，遂城綏州，成為鄜延之門戶。北宋借助綏德開始謀劃進築橫山，雖不成，但在無定河谷地，宋軍始終處於主動地位。」「北宋奪取綏州是繼种世衡奪取青澗城之後，种氏第二代將領种諤的重要傑作，其目的是建立北宋對西夏戰爭的右翼，以達到奪取橫山地區、取得軍事主動權的目的。」〔註66〕對西夏而言，綏州是攻略延州的跳板；對宋朝而言，若掌握綏州，則擁有了一個進可攻、退可守的基地。雖然熙寧四年築囉兀城、攻略銀州的行動失敗，但种諤仍在綏州等待時機，期待完成「據守綏州、西出橫山」的計劃。

第二節　王韶〈平戎策〉與熙河路的設置

一、王韶〈平戎策〉

宋神宗改變北宋前期以來的保守政策，在西北開邊擴張，初有种諤之攻佔綏州，後則有王韶提出的〈平戎策〉。據《宋史·王韶傳》記載：「王韶字子純，江州德安人。第進士，調新安主簿、建昌軍司理參軍。試制科不中，客遊陝西，訪采邊事」。〔註67〕主簿、司理參軍，都是屬於「幕職州縣官」的基層文官。〔註68〕然而，王韶與仁宗宋夏戰爭時期的范仲淹、韓琦等文官統帥不同，范仲淹、韓琦有完整的文官經歷，宋夏戰爭爆發後，受朝廷之命擔任經略安撫副使等職，統兵作戰是「被動」的；王韶雖出身文官，卻「主動」上書言兵事，且

〔註65〕朱瑞：《北宋鄜延路邊防地理探微》，寧夏大學西夏學研究院碩士學位論文，2013 年，第 23～24 頁。

〔註66〕張多勇、楊蕤：〈西夏綏州──石州監軍司治所與防禦系統考察研究〉，《西夏研究》2016 年第 3 期，第 60、64 頁。

〔註67〕《宋史》卷 328〈王韶傳〉，第 10579 頁。

〔註68〕關於「幕職州縣官」的研究，可參考彭慧雯：《宋代幕職州縣官之研究》（臺北：花木蘭文化出版社，2011 年）。

其一生功業皆在西北開邊，建熙河路，故可稱之為「無武將之名而有武將之實」之「武將化」的文官，其子王厚則正式成為武將。宋神宗熙寧元年（1068），王韶向神宗進呈〈平戎策〉，為宋朝經營西北提出了一個長期的規劃。〈平戎策〉原文已不存，目前在《宋史》、《歷代名臣奏議》等書中可看到節錄的文字。《宋史》所記〈平戎策〉的內容如下：

> 西夏可取。欲取西夏，當先復河、湟，則夏人有腹背受敵之憂。夏人比年攻青唐，不能克，萬一克之，必併兵南向，大掠秦、渭之間，牧馬於蘭、會，繼古渭境，盡服南山生羌，西築武勝，遣兵時掠洮、河，則隴、蜀諸郡當盡驚擾，瞎征（按：應為木征）兄弟其能自保邪？今唃氏子孫，唯董氈粗能自立，瞎征（應為木征）、欺巴溫之徒，文法所及，各不過一二百里，其勢豈能與西人抗哉！武威之南，至於洮、河、蘭、鄯，皆故漢郡縣，所謂湟中、浩亹、大小榆、枹罕，土地肥美，宜五種者在焉。幸今諸羌瓜分，莫相統一，此正可併合而兼撫之時也。諸種既服，唃氏敢不歸？唃氏歸則河西李氏在吾股掌中矣。且唃氏子孫，瞎征（應為木征）差盛，為諸羌所畏，若招諭之，使居武勝或渭源城，使糾合宗黨，制其部族，習用漢法，異時族類雖盛，不過一延州李士彬、環州慕恩耳。為漢有肘腋之助，且使夏人無所連結，策之上也。〔註69〕

王韶認為「欲取西夏，當先復河湟」，所謂「河湟」，指黃河、湟水兩條河流之間的地區，位於今天中國甘肅省西部，以及青海東北部一帶，唐代前期為隴右道鄯州、廓州等地，安史之亂後為吐蕃所佔。仁宗宋夏戰爭時期，河湟地區為蕃部羌人所居，領袖為唃廝囉。當時宋朝為了抵抗西夏，曾一度遣使聯絡唃廝囉，約其共擊西夏。至神宗時期，河湟地區的部族首領，大多為唃廝囉的後代（唃氏子孫），其中董氈據有青唐城，勢力最大，「粗能自立」，其他部族首領木征、欺巴溫等人只能控制一兩百里左右的小範圍土地，勢力較弱。王韶認為應該招諭木征，「使居武勝或渭源城，使糾合宗黨，制其部族，習用漢法」，只要木征等「諸種既服」，則「唃氏（指青唐董氈）敢不歸」？「唃氏（青唐董氈）歸則河西李氏（西夏）在吾股掌中矣」。簡而言之，王韶的計畫是先招撫木征等沿邊諸族，迫使青唐的董氈臣服於宋，再利用青唐的戰略地位威脅西夏。

《歷代名臣奏議》所記王韶《平戎策》更為詳盡，說道：

〔註69〕《宋史》卷328〈王韶傳〉，第10579頁。

國家必欲討平西賊，莫若先以威令制服河湟；欲服河湟，莫若先以恩信招撫沿邊諸族，蓋招撫沿邊諸族，所以威服唃氏也；威服唃氏，所以脅制河西也。陛下誠能擇通材明敏之士、能周知其意者，令往來出入於其間，推恩信以撫之，使其傾心向慕，歡然有歸伏之意，但能得大族首領五、七人，則其餘小種皆可驅迫而用之矣。諸種既失，則唃氏君臣其敢復簡慢而不歸心於我耶？唃氏既歸於我，即河西李氏（按：指西夏政權）在吾股掌中矣。急之可以蕩覆其巢穴，緩之可以脅制其心腹，此所謂見形於彼，而收功在此也。今木征諸族，數款塞面內，為中國之用者久矣，此其意欲假中國爵命，以威其部內。而邊臣以董氈故，莫能為國家通恩意以撫之，此所謂棄近援而結遠交、貪虛降而忘定附。使董氈得市利而邀功於我，誠非取勝之術也。今木征與青唐族首領瞎藥等在河州，瞎征與其舅李篤氈及沈千族首領常尹丹波等屯結，可欺巴溫與龍川首領羅結在黃河頭，三者皆唃氏子孫，各立文法。

漢界遠者不過四五百里，近者二三百里，皆可併合而兼撫之也。〔註70〕此一版本同樣強調王韶「國家必欲討平西賊（西夏），莫若先以威令制服河湟；欲服河湟，莫若先以恩信招撫沿邊諸族」的觀念，實為整個〈平戎策〉的關鍵，是神宗西北拓邊大戰略的重要部分。

《歷代名臣奏議》版更詳細的敘述了河湟地區的部族分佈，當時河湟地區最大的勢力為唃廝囉之子董氈，「自唃斯羅死，董氈繼立，文法祇能安集河、湟間，而近邊諸族自為種落」。〔註71〕董氈的根據地在青唐城（今青海西寧），勢力只在河、湟一帶，而靠近宋朝邊境的地區，則有三大部落：

一為「木征與青唐族首領瞎藥等在河州」即日後宋朝所設置的河州之地。按木征，在前引《宋史·王韶傳》所載〈平戎策〉中作「瞎征」，《宋史·王韶傳》所記有誤。木征為唃廝囉之孫，唃廝囉長子瞎氈之子。

二為「瞎征與其舅李篤氈及沈千族首領常尹丹波等屯結」，此處的「瞎征」，並非日後哲宗時期青唐城第四任贊普瞎征，應為木征之弟結吳延征。按《宋史·神宗紀》：熙寧五年（1072）「八月甲申，……秦鳳路沿邊安撫王韶復武勝軍。……壬辰，以武勝軍為鎮洮軍。……甲辰，王韶破木征於巏令城。」〔註72〕熙寧五年

〔註70〕黃淮、楊士奇等編：《歷代名臣奏議》卷329，第4263頁。
〔註71〕黃淮、楊士奇等編：《歷代名臣奏議》卷329，第4263頁。
〔註72〕《宋史》卷15〈神宗紀二〉，第282頁。

八月時王韶擊敗自河州前來的木征，連續攻破武勝軍與鞏令城，可見兩城相近。《長編》卷 238 記載：「詔以木征弟結吳延征為禮賓副使，鎮洮河西一帶蕃部鈐轄。初，秦鳳緣邊安撫司言：木征自鞏令城敗走，結吳延征舉其族二千餘人並大首領李愣占、納芝出降。」〔註73〕結吳延征歸降後，被授予「鎮洮河西一帶蕃部鈐轄」，鎮洮軍即武勝軍改名而來，可見結吳延征的勢力範圍在武勝軍、鞏令城一帶。同年十月，「戊戌，升鎮洮軍為熙州鎮洮軍節度，置熙河路。」〔註74〕可知結吳延征所處之武勝軍（鎮洮軍）、鞏令城一帶，即宋朝後來設置的熙州。

　　三為「可欺巴溫與龍川首領羅結在黃河頭」，可欺巴溫，或作「溪巴溫」，《宋史·吐蕃傳》記載：「溪巴溫者，董氊疏族也，自阿里骨之立，去依隴逋部，河南諸羌多歸之。」〔註75〕黃河頭即日後設置的廓州。

　　王韶建議朝廷招撫沿邊諸族，先控制這三個地方，以孤立河湟青唐城的董氊，迫使董氊歸降於宋朝，然後可以圍堵西夏，「急之可以蕩覆其巢穴，緩之可以脅制其心腹」。

圖 3-2-1　熙州、河州、廓州、青唐位置圖

〔註73〕《長編》卷 238，熙寧五年九月丙午，第 5786 頁。
〔註74〕《宋史》卷 15〈神宗紀二〉，第 282 頁。
〔註75〕《宋史》卷 492〈吐蕃·瞎征傳〉，第 14166 頁。

　　《歷代名臣奏議》版還包括王韶具體提出為了達到上述的目的，宋朝應採取何種措施，即〈平戎六策〉：

　　一、王韶認為「陛下必欲合西戎諸族而用之，宜擇通材明敏之士，心慮軒豁，能周知羌人情意者，令朝夕出入於其間，往來巡行，察其疾苦，平其冤濫，治其鬱結，如漢護羌校尉之比。」主張選擇幹才來籠絡各部族。二、王韶「竊見西蕃種類皆尊大族，重故主，諸族有承唃氏之後者，羌人皆畏服尊之。而唃氏諸孫今在洮河間者，皆孱弱不能自立」，王韶建議派人赴河州聯合唃氏後代木征，「選官一員有文武材略者，令與木征同居，漸以恩信招撫沿邊諸羌，有不從者，令木征挾漢家法令以威之」，意即控制木征，再利用木征唃氏後代的威望來控制沿邊諸族。三、訓練蕃兵，「陛下宜擇朝臣有文武材略者，往涇原、秦鳳擇蕃兵可教者教之，固其部族，合其心力，使勸勉奮勵，樂為吾用」。四、王韶認為「蕃人欲其可用，須令有合有離，離之所以弱其勢，合之所以齊其力」，亦即將太過強大的部族加以拆散，將太過弱小的部族加以合併，使各部族大小適中，可以為我所用而不至於成為我之後患。五、由於「沿邊諸族不下十餘萬帳」，王韶主張「可招弓箭手一萬人，以一萬人散居十餘萬帳之間，則何患其心腹不一，思慮不專乎？」也就是招募一萬名弓箭手作為間諜，監視控制十餘萬帳沿邊部族。六、以往官府令蕃兵獻土地，多是「全段獻納，盡帳起離，此蕃人所以顧戀而不肯獻也」，王韶主張不要全部沒入蕃兵的土地，「大約耕百畝者即獻十畝，與官中招添弓箭手」，蕃人只要獻十分之一的土地，作為官府招募弓箭手開墾之用。〔註76〕

　　王韶上奏之後，神宗贊同王韶的建議，任命王韶為「管幹秦鳳經略司機宜文字」。〔註77〕熙寧四年（1071）八月，宋朝設置「洮河安撫司」（按：正式名稱應為「秦鳳路緣邊安撫司」），神宗任命王韶主其事。〔註78〕正式開始了經營河湟的行動。

二、建立熙河路

　　熙寧四年八月，神宗命「同提舉秦州西路蕃部及市易王韶為太子中允，秘

〔註76〕黃淮、楊士奇等編：《歷代名臣奏議》卷329，第4263～4264頁。

〔註77〕《宋史》卷328〈王韶傳〉，第10579頁。按：「管幹」應做「管勾」，南宋避高宗趙構之諱，改「管勾」為「管幹」，此處《宋史》應取材於南宋人之記載。

〔註78〕《宋史》卷15〈神宗紀二〉，第280頁；《長編》卷226，熙寧四年八月辛酉，第5501頁。

閣校理，兼管勾秦鳳路緣邊安撫司，兼營田貿易。」同時又「置洮河安撫司，自古渭寨接青唐、武勝軍應招納蕃部、市易、募人營田等事，並令韶主之」。〔註79〕王韶在得到神宗的任命與授權之後，立即親自前往青唐部（按：此青唐指青唐部，非董氈控制的青唐城），遊說酋長俞龍珂，王韶「引數騎直抵其帳，諭其成敗，遂留宿。明旦，兩種皆遣其豪隨以東。久之，龍珂率屬十二萬口內附」。〔註80〕俞龍珂既降，熙寧五年（1072），「五月辛巳，詔以古渭砦為通遠軍，命王韶兼知軍」。〔註81〕朝廷並對俞龍珂賜名封賞，「（五月）庚寅，以青唐大首領俞龍珂為西頭供奉官，賜姓名包順」。〔註82〕王韶的拓邊西北計劃，已取得了初步成果。

招撫俞龍珂之後，王韶進一步出兵攻擊其他各部。熙寧五年「八月甲申，……秦鳳路沿邊安撫王韶復武勝軍。……壬辰，以武勝軍為鎮洮軍。……甲辰，王韶破木征於鞏令城。」當時木征之弟結吳延征舉其族二千餘人與大首領李愣占、納芝等人出降。同年十月，「戊戌，升鎮洮軍為熙州鎮洮軍節度，置熙河路。……十一月癸丑，河州首領瞎藥等來降，以為內殿崇班，賜姓名包約」。〔註83〕在王韶擊敗木征，迫使瞎藥投降之時，宋朝正式設置「熙河路」，並命王韶「以龍圖閣待制知熙州」。〔註84〕按宋朝制度，一路安撫使兼知該路首府，〔註85〕故王韶「知熙州」即代表宋朝以王韶為熙河路經略安撫使。

熙河路建立之後，王韶繼續南征北戰，征服蕃部各部族，《宋史·王韶傳》記載：

> （熙寧）六年（1073）三月，取河州，遷樞密直學士。降羌叛，詔回軍擊之。瞎征（按：應為木征）以其間據河州，韶進破訶諾木藏城，穿露骨山，南入洮州境，道陷隘，釋馬徒行，或日至六七。瞎征（按：應為木征）留其黨守河州，自將尾官軍，韶力戰破走之，河州復平。連拔宕、岷二州，疊、洮羌酋皆以城附。軍行五十有四日，涉千八

〔註79〕《長編》卷226，熙寧四年八月辛酉，第5501頁。
〔註80〕《宋史》卷328〈王韶傳〉，第10579頁。
〔註81〕《宋史》卷15〈神宗紀二〉，第281頁。《長編》卷233，熙寧五年五月辛巳，第5645頁。
〔註82〕《宋史》卷15〈神宗紀二〉，第281頁。《長編》卷233，熙寧五年五月庚寅，第5653頁。
〔註83〕《宋史》卷15〈神宗紀二〉，第282頁。
〔註84〕《宋史》卷328〈王韶傳〉，第10580頁。
〔註85〕參見龔延明：《宋代官制辭典》，〈安撫使〉條，第500頁。

百里，得州五，斬首數千級，獲牛、羊、馬以萬計。〔註86〕

《續資治通鑑長編》則記載熙寧六年二月，王韶更進一步收復河州，「斬千餘級，木征遁走，生擒其妻子」。〔註87〕可見河州之戰中，王韶擊敗的是木征而非瞎征，《宋史》記載有誤。

熙寧六年王韶收復河州（今甘肅省臨夏市）之後，居於岷州的木征之弟瞎吳叱也獻城投降。「（熙寧六年九月）戊午，王韶言大首領瞎吳叱等以岷州來獻，賜行營將士特支錢有差。瞎吳叱者，木征諸弟也，居岷州，雖有部族，無文法，今年春，寇臨江、洮山寨，至是乃降。」〔註88〕當戰事暫告一段落之後，十月，王安石獻捷以聞，「辛巳，以復熙、河、洮、岷、疊、宕等州，（神宗）御紫宸殿受群臣賀，解所服玉帶賜安石」。〔註89〕

圖 3-2-2　王韶熙寧年間經營熙州、河州略圖

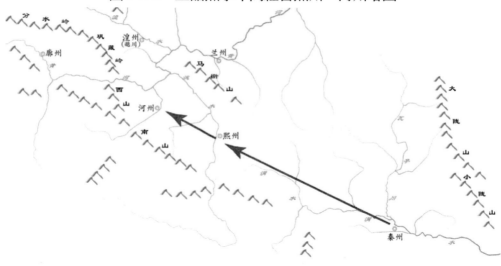

三、經營熙河的中輟

然而，熙河路設置後，宋朝對河湟地區的經略卻放緩了腳步。學者彭向前〈試論王安石對「平戎策」的修正〉指出熙河路設置之後，由於吐蕃董氈與西夏聯姻，熙寧七年（1074）董氈大將鬼章又在河州大破宋軍，河州知州景思立戰死，王安石採取了厚結吐蕃的政策，使得王韶進攻河湟的計劃為之中

〔註86〕《宋史》卷328〈王韶傳〉，第10580～10581頁。
〔註87〕《長編》卷243，熙寧六年三月丁未，第5912頁。
〔註88〕《長編》卷247，熙寧六年九月戊午，第6013頁。
〔註89〕《宋史》卷15〈神宗紀二〉，第284頁。

止。〔註90〕關於董氈與西夏聯姻一事，《長編》記載：

> 上出西邊探報，云：「董氈子與秉常（按：西夏惠宗）妹為婚。」王
> 安石曰：「洮、河一帶內附，董氈不能不憚，與秉常結婚，理或有之。」
> 上憂其合，安石以為在我而已，此不足慮。〔註91〕

《長編》又載：

> 知太原府劉庠言夏國與董氈結親，上曰：「夷狄合從亦可慮。」王安
> 石曰：「但當修政刑，令中國安強，夷狄合從非所憂。」〔註92〕

王安石對於董氈與西夏結親，並未視為重大威脅，不太可能因此修正王韶〈平戎策〉的計劃。至於熙寧七年董氈部將鬼章於踏白城攻殺知河州景思立之事，《長編》記載：

> 知河州景思立、走馬承受李元凱戰死於踏白城。先是，董氈將青宜
> 結鬼章數擾河州屬蕃，誘脅趙常杓家等三族，集兵西山，襲殺河州
> 采木軍士，害使臣張普等七人，以書抵思立，語不遜，思立不能忍，
> 帥漢蕃兵六千攻之於踏白城。……思立少頃再激厲士卒，轉戰數合
> 不能解，遇害。〔註93〕

然而不久之後，宋將苗授又在河州大破木征：

> 賊（木征）復圍河州，授（苗授）往救之，始度洮西，將士皆欲徑趨
> 河州，授曰：「南撒宗城甚近，有伏兵，當襲之。」一戰而克，進破
> 賊，斬首四百餘級，論功第一，遂知河州。〔註94〕

未幾，王韶更進而大破西蕃，木征投降。〔註95〕可見河州的戰事雖有小挫，但大致相當順利，《宋史·王韶傳》說景思立之敗，「朝廷議棄熙河，帝為之盱食，數下詔戒韶持重勿出。」〔註96〕「朝廷議棄熙河」應為舊黨借事抨擊拓邊之舉，但若說神宗亦有意中止進兵，恐不可信。

筆者認為王韶〈平戎策〉計劃中止的原因，一方面是因為王安石的去職。正在苗授擊敗木征，解河州之圍的當日，監安上門、光州司法參軍鄭俠向神宗

〔註90〕 彭向前：〈試論王安石對「平戎策」的修正〉，《宋史研究論叢》第 5 輯（保定：
　　　　河北大學出版社，2003 年），第 153～155 頁。
〔註91〕 《長編》卷 233，熙寧五年五月丁亥，第 5651 頁。
〔註92〕 《長編》卷 241，熙寧五年十二月丁亥，第 5879 頁。
〔註93〕 《長編》卷 250，熙寧七年二月甲申，第 6098 頁。
〔註94〕 《長編》卷 252，熙寧七年四月甲戌，第 6152 頁。
〔註95〕 《長編》卷 252，熙寧七年四月乙酉，第 6160 頁。
〔註96〕 《宋史》卷 328〈王韶傳〉，第 10581 頁。

上呈〈流民圖〉，抨擊王安石新法。〔註97〕在木征投降的當日，舊黨領袖司馬光、知青州滕甫等人又紛紛上言攻擊新法，〔註98〕於是王安石被迫罷相：「（熙寧七年四月）丙戌，禮部侍郎、平章事、監修國史王安石罷為吏部尚書、觀文殿大學士、知江寧府。」〔註99〕失去了王安石的全力支持，王韶的西進計劃自然難以繼續進行。

其次，熙河路的經營，耗兵糜餉，加上熙河路地形崎嶇、路途遙遠，運費開支更大。《曲洧舊聞》記載：「熙河用兵，歲費四百餘萬緡，自熙寧七年以後，財用出入稍可會計者，歲常費三百六十萬緡。」〔註100〕熙寧七年二月，神宗下詔：「三司出內藏庫絹二十萬赴熙河經略安撫司，以備軍賞。」〔註101〕為了熙河路的戰事，國家財用已感不足，必須動用皇帝私人的內藏庫財賦，以滿足軍需。因此在木征投降後，神宗又說道：「熙河路自恢復以來，征伐饋餉，人頗勞苦，今木征已降，邊事寧息，宜曲赦本路。」〔註102〕因此，熙寧七年「十二月丁卯，王韶自觀文殿學士兼端明殿學士、龍圖閣學士、禮部侍郎、知熙州除樞密副使」。〔註103〕王韶升任樞密副使，雖提升了官位，但卻讓王韶離開了熙河路，剝奪其實權，代表著王韶〈平戎策〉的計劃暫告中止。

我們從宋神宗重用种諤攻佔綏州，又提拔王韶經營熙河路，我們可以看出宋朝的戰略是在西夏的東面（綏州）與南面（熙河路）同時向西夏製造軍事壓力，迫使西夏備多力分。然而，熙河路地勢艱險，路途遙遠，攻佔熙州、河州等沿邊諸族就已經花了將近三年（熙寧四年到七年）的時間，想要達到控制河湟地區，並進而威脅西夏，除非有新的便捷路線，修正王韶原本翻山越嶺、長途跋涉的計劃，否則將會耗費宋朝更多的兵力與財力，恐怕這是宋朝所無力負擔的。王韶的離職，代表著熙河路的經營暫告一段落。

〔註97〕《長編》卷252，熙寧七年四月甲戌，第6152～6154頁。關於鄭俠上書，另參見周煇：《清波雜志》卷 11〈鄭俠封事〉（北京：中華書局，1994 年），第489～491頁。

〔註98〕《長編》卷252，熙寧七年四月乙酉，第6160～6168頁。

〔註99〕《長編》卷252，熙寧七年四月丙戌，第6168頁。

〔註100〕朱弁：《曲洧舊聞》卷6〈熙河用兵廊延開拓費財〉（北京：中華書局，2002年），第168頁。

〔註101〕《長編》卷250，熙寧七年二月己巳，第6081頁。

〔註102〕《長編》卷252，熙寧七年四月丁酉，第6180頁。

〔註103〕《宋史》卷211〈宰輔表二〉，第5488頁。

第三節 從「邊境」到「邊陲」──治邊政策的推廣

　　從种諤「奉密旨」攻佔綏州，到神宗同意王韶〈平戎策〉的計劃經營熙河路，宋神宗對拓邊、治邊的興趣已經非常明顯，因此宋朝官員們紛紛開始重視邊疆治理問題，治邊的具體行動也不斷推陳出新。所謂「治邊」的含意，一方面包括了「邊境」，即征服邊境以外的土地，控制邊境外的少數民族，另一方面也包括了「邊陲」，即治理宋朝版圖邊境內，漢化未深的少數民族。我們可以看到，與前面的真宗、仁宗、英宗朝相比，神宗時期的治邊活動是非常積極而活躍的。

一、四川瀘夷

　　熙寧六年（1073），四川地區的瀘夷爆發叛亂。所謂「瀘夷」，《宋史》記載：

> 淯水夷者，羈縻十州五囤蠻也，雜種夷獠散居溪穀中。慶曆初，瀘州言：「管下溪峒十州，有唐及本朝所賜州額，今烏蠻王子得蓋居其地。部族最盛，旁有舊姚州，廢已久，得蓋願得州名以長夷落。」詔復建姚州，以得蓋為刺史，鑄印賜之。得蓋死，其子竊號「羅氏鬼主」。鬼主死，子僕射襲其號，浸弱不能令諸族。烏蠻有二酋領：曰晏子，曰斧望箇恕，常入漢地鬻馬。晏子所居，直長寧、寧遠以南，斧望箇恕所居，直納溪、江安以東，皆僕夜諸部也。晏子距漢地絕近，猶有淯井之阻。斧望箇恕近納溪，以舟下瀘不過半日。二酋浸強大，擅劫晏州山外六姓及納溪二十四姓生夷。夷弱小，皆相與供其賦。[註104]

瀘州地區的淯水夷，在首領得蓋、鬼主相繼過世後，新首領僕射（僕夜）過於懦弱無能，無法控制諸部，於是其下兩大酋領晏子、斧望箇恕崛起，逐步控制僕射（僕夜）的地盤。

　　隨著晏子、斧望箇恕的勢力越來越大，逐漸開始侵擾漢地。《宋史·蠻夷四》記載：「熙寧七年，六姓夷自清井謀入寇，命熊本經制之。景思忠戰沒。」[註105] 然而按《宋史·神宗紀二》的記載：「（熙寧六年五月乙丑）遣中書檢正官熊本措置瀘夷。西京左藏庫副使景思忠等攻燒遂州夷囤戰歿，錄其子昌符

［註104］《宋史》卷 496〈蠻夷四·瀘州蠻〉，第 14244 頁。
［註105］《宋史》卷 496〈蠻夷四·瀘州蠻〉，第 14244 頁。

等七人，軍士死者，賜其家錢帛有差。」〔註106〕可見時間應為熙寧六年。當時晏子、斧望箇恕為了試探宋朝的實力，派出六姓之夷侵擾漢地，宋朝官員景思忠戰死。於是神宗派遣中書檢正官熊本為梓夔察訪使，赴瀘州經制其事。

熊本「嘗通判戎州，習其俗，謂：『彼能擾邊者，介十二村豪為鄉導爾。』」〔註107〕熊本有治理少數民族的經驗，至瀘州後，先對擾邊的部族發動攻擊，「本將蜀兵，募土丁及夷界黔州弩手，以毒矢射賊，賊驚潰。於是山前後、長寧等十郡八姓及武都夷皆內附。」〔註108〕熊本此舉，在於展現軍事實力，讓蠻夷領袖晏子、斧望箇恕知所畏懼，不敢胡作非為。然後熊本派遣使者招納晏子、斧望箇恕二人。《宋史》記載：「熊本言二酋桀黠，不羈縻之則諸蠻未易服，遂遣人說誘招納。於是晏子、斧望箇恕及僕夜皆願入貢，受王命。晏子未及命而死，乃以箇恕知歸來州，僕夜知姚州，以箇恕之子乞弟、晏子之子沙取祿路並為把截將、西南夷部巡檢。」〔註109〕瀘州的小型叛亂很快被熊本平定，地方豪酋也受到宋朝冊封安撫，局勢歸於平穩。神宗對於熊本「治邊」的表現非常滿意，於是熊本「遷刑部員外郎、集賢殿修撰、同判司農寺。神宗勞之曰：『卿不傷財，不害民，一旦去百年之患，至於檄奏詳明，近時鮮儷焉。』賜三品服。」〔註110〕

熙寧八年（1075），又有俞州獠之亂。《宋史》記載：「俞州獠寇南州，獠酋阿訛率其黨奔箇恕。熊本重賞檄斬訛。訛桀黠，習知邊境虛實，箇恕匿不殺，詭降於納溪。訛得不死，甚德箇恕，為伺邊隙。會箇恕老厭兵，以事屬乞弟，遂與訛侵諸部。」〔註111〕俞州獠首領阿訛叛亂失敗，被熊本重賞捉拿，阿訛遂去投靠斧望箇恕，後來斧望箇恕年老，將權力交給其弟乞弟，於是阿訛與乞弟又開始向宋朝挑釁。當時乞弟勢力越來越大，遇到漢蠻衝突時，漢人官員經常借助乞弟之力鎮壓叛亂。例如：

（熙寧）十年（1077），羅苟夷犯納溪砦。初，砦民與羅苟夷競魚笱，誤毆殺之，吏為按驗。夷已忿，謂：「漢殺吾人，官不償我骨價，反暴露之。」遂叛。提點刑獄穆珣言：「納溪去瀘一舍，羅苟去納溪數

〔註106〕《宋史》卷15〈神宗紀二〉，第283頁。
〔註107〕《宋史》卷334〈熊本傳〉，第10730頁。
〔註108〕《宋史》卷496〈蠻夷四・瀘州蠻〉，第14244～14245頁。
〔註109〕《宋史》卷496〈蠻夷四・瀘州蠻〉，第14246頁。
〔註110〕《宋史》卷334〈熊本傳〉，第10730頁。
〔註111〕《宋史》卷496〈蠻夷四・瀘州蠻〉，第14246頁。

里，今託事起端，若不加誅，則烏蠻觀望，為害不細。」乃詔涇原
副總管韓存寶擊之。存寶召乞弟等持角，討蕩五十六村，十三囤蠻
乞降，願納土承賦租。乃詔罷兵。〔註112〕

羅苟夷因漢人誤殺事件而叛，朝廷派涇原副總管韓存寶赴四川平定亂事，採用
的方式就是聯合乞弟，互為犄角，聯手平定羅苟夷的叛亂。

元豐元年（1078），乞弟與阿訛舉兵進逼江安城，《宋史》記載：

乞弟率晏州夷合步騎六千至江安城下，責平羅苟之賞。城中守兵纔
數百，震恐不能授甲，蠻數日乃引去。知瀘州喬敍要欲與盟，遣梓
夔都監王宣以兵二千守江安，仍奏以乞弟襲歸來州刺史。韓運遣小
校楊舜之召乞弟拜敕，乞弟不出；遣就賜之，亦不見；而令小蠻從
舜之取敕以去。喬敍因沙取祿路以賄招乞弟，乃肯來。〔註113〕

當時的瀘州知州喬敍一味採取妥協退讓政策，對乞弟的入侵行為不加責罰，反
而奏請神宗對乞弟加以封賞。而乞弟看穿了宋朝官員的無能，對於朝廷的封賞
不屑一顧。元豐三年（1080），「盟於納溪。蠻以為畏己，益悖慢。盟五日，遂
以眾圍羅箇牟族。」〔註114〕乞弟與宋朝訂盟之後五日，便背棄盟約攻打羅箇
牟族，宋朝將領王宣「往救之，蠻解圍，合力拒官軍。宣與一軍皆沒。」〔註
115〕。王宣戰死後，神宗「召存寶授方略，統三將兵萬八千趨東川」。但韓存寶
「怯懦不敢進，乞弟送款給降，存寶信之，遂休兵於綿、梓、遂、資間。」〔註
116〕雙方進入實質休兵狀態。

元豐四年（1081），神宗下詔以環慶副總管林廣代韓存寶，並以韓存寶逗
撓不進，誅之。當時熟夷楊光震殺阿訛，神宗遂下詔林廣與光震同力討賊。乞
弟恐，復送款。神宗以其前後反覆，無真降意，命令林廣繼續進兵。林廣遂破
樂共城，至斗蒲村，斬首二千五百級。次落婆，乞弟乃納降。林廣盛陳兵以受
之，對語良久，乞弟疑有變，又引眾遁去。林廣再度率兵深入追擊，至鴉飛不
到山。元豐五年正月，次歸來州，天大寒，軍士皆凍墮指。留四日，求乞弟不
可得。內侍麥文昺問林廣當如何，林廣曰：「賊未授首，當待罪。」文昺乃出
所受神宗之密詔曰：「大兵深入討賊，期在梟獲元惡。如已破其巢穴，雖未得

〔註112〕《宋史》卷496〈蠻夷四·瀘州蠻〉，第14246頁。
〔註113〕《宋史》卷496〈蠻夷四·瀘州蠻〉，第14246～14247頁。
〔註114〕《宋史》卷496〈蠻夷四·瀘州蠻〉，第14247頁。
〔註115〕《宋史》卷496〈蠻夷四·瀘州蠻〉，第14247頁。
〔註116〕《宋史》卷496〈蠻夷四·瀘州蠻〉，第14247頁。

乞弟，亦聽班師。」〔註117〕征討乞弟的戰爭至此結束。

從對瀘州蠻的經略當中，我們可以看到神宗親自指揮軍事行動的作法，林廣要不要接受乞弟的投降，追擊的部隊可否撤兵，都要得到神宗的旨意。而宦官麥文昞則是神宗旨意的傳遞者與監督執行者。

二、湖北南北江與湖南東江

宋代的荊湖南北路，也是少數民族大量分佈的地區。李榮村〈宋元以來湖南東南的猺區〉指出湖南西南部「少數民族」的族屬及空間分佈的差異性，指出在空間的分佈上，較高的山區為猺族的居住地，次高的谷地則為獞族分佈地，低矮的平原或丘陵則分佈著大量的漢族；而隨著時間的推移，少數民族原本是網狀的分佈，但是隨著漢人大量南下，生存空間大幅縮小，逐漸演變成點狀或線狀的分佈。〔註118〕日本學者岡田宏二的〈唐宋時代洞庭湖及其以南的少數民族〉則指出荊湖南路少數民族從唐末五代以來的發展概況，釐清了少數民族的族屬與姓氏之間的關係，並且提出宋代的溪峒蠻大部分是猺族和犵狫族的後代。〔註119〕這些地區，在宋代往往視之邊瘴之地，官員多不願赴任，因此宋代採取各種獎勵措施鼓勵官員赴少數民族地區任職。宋仁宗時亦下詔：「湖南鄰溪峒諸縣，其令本路安撫、轉運司舉官為知縣，歲滿京朝官免入遠，選人與免選。」〔註120〕也就是讓赴湖南少數民族地區任職的京朝官，任滿後可以不再赴遠地任職；選人任滿後則可以免去銓選待闕的時間直接授予新職，希望用這種優惠的政策鼓勵官員赴少數民族地區任職。然而由於少數民族地區地處偏遠，宋代荊湖南北路地區少數民族變亂一直不斷。林天蔚〈宋代猺亂編年紀事〉引用正史及方志的記載，以粵、湘、桂等地的猺亂作成編年條目。〔註121〕李榮村〈宋代湖北路兩江地區的蠻亂──量化研究之例〉，則是探討南江與北江地區，也就是荊湖北路的澧、鼎、辰、沅、靖等州的蠻亂的頻率與朝廷政策的關係，文中採用量化分析的方式，將各朝發生的

〔註117〕《宋史》卷496〈蠻夷四・瀘州蠻〉，第14247頁。

〔註118〕李榮村：〈宋元以來湖南東南的猺區〉，《國立編譯館館刊》第1卷第2期（1972年3月），第76～105頁。

〔註119〕岡田宏二：〈唐宋時代洞庭湖及其以南的少數民族〉，《世界華學季刊》第1卷第4期（1980年12月），第19～24頁。

〔註120〕《長編》卷177，至和元年十一月壬午，第4292頁。

〔註121〕林天蔚：〈宋代猺亂編年紀事〉，《宋史研究集》第六輯（臺北：國立編譯館，1971年12月），第457～485頁。

亂事作了統計，得出其亂事發生的頻率，將時間劃分成三期：第一期為太祖至英宗；第二期為神宗至欽宗；第三期為南宋高宗至寧宗。經由量化的統計結果得知，蠻亂發生頻率最高是第二期，次為第三期，第一期最少。其研究並指出，蠻亂頻率的高低與政府的治蠻政策息息相關。〔註 122〕然而，為何神宗至欽宗時期湖北路兩江地區的變亂會如此頻繁，這與宋神宗提倡治邊的政策不無關係。

在种諤攻佔綏州、王韶經營熙河路之後，宋朝官員們體會到宋神宗治邊的理想，於是紛紛上書提出對於少數民族地區的觀點與計劃，湖南辰州人張翹上書於神宗，說道：

> 南江蠻雖有十六州，惟富、峽、敘州僅有千戶，餘各戶不滿百，土廣無兵，加以薦飢。近向永梧與繡、鶴、敘諸州蠻自相讎殺，眾苦之，咸思歸化。〔註 123〕

宋神宗將張翹的建議詢問辰州知州劉策，劉策回覆「請如翹言，領兵壓境，密行招諭，直下溪州修築一城，置五堡寨」。劉策不僅同意張翹的建議，更進一步提出了軍事行動上的規劃。在張翹、劉策等人的遊說之下，宋神宗決定經營荊湖北路兩江地區。神宗說道：「（劉）策言兩江事，所規劃甚善，非貪其土地，但欲弭患耳。」而當時的宰相王安石也只能附和神宗，說道：「苟如所聞，則非但弭患，使兩江生靈得比內地，不相殘殺，誠至仁之政。」〔註 124〕吳眉靜認為：宋神宗經營兩江除了當地肥沃的土地、豐富的礦產等經濟利益的吸引之外，熙寧初期當地蠻人社會的動亂不安，對於宋廷的開拓行動也有催化劑的作用。〔註 125〕經營兩江的政策至此決定。熙寧五年閏七月庚戌，「遣秘書丞、集賢校理、檢正中書戶房公事章惇察訪荊湖北路農田、水利、常平等事，始議經制南、北江。……更以東作坊使石鑑為荊湖北路鈐轄兼知辰州，使惇經制。」〔註 126〕

此外，湖南地區的「梅山蠻」，地處潭州（今湖南長沙）、邵州（今湖南邵

〔註 122〕 李榮村：〈宋代湖北路兩江地區的蠻亂——量化研究之例〉，《邊政研究所年報》第 9 期（1978 年 7 月），第 131～181 頁。
〔註 123〕 《長編》卷 236，熙寧五年閏七月庚戌，第 5727 頁。
〔註 124〕 《長編》卷 236，熙寧五年閏七月庚戌，第 5727 頁。
〔註 125〕 吳眉靜：《宋代的漢「蠻」關係及其治理政策——以荊湖北路兩江地區為討論中心》，臺北：國立台灣師範大學碩士論文，2002 年，第 54～56 頁。
〔註 126〕 《長編》卷 236，熙寧五年閏七月庚戌，第 5727～5728 頁。

陽）、辰州（今湖南沅陵）、鼎州（今湖南常德）之間的山區，〔註127〕其部族「素凶獷，數出抄略漢界」，也是叛亂時起，荊湖南路轉運副使范子奇奏請「蠻恃險為邊患，宜臣屬而郡縣之」，於是神宗又命章惇「經制梅山蠻事，今令知潭州潘夙、荊湖南路轉運副使蔡燁與惇協力處議」。〔註128〕

　　章惇受命之後，先赴湖南曉諭梅山蠻各部族：

> 惇遣執中（判官喬執中）知全州，將行，而大田三砦蠻犯境。又飛
> 山之蠻近在全州之西，執中至全州，大田諸蠻納款，於是遂檄諭開
> 梅山，蠻徭爭闢道路，以待得其地。東起寧鄉縣司徒嶺，西抵邵陽
> 白沙砦，北界益陽四里河，南止湘鄉佛子嶺。籍其民，得主、客萬
> 四千八百九戶，萬九千八十九丁。田二十六萬四百三十六畝，均定
> 其稅，使歲一輸。乃築武陽、關硤二城，詔以山地置新化縣，並二
> 城隸邵州。自是，鼎、澧可以南至邵。〔註129〕

大田諸蠻、梅山蠻徭紛紛「納款」，「爭闢道路」，使得章惇很順利地完成招撫梅州蠻的任務，並在當地設置新化縣與武陽、關硤二城。

　　梅州蠻平定後，章惇又來到荊湖北路，準備經略兩江地區。《宋史》記載：

> 明年（熙寧六年），富州向永晤獻先朝所賜劍及印來歸順，繼而光銀、
> 光秀等亦降。獨田氏有元猛者，頗桀驁難制，異時數侵奪舒、向二
> 族地。惇遣左侍禁李資將輕兵往招諭。資，辰州流人，曩與張翹同
> 獻策者也，禍宄無謀，褻慢夷獠，遂為懿、洽州蠻所殺。〔註130〕

章惇抵達湖北後，派人曉諭兩江地區諸蠻，富州向永晤及光銀、光秀等人歸降。章惇接著又派左侍禁李資前去招諭懿、洽州蠻首領田元猛，然而李資為人傲慢，田元猛又桀傲難制，於是李資為田元猛所殺，兩江局勢轉為惡化。

　　章惇得知田元猛殺害李資之後，派遣部將李浩出兵攻打田元猛，《宋史·李浩傳》記載：

> （李浩）從章惇於南江，引兵由三路屯鎮江，入敘州，討舒光貴，
> 破盈口柵，下天府，會於洽州，入懿州。蠻酋田元猛、元詰合狙狑
> 拒官軍，浩分兵擊之，殺狙狑，降元猛、元詰，遂城懿州。進討黔

〔註127〕參見林秋均：《奸相或能臣：章惇與哲宗後期紹述新政之研究》，臺北：國立
　　　　台灣師範大學碩士論文，2016年，第25頁。
〔註128〕《長編》卷238，熙寧五年九月丁卯，第5800頁。
〔註129〕《宋史》卷494〈蠻夷二·梅山峒蠻〉，第14197頁。
〔註130〕《宋史》卷493〈蠻夷一·西南溪峒諸蠻〉，第14181頁。

> 江蠻，復城黔江。惇上其功，謂不當與他將比，擢引進副使、熙河
> 鈐轄。〔註131〕

田元猛兵敗投降，南江遂告平定。

南江平定之後，章惇轉而經略北江地區，命荊湖北路轉運使孫構、知辰州
陶弼等招撫下溪州刺史豪酋彭師晏：

> 時南江新定，（彭）師晏據北江之下溪州，桀黠難制，（陶）弼以謀
> 間其黨保靜、永順等六州首豪，使自相仇，師晏舉族為諸酋所攻殺，
> 僅以身免。弼乃為書委其用事首領周興，諭以禍福，師晏遂與興及
> 眾數千米降。〔註132〕

陶弼用離間的方式，誘使彭師晏的手下酋長反叛，攻殺師晏家族，彭師晏走投
無路之下，又受到陶弼派去的使者周興勸誘，遂向宋朝投降，北江地區亦告平
定。南北江平定之後，宋朝在南江設立沅州，在北江下溪州築城，賜新名「會
溪」，並增置「黔安砦」，隸屬辰州管轄。〔註133〕

在章惇的經營下，湖南的梅州蠻與湖北的南北江地區皆獻土投降，朝廷在
當地設置州縣，並派漢人移墾，將當地的少數民族逐步同化。

三、交趾

交趾位於今越南北部，古稱「南越」、「百越」，宋人趙汝适《諸蕃志》記
載：

> 交趾，古交州，東南薄海，接占城，西通白衣蠻，北抵欽州。歷代
> 置守不絕，賦入至薄，守禦甚勞，皇朝重武愛人，不願宿兵瘴癘之
> 區，以守無用之土，因其獻款，從而羈縻之。〔註134〕

秦始皇平百越，設南海、桂林、象郡，其中象郡即在今日之越南北部，此為中
國經略越南之始。秦末，南海尉趙佗割據南海、桂林、象郡三郡之地自立，是
為南越武王，並向漢朝稱臣。呂后時，趙佗一度稱帝，漢文帝遣陸賈出使南
越，說服趙佗取消帝號，重新向漢朝稱臣。至漢武帝元鼎五年（112），南越國
丞相呂嘉殺其王趙興，擁立趙建德為王，武帝乃出兵討伐，滅南越國，設交

〔註131〕《宋史》卷350〈李浩傳〉，第11079頁。
〔註132〕《長編》卷270，熙寧八年十一月丙戌，第6629～6630頁。
〔註133〕參見林秋均：《奸相或能臣：章惇與哲宗後期紹述新政之研究》，臺北：國立
　　　　台灣師範大學碩士論文，2016年，第28頁。
〔註134〕趙汝适：《諸蕃志》卷上〈交趾國〉（北京：中華書局，1996年），第1頁。

州刺史及南海、蒼梧、鬱林、合浦、交趾、九真、日南、珠崖、儋耳九郡（其中交趾、九真、日南三郡在今越南北部），於是越南納入中國版圖，進入了「北屬時期」。

五代十國時期，交州當地土著吳權擊敗南漢，控有交州之地，於後晉天福四年（939）正式稱王，越南史稱「吳朝」。吳朝末年，交州各地官吏割據為亂，有交州人丁部領削平群雄，於宋太祖開寶元年（968）自稱萬勝王（或作「大勝王」），遂稱帝，國號「大瞿越」，越南史稱「丁朝」。丁部領並遣使向北宋入貢，宋太祖冊封為「交趾郡王」。〔註135〕

雖然交趾逐漸擺脫中國的控制而建國，成為中國的藩屬國，但宋朝仍伺機而動，希望重新將交趾之地收為州縣。宋太宗時，值交趾丁朝末年，國主丁璿年幼，大將黎桓擅權，宋太宗遂於太平興國五年（980）七月下詔討交州黎桓。〔註136〕然而到太平興國六年（981）三月：「交州行營破賊于白藤江口，獲戰艦二百艘，知邕州侯仁寶死之。會炎瘴，軍士多死者，轉運使許仲宣驛聞，詔班師。詔斬劉澄、賈湜於軍中，徵孫全興下獄。」〔註137〕按《宋史‧交趾傳》記載：

> 轉運使侯仁寶率前軍先進，全興等頓兵花步七十日以候澄，仁寶累促之，不進。及澄至，並軍由水路至多羅村，不遇賊，復擅迴花步。桓詐降以誘仁寶，遂為所害。轉運使許仲宣馳奏其事，遂班師。上遣使就劾澄、湜、僎，澄尋病死，戮湜等邕州市。全興至闕，亦下吏誅，餘抵罪有差。〔註138〕

此役宋軍大敗，原因是多方面的：一為宋軍協調不善，孫全興為等候劉澄而頓兵不前，致侯仁寶孤軍深入；其次，侯仁寶中黎桓「詐降」之計，因而戰死；第三，氣候「炎瘴，軍士多死者」，宋太宗只好下令班師。最後宋太宗於雍熙三年（986）封黎桓「檢校太保、使持節、都督交州諸軍事、安南都護，充靜海軍節度、交州管內觀察處置等使，封京兆郡侯，食邑三千戶，仍賜號推誠順化功臣」〔註139〕，承認了黎桓「前黎朝」政權的合法性，宋朝對交趾也放棄

〔註135〕 參見明崢：《越南史略》（北京：三聯書店，1958年），第50～53頁。陳重金：《越南通史》（北京：商務印書館，1992年），第57～60頁。
〔註136〕 《宋史》卷4〈太宗紀一〉，第64頁。
〔註137〕 《宋史》卷4〈太宗紀一〉，第66頁。
〔註138〕 《宋史》卷488〈交趾〉，第14059頁。
〔註139〕 《宋史》卷488〈交趾〉，第14060頁。

了軍事征服的企圖。

　　宋真宗大中祥符三年（1010），前黎朝國主黎至忠失權，大校李公蘊篡位，自稱留後，遣使貢奉。真宗認為：「黎桓不義而得，公蘊尤而効之，甚可惡也。」然以其蠻俗不足責，遂用黎桓故事，冊封李公蘊為交趾郡王。〔註140〕前黎朝遂滅亡，為李朝所取代，李公蘊即李太祖。由此也可看出，宋真宗以後，對交趾的態度是無為而治，不干涉交趾內部政權的改變，只要交趾稱臣納貢，即承認現實的統治者。宋仁宗皇祐元年（1049），交趾豪酋儂智高入寇，佔領邕、橫諸州，仁宗派遣狄青為帥，於崑崙關大破儂智高，智高敗走大理。儂智高之亂，起因於交趾對智高的壓迫，致使智高入寇中國，但宋朝也並未以儂智高事件問罪於交趾，與交趾繼續維持和睦的宗藩關係。〔註141〕

　　然而，到了宋神宗時期，宋朝對內、對外政策，都有了重大的改變。對內政策方面，宋神宗以王安石為參知政事，積極推動變法，對外也一改北宋中期消極無為的保守策略，主張對外拓邊。在神宗有意積極拓邊，而王韶在西北又屢立戰功，迅速晉升。使宋朝中央與地方官員皆躍躍欲試，希望開疆拓土，建功立業。神宗以沈起為廣西經略安撫使知桂州，為經略交趾的第一步。李燾《續資治通鑑長編》記載：

　　　　（熙寧六年二月）辛丑，權度支副使、刑部郎中、集賢殿修撰沈起
　　　　為天章閣待制、知桂州，代蕭注也。注在桂州，自特磨至田涷州酋
　　　　長遠近狎至，注問其山川曲折、老幼存亡，甚得其懽心，故李乾德
　　　　（按：即交趾李朝李仁宗）動息必知之。然有獻策平交州者，輒火
　　　　其書。會起言交州小醜，無不可取之理，乃罷注歸，其後起更為征
　　　　討計，卒以此敗。〔註142〕

蕭注對於交趾的各種情報，知之甚詳，但對於交趾採保守無為的策略，對於各種征討交趾的獻策，「輒火其書」。這種保境安民的消極作法顯然無法滿足宋神宗的開邊企圖，於是神宗以積極主張開邊的沈起取代蕭注。沈起到任後，即積極招兵買馬，整頓軍備。《長編》記載：

　　　　新知桂州沈起，乞自今本路有邊事，依陝西四路止申經略司專委處
　　　　置及具以聞，從之。起又乞差人出外界勾當，上顧王安石曰：「如何

〔註140〕《宋史》卷488〈交趾〉，第14066頁。
〔註141〕參見湯佩津：〈北宋真、仁宗時期對交趾的政策〉，收於《中國歷史學會史學
　　　　集刊》第38期（2006年7月），第75～118頁。
〔註142〕《長編》卷242，熙寧六年二月辛丑，第5905頁。

指揮？」安石請依所乞，劄與監司，上曰：「可。」安石私記又云：

> 「上令起密經制交趾事，諸公皆不與聞，凡所奏請皆報聽。」〔註143〕

當時沈起欲專一事權，故向神宗請求如果「本路有邊事」則專委經略司處置，沈起並請求「差人出外界勾當」，亦即派人赴國境外從事秘密活動，似乎預言未來將有「邊事」。王安石認為「上令起密經制交趾事」，顯然沈起背後的指使者，即為宋神宗。宋神宗對交趾的決策，並未與其他大臣商議，故「諸公皆不與聞」，王安石偶爾接觸此事，也未試圖改變神宗的決策方式，而是讓神宗「劄與監司」，由神宗直接指揮，王安石只在私記中表達了對這種決策模式的疑慮。因此神宗與廣南西路經略安撫使沈起不斷書信往來，決定對交趾的軍事策略：

> 廣南西路經略沈起言：「邕州五十一郡峒丁，凡四萬五千二百。請行保
> 甲，給戎械，教陣隊。藝出眾者，依府界推恩補授。」奏可。〔註144〕

沈起奏請將邕州峒丁四萬五千二百人編組為保甲，作為民兵組織，得到了神宗的同意。《長編》又載：

> （熙寧六年十月庚午）知桂州沈起言：「招到融州溪峒蠻人，乞籍為
> 王民，開通道路，建置州縣城寨。」詔具當補首領職位及所經制事
> 以聞。〔註145〕

廣南地區的溪峒蠻人，人人佩刀自隨，以剽悍善戰聞名，「兩江州峒及諸外蠻無不帶刀者，一鞘二刀。」〔註146〕沈起將峒丁加以編練組織，對交趾形成了很大的軍事壓力。此外，沈起又招納交趾逃人：

> 交趾郡王李乾德表言：「恩情州首領麻泰溢是本道定邊州人，移住恩
> 情，今改稱儂善美，與其屬七百餘人逃過省地，乞根問。」先是，
> 廣南西路經略使沈起言：「知恩情州儂善美與其家屬等六百餘人歸明
> 至七源州，臣勘會儂善美等，舊係省地七源州管下村峒，往年為交
> 趾侵取，改為恩情州，以賦役誅求煩苦來歸，不納，必為交趾所戮。」
> 詔聽歸明，厚加存恤。至是，乾德以為言，乃詔廣西路經略司勘會

〔註143〕《長編》卷244，熙寧六年四月戊寅，第5933頁。
〔註144〕《宋史》卷191〈兵五〉，第4747頁。另見《長編》卷244，熙寧六年四月壬
　　　　辰，第5939頁。
〔註145〕《長編》卷247，熙寧六年十月庚午，第6018頁。
〔註146〕范成大：《桂海虞衡志》，收於《范成大筆記六種》（北京：中華書局，2002年），
　　　　第100頁。

牒報，賜乾德詔不許。〔註147〕

由於神宗與沈起的秘密通信往來「諸公皆不與聞」，在其他官員眼中，沈起招募峒丁、編練保甲、建置城寨、招納歸明人的行為形同向交趾挑釁，製造事端，因此，廣西轉運使張覬彈劾沈起，《長編》記載：

> 知虔州、都官員外郎劉彝直史館、知桂州。知桂州、刑部郎中、天
> 章閣待制、集賢殿修撰沈起令於潭州聽旨。初，廣西轉運使張覬言
> 都巡檢薛舉擅納儂善美於省地而起不之禁，上批：「熙河方用兵未息，
> 而沈起又於南方干賞妄作，引惹蠻事，若不早為平治，則必滋長為
> 中國巨患，實不可忽。宜速議罷起，治其擅招納之罪，以安中外。」……
> 乃詔遣彝，而又令以前日付起約束付之，且使彝體量起納善美事，
> 後彝體量奏至，仍命起知潭州。〔註148〕

在沈起赴任之初，「上令起密經制交趾事」，交代沈起經略交趾的任務，此時神宗「以前日付（沈）起約束付之（劉彝）」，也就是將此一任務再度交代給劉彝。而神宗要將沈起「治其擅招納之罪」，實際上也是雷聲大雨點小，讓沈起改知潭州，避避風頭去了。所以神宗以劉彝取代沈起，只是「以安中外」的表面作法。

劉彝任廣西經略安撫使知桂州之後，繼續沈起的拓邊政策，加強邊防。《長編》記載：

> 詔廣南路經略安撫、轉運司，據元管槍手、土丁戶，依義勇例，東
> 路槍手、西路土丁並每三丁差一丁，其自來無槍手、土丁州軍更不
> 置。……知桂州劉彝言：「舊制：宜、融、桂、邕、欽五郡土丁，成
> 丁以上者皆籍之，既接蠻徼，自懼寇掠，守禦應援，不待驅策。而
> 近制主戶自第四等以上，三丁取一，以為土丁，而傍塞多非四等以
> 上者，若三丁籍一，則減舊丁十之七，餘三分以為保丁，保丁多處
> 內地，又俟其益習武事，則當多蹋土丁之籍。恐邊備有闕，請如舊
> 制便。」奏可。〔註149〕

當時朝廷下令將廣東槍手、廣西土丁依義勇例，三丁抽一。然廣西宜、融、桂、邕、欽五州土丁，舊制已是成年以上全部籍為土丁，若改三丁抽一，實際

〔註147〕《長編》卷 259，熙寧八年正月己未，第 6324 頁。
〔註148〕《長編》卷 251，熙寧七年三月庚子，第 6108～6109 頁。
〔註149〕《長編》卷 254，熙寧七年六月癸巳，第 6216 頁。

上土丁人數將減少十分之七，故劉彝請求五州土丁仍依舊制。此外，《長編》
又記載：

> 知桂州劉彝言：「（交趾）廣源州劉紀帥鄉兵三千侵略邕州，歸化州
> 儂智會率其子進安逆戰有功。」詔給智會俸錢，授進安西頭供奉官，
> 仍令經略司選差使臣，募峒丁於進便處箚寨，以為聲援，日給口食。
> 如遇賊，每生擒一人、獲一首級，依見行賞格外，更支絹十四。初，
> 彝奏曰：「智會能斷絕交趾買夷馬路，為邕州藩障，劉紀患其隔絕買
> 馬路，故與之戰。」又曰：「智會亦不可保，使其兩相對，互有勝負，
> 皆朝廷之利。」〔註150〕

劉彝採取「以夷制夷」的策略，利用儂智會斷絕交趾買馬的通路，引起交趾廣
源州劉紀率領鄉兵攻擊邕州，與宋朝土司儂智會交戰。可見，劉彝步步進逼的
策略，斷絕交趾買馬的通道，引起了交趾的緊張。越南方面的史書《欽定越史
通鑑綱目》也說道：「（沈）起罷，劉彝代之，籍溪洞，治戈船，為侵伐計。又
嚴禁州縣，不通貿易。帝（李仁宗）致書于宋，彝輒抑之。」〔註151〕所謂「籍
溪洞」，即指前引劉彝主張宜、融、桂、邕、欽五州土丁依舊制全部籍為土丁
之事，而所謂「嚴禁州縣，不通貿易」，似指儂智會阻斷買馬道路之事，可見
交趾方面的指控，並非空穴來風。而交趾與宋朝的地方非正規部隊已經互相攻
戰，兩國的對立也日趨升高。

　　對立不斷升高的結果，熙寧八年（1075）十一月，交趾李仁宗「命李常傑
等大舉伐宋，陷欽、廉二州。」〔註152〕戰爭正式爆發。熙寧九年（1706）正
月庚辰，「交賊陷邕州，（知州）蘇緘死之。」〔註153〕

　　隨著交趾的大舉入寇，宋朝除了調兵遣將迎戰之外，也開始追究邊疆官員
「挑起邊釁」的責任。對於向交趾挑釁生事的沈起、劉彝，神宗下令「安南招
討司同石鑑、周沃體量沈起、劉彝妄生邊事，具實以聞。」實際上，神宗已先
定調：

> 沈起昨在廣西，妄傳密受朝廷意旨，經略討交州，又不俟詔，擅委邊
> 吏，招接恩、靖州儂善美，及於融、宜州溪峒強置營寨，虛奏言蠻眾

〔註150〕　《長編》卷263，熙寧八年閏四月乙未，第6425頁。
〔註151〕　潘清簡等纂修：《欽定越史通鑑綱目》（臺北：中央圖書館影印本，1969年）
　　　　　卷3，第35頁下。
〔註152〕　《欽定越史通鑑綱目》卷3，第35頁上。
〔註153〕　《長編》卷272，熙寧九年正月庚辰，第6664～6665頁。

同附。既興版築，果至叛擾，殺土丁、兵校、官吏以千數，今交賊犯
順，宜獠內侵，使一道生靈橫遭屠戮，職其致寇，罪悉在起，了無疑
者。……沈起可貸死，削奪在身官爵，送遠惡州軍編管。〔註154〕

神宗指責沈起「妄傳密受朝廷意旨」、「又不俟詔」，意在與沈起劃清界限，又
說沈起「職其致寇，罪悉在起，了無疑者」，點名沈起就是罪魁禍首。沈起於
是成了神宗棄車保帥的犧牲品。至於劉彝，中書、樞密院也主張比照沈起辦理：

劉彝亦相繼生事，請罷屯箚兵，致所招之人未堪使，並造戰船，止
絕交趾人賣買，不許與蘇緘相見商量邊事，及不為收接文字，令疑
懼為變。事恐不獨起，而亦有可疑者。〔註155〕

最後沈起責授檢校水部員外郎、郢州團練副使、本州安置、不得簽書公事；劉
彝責授檢校水部員外郎、均州團練副使、隨州安置。〔註156〕

　　熙寧八年交趾之役的起因，在於宋朝在變法尚未完成，內部黨爭問題嚴
重，南方軍備未足的情形之下，縱容邊臣沈起、劉彝等人對交趾採取強硬政策，
引起交趾的不安，遂導致交趾先發制人，起兵入寇。從這一點來說，宋朝外交
策略的失敗，宋神宗以及負責執行的沈起、劉彝要負相當大的責任。《宋史》
評論道：

論曰：兵，兇器也，雖聖人猶曰未學。輕敵寡謀，鮮有不自焚者。永
樂之陷，安南之畔，死者百萬，罹禍甚慘，良由數人者不自量度，以
開邊釁。……（沈）起執議益堅，妄意輕舉，雖貶官莫贖其責。（劉）
彝不能行所學，而規規然蹈前車之轍，以濟其過，烏得無罪？〔註157〕

《宋史》的評論一針見血，允為讜論。從宋朝對交趾的經略過程中，我們可以
看出宋神宗「剗與監司」、「諸公皆不與聞」，與邊臣商量軍事策略的模式，一
旦出了問題，則說邊臣「妄傳密受朝廷意旨」，這與治平四年种諤被指責「詐
傳聖旨」、「矯制擅興」如出一轍。只不過种諤攻佔了綏州，雖立功而受罰，日
後還有重新重用的機會。劉彝、沈起則闖下大禍，因此被貶官安置。

　　宋朝與交趾開戰之後，宋神宗派遣郭逵為統帥，率領北方大軍南下征討交

〔註154〕《長編》卷272，熙寧九年正月丙寅，第6657～6658頁。
〔註155〕《長編》卷272，熙寧九年正月丙寅，第6658頁。
〔註156〕《長編》卷273，熙寧九年二月庚寅，第6676頁。劉彝責授應為均州團練副
　　　　　使，《長編》做均州團練使，按團練使為高級武官之寄祿官，《長編》所記有
　　　　　誤。
〔註157〕《宋史》卷334〈劉彝〉，第10729～10730頁。

趾，宋朝大軍一度攻入交趾境內，但宋朝軍隊因為疫疾肆虐，死傷慘重，最後還是不得不草草罷兵收場。（詳見本書第四章第四節）

本章小結

在本書緒論之中，我們曾說到宋代的軍事決策可分為三個層級，最高為國家戰略層級，文武官員可以提出建議，但最後的決定權在皇帝。其次是戰區的軍事戰略層級，武將可以提出建議，但決定權在文官統帥，最下層的是「戰術」層級，才由武將負責。宋代「以文制武」的方式，便是將第一、第二個層級，掌握在皇帝與文官手中，使武將無法直接參與決策，只能擔任基層的執行者。

然而，种諤招降納叛，收復綏州；王韶獻〈平戎策〉成為北宋後期征討河湟地區的主要政策。可見北宋後期，武將以及「武將化」的文官（好言邊事的非典型文官）的影響力不僅提高到軍事戰略層面，甚至已經有左右朝廷決策與國家戰略的能力。北宋「以文制武」的國策，到了北宋後期已經鬆動，言邊事者影響力日漸增大。雖然王韶、种諤等人，對宋朝忠心耿耿，並無藩鎮割據的傾向，但武將以及「武將化」的文官勢力提高，甚至影響外交決策，對於強調「以文制武」的宋朝來說，卻是潛在的警訊。

為何會出現這樣的轉變？本人認為主要關鍵在於王韶、种諤好大喜功的建議正好符合宋神宗的喜好。种諤擅自招降納叛、攻取綏州是在治平四年神宗即位之後，神宗對种諤仍加重用。王韶上〈平戎策〉在熙寧元年，是王安石入朝執政之前，也立即獲得了神宗的採納。因此，打破宋朝「以文制武」的祖宗家法者，即是宋神宗。

宋史研究者的傳統觀點，強調宋朝是「以文制武」、「重文輕武」的時代，宋太祖「杯酒釋兵權」，可謂這種政策的代表。太祖、太宗時期，為了統一天下，仍不免重用武將為統帥，如曹彬、潘美等人，但真宗宋遼「澶淵之盟」之後，宋廷通常以文官擔任各路安撫使，並兼各路兵馬都部署，武將最高只能官至副都部署，以文制武的用意十分明顯。但北宋後期，這種政策似乎悄悄地轉變，在神宗有意經營西北的思維之下，主張西北拓邊的官員如种諤、王韶等人逐漸抬頭，對中央決策的影響力逐漸提高。這一經驗提醒我們，在探討歷史上的一種政策或觀念時，更要注意不同時期政策與觀念的變化。

隨著种諤、王韶受到重用，宋神宗「喜言邊事」的性格被許多官員所發現，

於是有更多的官員上奏治邊。如辰州人張翹、辰州知州劉策建議經略荊湖北路之南北江，荊湖南路轉運副使范子奇奏請經略荊湖南路的梅山蠻，沈起、劉彝建議經略交趾等。雖然南北江與梅山蠻的經營在章惇的努力之下獲得成功，但沈起、劉彝對交趾的經略卻引發了交趾的全面入侵，使得宋朝在北有遼夏威脅，西北又忙於經營熙河路之際，又在南方開闢了新的戰場。宋神宗在戰略上缺少優先順序，言邊之臣各自為政，因此造成了軍事行動「遍地開花」的情形，致使宋朝備多力分，無法在單一方向集中全力作戰。這是我們在談論宋神宗拓邊政策時，所應該注意的地方。

第四章　宋神宗的軍事改革

　　宋神宗即位後，為了征討西夏，一雪仁宗時期宋夏戰爭的恥辱，所以密遣種諤攻佔綏州，任用王韶經營熙河路，對西夏的左右兩翼形成包圍攻勢，宋夏關係也隨之緊張。然而，宋朝軍隊本身的缺點、弱點也亟待解決。因此，宋神宗時期，又推行了「將兵法」、「保甲法」等軍事改革措施，並設立「軍器監」，強化武器的製造與生產。

第一節　軍隊指揮體系的改革──將兵法

　　本書第二章提到，北宋禁軍編制的演變，除了建國初期三衙禁軍「廂都指揮使─軍都指揮使─指揮使─都頭／軍使」的編制外，戰爭時期又有「都部署司」編制，有「部署」、「副部署」、「鈐轄」、「都監」等差遣。北宋在外禁軍又分為「駐泊」、「屯駐」、「就糧」三類，各路駐泊都部署所轄，只有駐泊禁軍，路分部署、路分鈐轄（又稱駐泊鈐轄）、路分都監（又稱駐泊都監）即是各路都部署轄下的統兵官。至於各州的「屯駐」、「就糧」禁軍，則由各州的知州（兼州部署或州鈐轄）統率，其下的統兵官則為州都監（監押）、縣都監（監押）、鎮監押、寨監押等。這種分散部署、分散指揮的方式，導致仁宗宋夏戰爭時期，陝西各路安撫使（兼都部署）用兵捉襟見肘，「其實一大郡守耳。……調兵賦粟，莫之適從。」〔註1〕宋朝因此處於不利的一方。

　　為瞭解決上述的問題。宋神宗必須推行軍事改革。宋仁宗時，由於宋朝不斷擴軍，宋朝禁軍人數已及百萬。但從宋夏戰爭的經驗來看，宋軍的動員

〔註 1〕參見李昌憲：《宋代安撫使考》，第 51 頁。

能力卻十分低落，實際可投入作戰的兵力十分有限，這是宋神宗必須面對解決的問題。對於龐大而臃腫的禁軍人數，神宗加以裁減。據《宋史·兵志》記載：「熙寧之籍，天下禁軍凡五十六萬八千六百八十八人；元豐之籍，六十一萬二千二百四十三人。」〔註2〕其次，按蔡挺的建議，推行「將兵法」，把90%左右的禁軍都納於新設的各「將」之下。《宋史》卷188《兵志二·禁軍下》記載：

> 神宗即位，乃部分諸路將兵，總隸禁旅，使兵知有將，將練其士，平居知有訓屬而無番戍之勞，有事而後遣焉，庶不為無用矣。熙寧七年（1074），始詔總開封府畿、京東西、河北路兵分置將、副。由河北始，自第一將以下共十七將，在河北四路；自第十八將以下共七將，在府畿；自第二十五將以下共九將，在京東；自第三十四將以下共四將，在京西：凡三十有七。而鄜延、環慶、涇原、秦鳳、熙河又自列將焉。在鄜延者九，在涇原者十一，在環慶者八，在秦鳳者五，在熙河者九：凡四十有二。八年（1075），又詔增置馬軍十三指揮，分為京東、西兩路。又募教閱忠果十指揮，在京西，額各五百人，其六在唐、鄧，其四在蔡、汝。
>
> 元豐二年（1079），又增置土兵勇捷兩指揮於京西，額各四百人，唐州方城為右第十一，汝州襄城為左第十二。凡馬軍十三指揮，忠果及土軍共十二指揮。四年，又詔團結東南路諸軍亦如京畿之法，共十三將：自淮南始，東路為第一，西路為第二，兩浙西路為第三，東路為第四，江南東路為第五，西路為第六，荊湖北路為第七，南路潭州為第八，全、邵、永州應援廣西為第九，福建路為第十，廣南東路為第十一，西路桂州為第十二，邕州為第十三。
>
> 總天下為九十二將，而鄜延五路又有漢蕃弓箭手，亦各附諸將而分隸焉。凡諸路將各置副一人，東南兵三千人以下唯置單將；凡將副皆選內殿崇班以上、嘗歷戰陳、親民者充，且詔監司奏舉；又各以所將兵多寡，置部將、隊將、押隊、使臣各有差；又置訓練官次諸將佐；春秋都試，擇武力士，凡千人選十人，皆以名聞，而待旨解發，其願留鄉里者勿彊遣，此將兵之法也。〔註3〕

〔註2〕《宋史》卷187〈兵志一〉，第4579頁。
〔註3〕《宋史》卷188〈兵志二·禁軍下〉，第4627～4628頁。

我們一般對「將兵法」的認識，大概即根據這段文字而來，推行「將兵法」的目的，在於使「兵知其將，將練其士，平居知有訓厲而無番戍之勞，有事而後遣焉，庶不為無用矣」。亦即強調「將兵法」實施之後，加強了對兵士的訓練，使得宋朝軍隊的戰鬥力大幅提高。以往學者討論將兵法，也往往著重在兵將相習、加強兵士訓練的部分。然而將兵法的作用僅止於此嗎？本節將對將兵法做更進一步的探討，分析將兵法在加強兵士訓練之外的重要作用。

一、蔡挺與將兵法的設置

關於蔡挺的生平，《宋史‧蔡挺傳》記載：

> 蔡挺字子政，宋城人。第進士，調虔州推官。秩滿，以父希言當官蜀，乞代行，遂授陵州團練推官。王堯臣安撫陝西，辟管勾文字。富弼使遼，奏挺從，至雄州，誓書有所更易，遣挺還白。仁宗欲知契丹事，召對便殿，挺時有父喪，聽以衫帽入。范仲淹宣撫陝西、河東，奏挺通判涇州，徙鄜州。河北多盜，精擇諸郡守，以挺知博州。申飭屬縣嚴保伍，得居停姦盜者數人，弛其宿負，補為吏，使之察警，盜每發輒得。均博平、聊城二縣稅，歲衍鉅萬。三司下其法於四方，然大抵增賦也。
>
> 為開封府推官、提點府界公事。部修六漯河，用李仲昌議，塞北流，入於六漯。一夕復決，兵夫芟楗漂溺不可計。降知滁州，言者以為輕，乃貶秩停官。
>
> 越數歲，稍起知南安軍，提點江西刑獄，提舉虔州鹽。自大庾嶺下南至廣，驛路荒遠，室廬稀疏，往來無所詫。挺兄抗時為廣東轉運使，迺相與謀，課民植松夾道，以休行者。江、閩鹽賊率千百，為州縣害，挺諭所部與期，使首納器甲，原其罪，得兵械萬計。官鹽惡而價貴，盜鹽善而價且下，故私販日滋。挺簡僚吏至淮轉新鹽，明殿賞，以官數之餘畀之，於是賊黨破散，宿弊遂絕，歲增賣鹽四十萬。〔註4〕

從蔡挺的早期經歷中，我們可以看出蔡挺的才華與能力是多方面的。在對遼交涉時，「富弼使遼，奏挺從，至雄州，誓書有所更易，遣挺還白。仁宗欲知契丹事，召對便殿」，儼然是對契丹問題相當嫻熟的專家。在治理地方上，蔡挺

知博州時，在整頓治安方面，「申飭屬縣嚴保伍，得居停姦盜者數人，弛其宿負，補為吏，使之察警，盜每發輒得」，使得地方盜賊為之肅清；在理財方面，知博州時「均博平、聊城二縣稅，歲衍鉅萬」，提點江西刑獄時，「提舉虔州鹽」，「簡僚吏至淮轉新鹽，明殿賞，以官數之餘畀之，於是賊黨破散，宿弊遂絕，歲增賣鹽四十萬」，改革了鹽法的弊端，使得鹽賊之患得以弭平，並增加了地方政府的財政收入。《宋史》又載：

> 改陝西轉運副使，進直龍圖閣、知慶州，因上書論攻守大計。夏人大入，挺盡斂邊戶入保，戒諸砦無出戰。諒祚親帥軍數萬攻大順，挺料城堅不可破，而柔遠城惡，亟遣總管張玉將銳師守之。先布鐵蒺藜大順城旁水中，騎渡水多躓，驚言有神。過三日不克，諒祚督帳下決戰，挺伏強弩壕外，飛矢貫其鎧，遂引卻。移寇柔遠，玉夜斫營，夏人驚擾潰去。環州熟羌思順舉族投諒祚，倚為鄉導。挺宣言思順且復來，命葺其舊舍，出兵西為迎候之舉。諒祚果疑思順，毒之死。挺築城馬練平為荔原堡，分屬羌三千人守之。〔註5〕

在對抗西夏方面，蔡挺在擔任陝西轉運副使時，在大順城、柔遠城擋住了西夏國主諒祚的大舉進攻，並用反間計除掉了協助諒祚的熟羌首領思順。從上可見，蔡挺是在多方面都具有才能的多面型人才。

提出〈平戎策〉的王韶，也受過蔡挺的獎勵提攜。根據學者廖寅的研究，明朝萬曆年修的《湖廣總志》卷50〈王韶傳〉記載：

> 王韶字子純，羅田人。少舉神童科，嘉祐二年（1057）登章衡榜進士，調新安主簿、建昌軍司理參軍。時蔡樞密挺提點江西刑獄，一見知其必貴，顧待甚厚。數年，蔡知慶州，韶調官關中，遂謁蔡於慶陽，且言將應制科，欲知西事。蔡遂以前後士大夫之言，及邊事者皆示之，其間有向寶議熙（當為「洮」）河一說，韶悅之，以為可行。〔註6〕

廖寅指出：《湖廣總志》的記載與《宋史·王韶傳》有相當多的差異，其中關於王韶與蔡挺關係的記載，為《宋史·王韶傳》所無。《湖廣總志》指出王韶擔任建昌軍司理參軍時，蔡挺擔任江西提點刑獄，蔡挺「一見知其必貴，顧待甚厚」，可見兩人關係甚為密切。廖寅指出王韶擔任建昌軍司理參軍的時間應在嘉祐七

〔註5〕《宋史》卷328〈蔡挺傳〉，第10575～10576頁。

〔註6〕萬曆《湖廣總志》卷50〈王韶傳〉，明萬曆十九年刻本。轉引自廖寅：〈北宋軍事家王韶研究三題〉，2018年蘭州宋史年會會議論文。

年（1062）左右，蔡挺則在嘉祐七年二月升任江西提點刑獄，治平初轉任陝西轉運副使，兩人在江西的時間有交集，故關於兩人交往的記載是可以信任的。其後，治平三年（1066）王韶在建昌軍司理參軍任滿後，王韶是在參加制科考試之前調官關中，擔任耀州司戶參軍，順勢瞭解西事，同時又遇到了在陝西擔任慶州知州的蔡挺。廖寅指出：耀州與慶州同屬永興軍路，兩州相距 200 公里左右，作為門生，王韶當然應該前往拜謁蔡挺。蔡挺長期任職於西部邊疆，在王韶到訪之前，先後擔任過涇州通判、鄜州通判、陝西轉運副使、慶州知州等職，對西部邊事可以說是相當的熟悉。如果王韶想瞭解西部邊事，蔡挺無疑是最佳採訪對象。基於二人之間的特殊關係，蔡挺遂毫無保留地將「前後士大夫之言及邊事者皆示之」。當然，王韶採訪邊事同時也有應對制科考試的目的。可以肯定的是，王韶採訪邊事是在制科考試之前，而不是制科考試失敗之後。而且，王韶採訪邊事是因身處其境，順其自然，不是刻意遊陝採訪。〔註7〕

　　廖寅並指出，《湖廣總志》卷 50〈王韶傳〉中王韶與蔡挺交遊的記載，應出自魏泰《東軒筆錄》。《東軒筆錄》記載：

> 王觀文韶始為建昌軍司理參軍。時蔡樞密挺提點江西刑獄，一見知其必貴，顧待甚厚。數年，蔡知慶州，王調官關中，遂謁蔡於慶陽，且言將應制科，欲知西事本末。蔡遂以前後士大夫之言及邊事者皆示之，其間有向寶議洮河一說，韶悅之，以為可行。〔註8〕

　　根據《東軒筆錄》、《湖廣總志》的記載，王韶經營熙河的觀點，原出自向寶「議洮河一說」，《宋史‧向寶傳》記載：

> 向寶，鎮戎軍人，為御前忠佐，換禮賓使，涇原、秦鳳鈐轄。積勞，自皇城使帶御器械，歷真定、鄜延副總管，遷龍神衛四廂都指揮使、嘉州團練使，卒。寶善騎射，年十四，與敵戰，斬首二級。及壯，以勇聞。有虎踞五原卑邪州，東西百里斷人跡，寶一矢殪之。道過潼關，巨盜郭邈山多載關中金帛、子女，寶射走之，盡得其所掠。嘗至太原，梁適射弩再中的，授寶矢射之，四發三中。適曰：「今之飛將也。」神宗稱其勇，以比薛仁貴。及死，厚恤其家。〔註9〕

《宋史》對於向寶的記載非常簡略，完全沒有提到「議洮河一說」的內容，而

〔註7〕參見廖寅：〈北宋軍事家王韶研究三題〉，2018 年蘭州宋史年會會議論文。
〔註8〕魏泰：《東軒筆錄》（北京：中華書局，1983 年）卷 5，第 56 頁。
〔註9〕《宋史》卷 323〈向寶傳〉，第 10468 頁。

《宋史》對向寶的評價是：「安俊、向寶無多戰功，夏人皆識其名而畏之。」〔註 10〕亦即向寶雖然小有名氣，但沒有立過太大的戰功。身為一個基層文官（耀州司戶參軍）的王韶想要得知向寶對邊疆事務的觀點，其實並不容易。而王韶之所以能夠得知向寶的觀點，主要即是靠著蔡挺的推薦，蔡挺「前後士大夫之言及邊事者皆示之」，讓王韶得知向寶的「議洮河一說」，經王韶進一步完善理論之後，遂向神宗上奏〈平戎策〉。因此，王韶〈平戎策〉觀點的形成，蔡挺是有其功勞與貢獻的。〔註 11〕

王韶〈平戎策〉完成之後，是誰向神宗推薦了王韶的文章？劉成國引用朱熹《朱子語類》的記載：「神宗初即位，……已而擢用王介甫（王安石），首以用兵等說稱上旨，君臣相得甚懽。時建昌軍司戶王韶上〈平戎策〉，介甫力薦之。」〔註 12〕認為是王安石向神宗推薦了王韶的〈平戎策〉。按《宋史》卷 327〈王安石傳〉所記：「雱字元澤。……性敏甚，未冠，已著書數萬言。年十三，得秦卒言洮、河事，歎曰：『此可撫而有也。使西夏得之，則吾敵彊而邊患博矣。』其後王韶開熙河，安石力主其議，蓋兆於此。」〔註 13〕按《宋史》所述，王安石應該是在神宗看到王韶〈平戎策〉，並向王安石詢問看法後，王安石因為其子王雱也主張開邊，因此對王韶的言論「力薦之」，並不是直接向神宗推薦王韶〈平戎策〉的人。筆者推測，真正向神宗推薦王韶〈平戎策〉的人，可能還是熱心栽培王韶的蔡挺。

神宗即位後，蔡挺為涇原經略安撫使，在涇原路開始推行將兵法。《宋史・蔡挺傳》記載：

> 神宗即位，加天章閣待制、知渭州。舉籍禁兵悉還府，不使有隱占。建勤武堂，五日一訓之，偏伍鉦鼓之法甚備。儲勁卒於行間，遇用奇，則別為一隊。甲兵整習，常若寇至。又分義勇為伍番，番三千人，參正兵防秋與春，以八月、正月集，四十五日而罷，歲省粟帛、錢纗十三萬有奇。〔註 14〕

此處對涇原將兵法記載較為簡略，《東都事略・蔡挺傳》敘述更詳：蔡挺以「五伍為隊，五隊為陳（陣）」、「隊中人馬皆強弱相兼，強者立姓名，為奇兵，隱

〔註 10〕 《宋史》卷 323〈向寶傳〉，第 10469 頁。
〔註 11〕 參見廖寅：〈北宋軍事家王韶研究三題〉，2018 年蘭州宋史年會會議論文。
〔註 12〕 參見劉成國：《王安石年譜長編》，第 2 冊，第 832 頁。
〔註 13〕 《宋史》卷 327〈王安石傳附王雱傳〉，第 10551 頁。
〔註 14〕 《宋史》卷 328〈蔡挺傳〉，第 10576 頁。

於隊中，遇用奇，則別為隊出戰。」在陣之上設將，「涇原路內外凡七將，又涇、儀州左右策應將，每將皆馬、步軍各十陳（陣），分左右，各第一至第五，日閱一陳（陣）。」蔡挺打亂禁軍原有的編制，以 25 人為隊，125 人為陣，2500 人為將。〔註15〕除了禁軍之外，鄉兵義勇也納入「將」的編制：

> 涇、渭、儀、原四州義勇萬五千人，舊止戍守，經略使蔡挺始令遇
> 上番依諸軍結陣隊，分隸諸將，選藝精者遷補，給官馬、月廩、時
> 帛、郊賞，與正兵同，遂與正兵相參戰守。……以四州義勇分五番，
> 番三千人，防秋以八月十五上，十月罷。防春以正月十五上，三月
> 罷。〔註16〕

這是在春防（正月十五至三月）、秋防（八月十五至十月）之際，為加強戰備，調鄉兵義勇，納入「將」中，與禁軍共同協防。

　　其後熙寧五年（1072），蔡挺拜樞密副使，「帝問挺涇原訓兵之法，召部將按於崇政殿，善之，下以為諸郡法。」〔註17〕《宋史·兵志九》則記載：

> 五月，詔以涇原路蔡挺衛教陣隊於崇政殿引見，仍頒諸路。其法：
> 五伍為隊，五隊為陣，陣橫列，騎兵二隊亦五伍列之。其出皆以鼓
> 為節，束草象人而射焉，中者有賞。馬步皆前三行槍刀，後二行弓
> 弩，附隊以虎蹲弩、床子弩各一，射與擊刺迭出，皆聞金即退。預
> 籍人馬之疆者隱於隊中，遇可用，則別出為奇。帝以其點閱周悉，
> 常有出野之備，故令頒行。

「五伍為隊，五隊為陣」的作法仍與涇原將兵法相似，蔡挺更建議推廣將兵法，「乞置三十七將，皆行其策」。〔註18〕這 37 將設於河北、開封府界、京東、西路：

> 詔河東、秦鳳、永興等路都總管司見管軍馬別降指揮團併外，其開
> 封府界、河北、京東、西路置三十七將副，選嘗經戰陣大使臣專掌
> 訓練，河北四路為第一至十七，府界為第十八至二十四，京東為第
> 二十五至三十三，京西為第三十四至三十七。從蔡挺請也。〔註19〕

〔註15〕王稱：《東都事略》卷 82〈蔡挺傳〉，第 688 頁。參見王曾瑜：《宋朝軍制初探（增訂本）》，第 115 頁。
〔註16〕《長編》卷 213，熙寧三年七月丙申，第 5172 頁。
〔註17〕《宋史》卷 328〈蔡挺傳〉，第 10577 頁。
〔註18〕《宋史》卷 328〈蔡挺傳〉，第 10577 頁。
〔註19〕《長編》卷 256，熙寧七年九月癸丑，第 6257 頁。

其後陝西各路仿效，增設各「將」：

> 鄜延、環慶、涇原、秦鳳、熙河又自列將，其在鄜延者九，在涇原者
> 十一，在環慶者八，在秦鳳者五，在熙河者九，合為四十二。〔註20〕

總計於河北、開封府界、京東、西路與陝西各路，總共79將。

　　蔡挺對於宋神宗時期的軍事改革，扮演著相當重要的角色，在「將兵法」的設置與推行過程中，應居首功。然而，熙寧七年冬，蔡挺「奏事殿中，疾作而仆，帝親臨賜藥，罷為資政殿學士、判南京留司御史臺」。蔡挺突然得病，在上朝奏事時仆倒在地，因此只能抱病退休，擔任閒職。至元豐二年（1079）薨，年六十六。贈工部尚書，諡曰敏肅。〔註21〕蔡挺對經營西北與軍事改革皆有見識，他的去世對於宋神宗經營西北與軍事改革的鴻圖大志來說，是一個重大的損失。

　　將兵法實施後的首場戰爭，為征討交趾之役。熙寧八年（1075）年末交趾出兵攻佔宋朝欽、廉、邕各州，宋朝與交趾的戰爭因此爆發。熙寧九年（1076）初，神宗以郭逵為安南道行營馬步軍都總管，趙卨為副使，〔註22〕又抽調北方新設的諸「將」之兵，包括：秦鳳第三將張之諫、環慶第三將雷嗣文、鄜延副將呂真（番號不詳）、環慶第四將李孝孫、鄜延副將曲珍（番號不詳）、河北第二十將狄詳、京西第四副將管偉、河東第七副將王湝，以及其他「不係將禁兵」，如涇原路鈐轄姚兕、熙河路鈐轄李浩等，共編成為九將。據《長編》記載：「（姚）兕本傳：兕將中軍。（曲）珍本傳：珍為第一將。六月三日《實錄》乃以珍為左第二副將。」〔註23〕可見「九將之兵」應為配合戰爭需要，按照「置將法」的編制臨時編組而成，重新賦以「中軍將」、「左軍第一將」、「左軍第二將」、「右軍第一將」、「右軍第二將」、「前軍第一將」、「前軍第二將」、「後軍第一將」、「後軍第二將」等番號，〔註24〕以正將或副將為統兵官，成為宋朝南征的主力。

　　熙寧九年十二月，宋軍安南道行營攻入交趾境內，攻佔廣源州等地，但隨即因瘴癘疫疾，死傷慘重，於十二月底罷兵，接受交趾的求和。據中書、樞密院向神宗奏報的行營兵馬數：「兵四萬九千五百六人，馬四千六百九十四。除

〔註20〕馬端臨：《文獻通考》卷153〈兵考五〉，第4579頁。
〔註21〕《宋史》卷328〈蔡挺傳〉，第10577頁。
〔註22〕《長編》卷273，熙寧九年二月戊子，第6674頁。
〔註23〕《長編》卷272，熙寧九年正月庚午，第6659頁。
〔註24〕參見王曾瑜：《宋朝軍制初探（增訂本）》，第139頁。

病死及事故，見存二萬三千四百人，馬三千一百七十四匹。」〔註25〕此處所記兵士人數 49506 人，應為行營九將之人數，不含廣南當地的官兵，平均每將5500 人。而 49506 人中，在戰爭中因病死及事故減員 26106 人，剩 23400 人，死亡率為 52.7%，死亡率太高，戰爭無法持續，只能草草收場。

宋朝為了改善北軍南征不習水土的弱點，加速了「將兵法」在東南諸路的推行。元豐四年（1081）將「將兵法」推行於東南諸路，設置「東南十三將」：

> （元豐）四年，詔團結東南路諸軍，亦如畿京法，其十三將自淮南始，東路為第一，西路為第二，兩浙西路為第三，東路為第四，江南東路為第五，西路為第六，荊湖北路為第七，南路潭州為第八，全邵永州應援廣西為第九，福建路為第十，廣南東路為第十一，西路桂州為第十二，邕州為第十三，總天下為九十二將。〔註26〕

東南十三將中，全邵永州第九將、廣西桂州第十二將、廣西邕州第十三將明顯是為了防範交趾而設，加強了宋朝在南方的軍力，因此終宋之世，交趾不敢再為患中國。神宗以後，各路不斷增設諸「將」，王曾瑜教授指出，北宋各路至少設置了 151 將。〔註27〕

二、將兵的編制

關於「將」的編制，《宋史·兵志二》記載：

> 凡諸路將各置副一人，東南兵三千人以下唯置單將；凡將副皆選內殿崇班以上、嘗歷戰陳、親民者充，且詔監司奏舉；又各以所將兵多寡，置部將、隊將、押隊、使臣各有差；又置訓練官次諸將佐；春秋都試，擇武力士，凡千人選十人，皆以名聞，而待旨解發。〔註28〕

亦即各將的正副長官為正將、副將，其下有「部」，部的長官為「部將」，部下有「隊」，隊的長官為「隊將」、「押隊」等，又置「訓練官」負責兵士的訓練教閱。然而這種編制似乎在南宋才開始盛行。《宋會要輯稿·職官》記載：

> （淳熙八年）十一月二十六日，殿前副都指揮使郭（棣）言：「內外諸軍，遇有兵將官等窠闕，往往計囑關節，僥求陞差，孤寒久次之人，無從寸進，何以激厲？乞自今遇有統制、統領官闕，合從主帥

〔註25〕《長編》卷 280，熙寧十年二月丙午，第 6868～6869 頁。
〔註26〕馬端臨：《文獻通考》卷 153《兵考五》，第 4579～4580 頁。
〔註27〕王曾瑜：《宋朝軍制初探（增訂本）》，第 125 頁。
〔註28〕《宋史》卷 188〈兵志二〉，第 4628 頁。

> 銓量人材，保明陞差外，正將有闕，令統制、統領於副將內選擇。
> 副將有闕，令統制、統領、正將於準備將內選擇。準備將闕，令統
> 制、統領、正、副將於訓練官內選擇。訓練官闕，令統制、統領、
> 正、副、準備將於部、隊將內選擇。結罪保明，解赴主帥審察可否
> 施行。」〔註29〕

《宋會要輯稿・職官》又載：

> （淳熙九年）二月十四日，步軍司言：「照得諸軍部、隊將、押、
> 擁隊悉係一等職事，其馬軍部、隊將見於印紙內繫帶批書。唯步軍
> 押、擁隊止作準備使喚批書。乞將步軍司諸軍步軍押隊內有使臣名
> 目之人，應照殿前司體例，並從本司出給隊將差帖，批上印紙。」
> 從之。〔註30〕

可見南宋時是採取「將、部、隊」三級制，將的長官有正將、副將、準備將、
訓練將，各部的長官為部將，各隊的長官為隊將、押隊、擁隊。這種「將、部、
隊」三級制的編制與北宋前期的「廂、軍、指揮、都」編制，與行營都部署司
的「都部署、部署、鈐轄、都監」的架構完全不同。不過北宋時期將兵法實施
時是否已採用「將、部、隊」三級制？則史無明文。根據王曾瑜教授考證，北
宋後期「將」的編制，都是以不同番號的禁兵指揮混合編組而成的，由於各種
番號的禁兵軍俸等類各有差別，故不便取消或者打亂原有的番號，而且在某些
場合，仍用指揮為單位，調動兵力。〔註31〕王曾瑜教授並引用史料，例如呂惠
卿曾提議「分河東第九將嵐、石州馬、步軍八指揮，歲更赴石州葭蘆、吳保寨
防拓。」〔註32〕哲宗時，「府界第十一將下鄭州步軍三指揮，隸屬京西第十將
下；京西第七將下陽武縣步軍三指揮隸屬府界第七將下。」〔註33〕可見在北宋
後期，各將之下仍然維持著各「指揮」的基本編制。

關於各將的人數，約數千人至 1 萬人。如最初設置的 37 將，「二十萬
兵」〔註34〕，每將平均約 5405 人。熙寧八年環慶路設 4 將，「兵五萬二千六

〔註29〕《宋會要輯稿》，〈職官〉32 之 15，第 3820 頁。
〔註30〕《宋會要輯稿》，〈職官〉32 之 15，第 3820 頁。
〔註31〕王曾瑜：《宋朝軍制初探（增訂本）》，第 127 頁。
〔註32〕《長編》卷 348，元豐七年九月癸卯，第 8356 頁。參見王曾瑜：《宋朝軍制初
　　　探（增訂本）》，第 127 頁。
〔註33〕《長編》卷 364，元祐元年正月辛亥，第 8724～8725 頁。參見王曾瑜：《宋朝
　　　軍制初探（增訂本）》，第 127 頁。
〔註34〕《長編》卷 258，熙寧七年十二月辛卯，第 6305 頁。

十九」〔註35〕，平均每將 13017 人（但環慶路後改設 8 將，則平均為 6509
人）。元豐時，東南 13 將「諸將下兵五千人處置將、副，三千二百人處置單
將」〔註36〕。宋哲宗元祐時，環慶路「所部三將，漢蕃兵馬八千四百八十八
人」〔註37〕，平均每將 2829 人。元符時，河東「第九將以七千人，第十三
將以六千人為額。」〔註38〕

若以神宗時期每將平均約 6000 人計，92 將（河北、開封府界、京東、西
路與陝西各路 79 將，東南 13 將）估計有 55 萬 2000 人。前面提到宋神宗時元
豐年間禁軍人數約 61 萬人，則幾乎百分之 90 的禁軍都被納入「將」的編制之
中，如此「舊酒裝新瓶，換湯不換藥」，把同一批禁軍（以及鄉兵蕃兵）納入
新的「將」編制中，就能改頭換面、增加戰力嗎？在「將兵法」之中，收入各
「將」的軍隊，包括了原有的屯駐、駐泊、就糧禁軍，以涇原路為例，「屯、
泊、就糧上下番正兵、弓箭手、番兵分為五將」〔註39〕。可見不只是駐泊、屯
駐、就糧禁軍，甚至連鄉兵（弓箭手等）、蕃兵都納入了「將」的編制之中。
因此，將兵法最重要的意義，在於將各州士兵的指揮權，隸屬於各「將」的統
率之下；而各「將」則聽命於本路的安撫使，使得安撫使地位提高，軍事指揮
的事權得以專一。

三、將兵法的意義

將兵法最重要的意義，在於將各州士兵的指揮權，透過各「將」納於安撫使
（兼都總管）的指揮之下，使得戰時調動兵力不再捉襟見肘。《文獻通考》記載：

> 凡諸路安撫（使），逐州知州兼，以直秘閣以上充，掌總護諸「將」，
> 統制軍旅，察治姦宄以肅清一道，凡兵民之政皆掌焉。〔註40〕

安撫使（兼都總管）可以「總護諸將」，成為各「將」的上級指揮官。而原本
不隸屬於安撫使（兼都總管）的屯駐、就糧禁兵，也因編入各將之中，因而可
由安撫使指揮調度。雖然宋朝軍隊的實質戰力，未必得到提昇，但安撫使的權
力因此大增。羅球慶先生說道：神宗置「將」，打破分戍制度，將和兵打成一

〔註35〕《長編》卷 264，熙寧八年五月甲子，第 6457 頁。
〔註36〕《長編》卷 312，元豐四年四月丙子，第 7570 頁。
〔註37〕《長編》卷 479，元祐七年十二月壬申，第 11407 頁。
〔註38〕《長編》卷 514，元符二年八月辛卯，第 12225 頁。以上各將的數字，參見王
　　　　曾瑜：《宋朝軍制初探》，第 125～126 頁。
〔註39〕孫逢吉：《職官分紀》卷 35〈將官〉，第 663 頁。
〔註40〕馬端臨：《文獻通考》卷 61〈職官十五〉，第 1851 頁。

片,成為純粹地方性的軍隊,太祖時中央遣兵出戍的制度,一變而為有事由各地遣兵了。〔註41〕

繼熙寧交趾之役後,神宗時期第二次大規模用兵,為元豐四年(1081)的宋夏戰爭。元豐四年三月,西夏梁太后發動政變,軟禁了國主秉常,神宗決定趁機討伐西夏。當時宋朝大軍兵分五路(熙河李憲,鄜延种諤,環慶高遵裕,涇原劉昌祚,河東王中正)出兵伐夏,五路大軍亦由各「將」編組而成,見表4-1-1:

表 4-1-1:元豐伐夏行營軍人數及調動將兵表

行營各路	出征人數	當地將兵數	他路調來將兵	平均一將人數	資料來源
涇原路	正兵及漢蕃弓箭手共51060人	元豐二年分為11將		4642(共11將)	《長編》卷321,元豐四年十二月辛酉。第7741頁。
環慶路	慶州蕃漢步騎87000人	元豐二年為8將編制	元豐四年六月發開封府界、京東、西諸將軍馬往環慶路,有府界第七、九、十、十一,京東第六、七、八、九,京西第六將	5117(共17將)	《長編》卷313,元豐四年六月壬午,第7594頁。《長編》卷316,元豐四年九月丙午,第7651頁。
河東路	兵6萬人	元豐四年擴編為12將		5000(共12將)	《長編》卷316,元豐四年九月丙午,第7650頁。
鄜延路	鄜延兵54000人,畿內7將兵39000人	元豐元年分定9將	畿內7將	5813(共16將)	《長編》卷316,元豐四年九月丙午,第7651頁。
熙河路	不詳	元豐三年定熙河路戰守兵馬9將	秦鳳4將	不詳(共13將)	《長編》卷315,元豐四年八月己未,第7618頁。

資料來源:翁建道:《北宋出征行營之研究》,第117～118頁,部分文字數字有所修正。

根據上表,五路共動員69將(合本地與他路調來),如扣除每將留守人數,以每將平均出兵5000人計算,總兵力約達34萬5千人,已占元豐禁軍總

〔註41〕羅球慶:〈北宋兵制研究〉,《新亞學報》第3卷第1期(1957年8月),第245～246頁。

人數 61 萬人的一半以上，動員規模可謂空前。

另根據《宋史・夏國下》記載：

> （李）憲總七軍及董氈兵三萬，至新市城，遇夏人，戰敗之。王中
> 正出麟州，矯辭自言代皇帝親征，提兵六萬，才行數里，即奏已入
> 夏境，屯白草平九日不進。環慶經略使高遵裕將步騎八萬七千、涇
> 原總管劉昌祚將卒五萬出慶州，（种）諤將鄜延及畿內兵九萬三千出
> 綏德城。〔註42〕

熙河路李憲除羌人董氈出兵三萬人外，另有「七軍」，實際人數不詳，河東路
王中正出兵六萬人，環慶路高遵裕出兵八萬七千人，涇原路劉昌祚出兵五萬
人，鄜延路种諤出兵九萬三千人，總計三十二萬人（尚不計李憲的「七軍」）。
以上的統計結果與史料記載，結果大致符合，宋軍的規模大致為 32～34 萬人
左右。這種動員規模，不只在宋朝歷史上是空前的，在當時世界範圍內也十分
罕見。1071 年，即元豐四年宋夏戰爭之前十年，西亞的拜占庭帝國與賽爾柱
土耳其帝國之間的曼齊刻爾特戰役（Battle of Manzikert），賽爾柱土耳其帝國
動員二至三萬人，拜占庭帝國動員四到七萬人，結果拜占庭大敗，陣亡約二千
至八千人，皇帝羅曼諾斯四世（Romanos IV）被俘。這場戰爭震撼歐洲，但與
元豐四年宋夏戰爭相比，賽爾柱與拜占庭雙方動員兵力的總和，不過僅是宋朝
動員兵力的三分之一。

雖然宋朝擁有兵力上的絕對優勢，但戰爭的結果卻出人意料。西夏梁太后
採堅壁清野、誘敵深入之策，誘使宋軍圍靈州，而後梁太后決河灌宋軍，又遣
兵鈔絕餉道，導致宋軍大敗，鄜延种諤一路回到宋境者，約 3 萬人（原有 93000
人）；河東王中正一路士卒死亡也有 2 萬人；環慶高遵裕一路僅 13000 人逃脫
（原有 87000 人）；涇原路僅餘 13048 人（原有 51060 人）。〔註43〕

此次宋夏戰爭，宋朝組織了五路大軍近 34 萬人討伐西夏，一次動員如此
龐大的部隊，在北宋歷史上實屬罕見，雖然此役以宋軍大敗告終，但是宋軍經
由「將兵法」的改革所產生的強大的動員能力，還是值得我們重視的。

神宗「將兵法」的改革，把 90% 左右的禁軍（包括各路駐泊禁軍與各州的

〔註42〕《宋史》卷 486〈夏國下〉，第 14010 頁。
〔註43〕關於元豐四年宋夏靈州之役的過程，參見吳廣成著，龔世俊等校證：《西夏書
　　　　事校證》卷 25，第 284～291 頁。涇原路剩餘人數，參見《長編》卷 321，元
　　　　豐四年十二月辛酉，第 7741 頁。

屯駐、就糧禁軍）都納於新設的各「將」之下，這一作法雖未必能提昇宋軍的實際戰力，但卻增加了各路安撫使（兼都總管）指揮調度的權力。元豐宋夏戰爭，宋朝得以調動近 40 萬大軍征伐西夏，此一制度功不可沒。

北宋後期，經略安撫使不斷領兵出征，徽宗政和五年（1115），熙河經略使劉法、秦鳳經略使劉仲武伐西夏，劉法大破西夏於古骨龍，斬首 3000 級。〔註44〕陝西「种家軍」的种諤、种師中，因先後擔任經略安撫使，被稱為「老种經略相公」、「小种經略相公」。欽宗靖康元年（1126）金兵圍汴京，秦鳳路經略使种師中奉命率兵增援汴京，欽宗任命姚古為河北制置使，种師中為副使，命率軍北上收復太原、中山、河間諸鎮，最後种師中為金兵所敗，力戰而死。〔註45〕可見北宋後期安撫使地位大為提高，已非北宋中期「其實一大郡守耳」、「調兵賦粟，莫之適從」的情形了。南宋以後，安撫使多加「制置使」銜，成為一路的封疆大吏，地位僅次於宣撫使。按李心傳《建炎以來朝野雜記》的記載：

> 自休兵後，獨成都守臣帶四川安撫制置使，掌節制御前軍馬，官員升改、放散，類省試舉人，銓量郡守，舉辟邊州守貳，其權略視宣撫司，惟財計、茶馬不與。〔註46〕

我們可以這麼說，安撫使地位的提高，是由「將兵法」的實施開始的。

第二節　軍器監的設置與武學的提倡

一、軍器監的設置

仁宗時期由於宋夏戰爭的失敗，已開始陸續推動軍事改革措施。慶曆三年五月丁亥，「置武學」〔註47〕，「詔置武學于武成王廟，以阮逸為教授。八月，罷武學，以議者言『古名將如諸葛亮、羊祜、杜預等，豈專學孫、吳』故也。」〔註48〕當時的「議者」所言顯然大有問題，如果專學孫子、吳子尚有不足，應該是增加諸葛亮、羊祜、杜預等人的軍事思想與戰例，作為教材，為何竟將武學廢除？可見當時的士大夫，站在儒學本位，不願意兵家之學與儒

〔註44〕《宋史》卷 486〈夏國下〉，第 14020 頁。

〔註45〕《宋史》卷 335〈种世衡附种師中傳〉，第 10754～10755 頁。

〔註46〕李心傳：《建炎以來朝野雜記》（北京：中華書局，2000 年）甲集卷 11〈制置使〉，第 220 頁。

〔註47〕《宋史》卷 11〈仁宗紀三〉，第 216 頁。

〔註48〕《宋史》卷 165〈職官五·武學〉，第 3915 頁。

學並立，即使大敵當前，戰爭的失敗迫在眉睫，士大夫們也仍然沒有改變這種「獨尊儒術」的觀念。不過宋仁宗對於軍事還是十分重視，命丁度、曾公亮編集《武經總要》四十卷。《宋史·丁度傳》:「(丁度)奉詔領諸儒集《武經總要》四十卷。」〔註49〕

神宗即位後，致力於整軍經武、富國強兵，以雪恥復仇為志，對於軍事方面當然非常重視。在軍事武器製造上，設立了軍器監。「(熙寧六年)六月己亥，置軍器監。」〔註50〕關於軍器監的職掌，《宋史·職官志》記載:

> 國初，戎器之職領于三司胄案，官無專職。熙寧六年，廢胄案，乃按唐令置監，以從官總判。元豐正名，始置監、少監各一人，丞二人，主簿一人。監掌監督繕治兵器什物，以給軍國之用，少監為之貳，丞參領之。凡利器以法式授工徒，其弓矢、干戈、甲冑、劍戟戰守之具，因其能而分任之，量用給材，旬會其數以考程課，而輸于武庫，委遣官詣所隸檢察。凡用膠漆、筋革、材物必以時，課百工造作，勞逸必均，歲終閱其良否多寡之數，以詔賞罰。器成則進呈便殿，俟閱試而頒其樣式於諸道。即要會州建都作院分造器械，從本監比較而進退其官吏焉。〔註51〕

軍器監的長官，最初名為「判軍器監事」，元豐改制後稱為軍器監、少監。負責監督兵器製造，並且頒樣式於諸路，在地方上建立作院，軍器監還要負責考核作院生產的武器品質來決定作院官員的獎懲。原先兵器的製造，隸屬於三司胄案(不是樞密院)，由一個與軍事無直接關係的機構來監督監督武器製造，當然得不到好的效果，現在設立專責機構軍器監來負責其事。其用意良好，改革方向也算正確。

除了軍器監之外，由於神宗對軍器的喜好，在京師又創設了若干武器製造機構。〔註52〕包括:

(一)內弓箭庫、外庫、南庫

宋初已有「內弓箭庫」，在橫門外，掌御弓矢戎具及細鎧具裝槍旗刀劍斧鉞器械。以諸司使副、內侍四人勾當，別以三班內侍二人監門，領兵校及匠一

〔註49〕《宋史》卷262〈丁度傳〉，第9764頁。

〔註50〕《宋史》卷15〈神宗紀二〉，第284頁。

〔註51〕《宋史》卷165〈職官五·軍器監〉，第3920頁。

〔註52〕參見雷家聖:《宋代監當官體系之研究》(臺北:花木蘭文化出版社，2009年)，第79～82頁。

百三十一人。〔註53〕是負責掌管御用兵器的機構。神宗熙寧六年七月,下詔設置「內弓箭南庫」,儲御前所修製之軍器。〔註54〕隨後又設置了「內弓箭外庫」。〔註55〕至此內弓箭庫有內、外、南三庫。

(二)斬馬刀局

斬馬刀局於熙寧五年五月設置,負責製造「斬馬刀」。據《續資治通鑑長編》記載:

> 熙寧五年五月庚辰朔,御文德殿視朝。命供備庫副使陳珪管勾作坊造斬馬刀。初,上匣刀樣以示蔡挺,刀刃長三尺餘,鐔長尺餘,首為大環。挺言製作精巧,便於操擊,實戰陣之利器也。遂命內臣領工置局,造數萬,分賜邊臣。(註:斬馬刀局蓋始此。)〔註56〕

可見斬馬刀原由供備庫副使陳珪在東西作坊試造,由於製作精良,神宗特令別置一局,由內臣監領。斬馬刀的形制如圖:

圖 4-2-1　斬馬刀

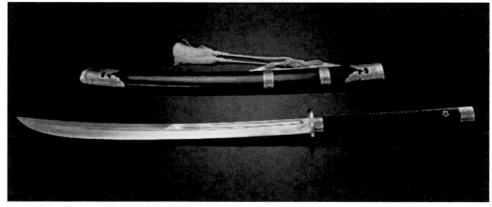

資料來源:https://mp.weixin.qq.com/s?__biz=MjM5MDUwNjIxMQ==&mid=26505
　　　　45544&idx=2&sn=5df2b9c8b96c1490b060b1c2545cd680

斬馬刀刃長三尺餘,鐔(刀柄)長尺餘,可見刀柄的比例較一般的刀為長,用於雙手持刀劈砍。當步兵與騎兵對戰時,步兵面對騎兵馬匹的衝擊力,單手持刀是無法完成擊殺動作的。因此需要雙手持刀,以雙手揮動的力道加上腰部扭轉的力量,用全身的力量進行揮擊,才能達到砍殺馬匹、斬斷馬腳的目的。

〔註53〕《宋會要輯稿》,〈食貨〉52之30,第7186頁。
〔註54〕《宋會要輯稿》,〈食貨〉52之31,第7187頁。
〔註55〕《長編》卷285,熙寧十年十一月辛亥,已見內弓箭外庫之名,第6987頁。
〔註56〕《長編》卷233,熙寧五年五月庚辰,第5645頁。

這種斬馬刀，是特別針對與西夏騎兵作戰而研發的，因此蔡挺也認為「製作精巧，便於操擊，實戰陣之利器也」。

不過，神宗雖然設立軍器監負責武器的製造，但軍器監地位甚低，在軍事領與沒有太大的發言權。《宋會要輯稿》記載：

> （熙寧）九年四月二日，殿前都指揮使郝質等言往軍器監與權判監劉奉世等會議軍器，上批：「殿前、馬、步軍三帥，朝廷待遇，禮繼二府，事體至重，寺監小官，豈可呼召，使赴期會？尊卑倒植，理勢不順，自今止令移文定議。」〔註57〕

神宗仍將軍器監視為「寺監小官」，不能與殿前、馬、步三帥分庭抗禮。

此外，擔任判軍器監的官員也往不是軍事專才，如安燾：

> （元豐四年五月）十七日，判軍器監、龍圖閣直學士、太中大夫安燾降授中大夫，坐與曾孝廉議事不協互論奏，大理推治，燾所奏不實也。〔註58〕

元豐四年正是宋夏大戰爆發的前夕，而當時的判軍器監事安燾，本身並無軍事方面的才能。其後哲宗時安燾擔任樞密副使時，向哲宗建議放棄湟州，「初，建青唐邈川為湟州，戍守困於供億。燾在樞府，因議者以為可棄，奏還之。」〔註59〕對拓邊的態度明顯消極。安燾本身並無軍事專才，又對軍事拓邊不感興趣，加上又與其他官員「議事不協」，因此在判軍器監事的工作上能有多少具體表現，令人質疑。

神宗雖然重視武器的製造，設立了軍器監，但並未為了製造武器而改變整個官僚體系的架構，軍器監只是「寺監小官」，連殿前、馬、步三帥的地位都遠遠不及，更遑論能向皇帝奏陳軍事武器方面的重大問題。且主其事者又多非專才，因此對於提升武器的製造水準、發明新武器等方面，成果十分有限。

此外，在神宗時期，民間人士對武器的發明改造甚多，如神臂弓：

> 神臂弓，蓋熙寧初百姓李宏造，中貴張若水以獻，其實弩也。以檗為身，檀為弰，鐵為鎗，鐙銅為機，麻索繫箚，絲為弦。上命於玉津園試之，射二百四十步有畸，入榆半幹。有司鋸榆，張呈。上曰：「此利器也。」詔依樣製造，至今用之。〔註60〕

〔註57〕《宋會要輯稿》，〈職官〉32之5，第3815頁。
〔註58〕《宋會要輯稿》，〈職官〉66之14，第4831頁。
〔註59〕《宋史》卷328〈安燾傳〉，第10568頁。
〔註60〕朱弁：《曲洧舊聞》卷9〈神臂弓〉，第209頁。

在神宗重視武器生產的影響下，民間人士投其所好，進呈各種新發明，促進了北宋時期武器科技的發展與進步。

二、火藥的使用

北宋的武器，除了刀槍弓矢等冷兵器之外，在軍事科技上最大的突破，就是大量將火藥運用於軍事戰爭之中。《武經總要》記載了許多當時北宋發明的火器。

北宋軍隊的火器，其主要使用方式為用「砲」投擲。所謂的「砲」，即今日所謂投石機，然所投者不只石塊，還包括了火藥，因此殺傷性更大。《武經總要》記載的砲，包括「炮車」、「單稍炮」、「雙稍炮」、「五稍炮」、「七稍炮」、「旋風炮」、「虎蹲炮」、「拄腹炮」、「獨腳旋風炮」、「旋風車炮」、「臥車炮」、「車行炮」、「旋風五炮」、「合炮」、「火炮」等多種（見圖 4-2-2）〔註61〕，投擲的「砲彈」，則有「蒺藜火毬」、「引火毬」、「鐵嘴火鷂」、「竹火鷂」等（見圖 4-2-3）〔註62〕。

所謂蒺藜火毬：「以三枝六首鐵刃，以藥藥團之。中貫麻繩長一丈二尺，外以紙並雜藥傅之。又施鐵蒺藜八枚，各有逆鬚，放時燒鐵錐烙透，令焰出。」將三枝六首鐵刃或鐵蒺藜用火藥包裹，使用時用燒紅的鐵錐刺入毬中，毬內火藥開始燃燒，此時拋射出去，待落至敵陣後，火藥爆炸，使三枝六首鐵刃或鐵蒺藜碎裂，向四面八方射出，以殺傷敵人。然而蒺藜火毬成本甚高，因此有「引火毬」，「以紙為毬，內實磚石屑，可重三五斤，熬黃蠟瀝青炭末為泥，周塗其物，貫以麻繩，凡將放火毬，只先放此毬，以準遠近。」也就是引火毬內放磚石屑，重量與蒺藜火毬相同，要使用蒺藜火毬之前先試射引火毬，測量遠近，距離準確後再使用蒺藜火毬。

又有「鐵嘴火鷂」，「木身鐵嘴，束稈草為尾，入火藥於尾內。」使用時點燃稈草尾，然後用砲射出，鐵嘴火鷂會落在敵陣中持續燃燒，方形鐵嘴容易掛在任何突出物上，加大燃燒效果。

又有「竹火鷂」，「編竹為疏眼籠，腹大口狹，形微修長，外糊紙數重，刷令黃色，入火藥一斤在內，加小卵石使其勢重。束稈草三五斤為尾，二物與毬同，若賊來攻城，皆以砲放之，燔賊積聚，及驚隊兵。」這是一種重型

〔註61〕 曾公亮、丁度：《武經總要》（文淵閣四庫全書第 726 冊，臺北：台灣商務印書館，1986 年）前集卷 12，第 414～423 頁。
〔註62〕 曾公亮、丁度：《武經總要》前集卷 12，第 427 頁。

燃燒彈。〔註63〕

　　還有一種「糞砲罐法」，「先以人清（人的糞便）塼槽內盛煉，擇靜曬乾打碎，用篩羅細盛在甕內。每人清一秤，用狼毒半斤、草烏半斤，巴豆半斤、皂角半斤、砒霜半斤、砒黃半斤、班貓四兩、石灰一斤、荏油半斤，入鑊內煎沸，入薄瓦罐，容一斤半，以草塞口。砲內放以擊攻城人，可以透鐵甲，中則成瘡潰爛，放毒者仍以烏梅、甘草置口中，已辟其毒。」〔註64〕這是一種生物戰（利用糞便中的細菌）或化學戰（狼毒砒霜之類）的砲彈，會使敵人皮膚「成瘡潰爛」。

　　除了用炮施放者外，也有守城用的火藥。如「霹靂火毬」，「用乾竹兩三節，徑一寸半，無罅裂者，存節勿透。用薄瓷如鐵錢三十片，和火藥三四斤，裹竹為毬，兩頭留竹寸許，毬外加傅藥。若賊穿地道攻城，我則穴地迎之，用火錐烙毬開，聲如霹靂然，以竹扇簸其煙焰，以熏灼敵人。」（如圖4-2-4）〔註65〕這是一種震撼彈兼煙霧彈，將此毬從洞口擲入敵人的地道中，會產生巨大的爆炸聲與煙霧，達到震撼敵人、驅趕敵人的目的。

　　北宋雖然火器眾多，但是所謂的「砲」仍為投石機，並非現代的長管型火砲。《武經總要》文淵閣四庫全書本中有「行砲車」、「軒車砲」，形制為長管型火炮，但此二圖不合《武經總要》體例，《武經總要》在圖之後必有說明文字，唯此「行砲車」、「軒車砲」之後無任何說明，筆者懷疑此二圖為明人將明代火炮摻入《武經總要》之中，使用時應謹慎。

　　北宋有如此種類豐富的火器，在戰場上為何不能克敵制勝。這可能與運輸技術有關。沈括《夢溪筆談》記載：

> 凡師行，因糧於敵最為急務，運糧不但多費，而勢難行遠。予嘗計
> 之，人負米六斗，卒自攜五日乾糧，人餉一卒，一去可十八日。若
> 計復回，只可進九日。二人餉一卒，一去可二十六日，若計復回，
> 只可進十三日。三人餉一卒，一去可三十一日，計復回只可進十六
> 日。三人餉一卒，極矣。若興師十萬，輜重三之一，止得駐戰之卒
> 七萬人，已用三十萬人運糧，此外難復加矣。〔註66〕

〔註63〕曾公亮、丁度：《武經總要》前集卷12，第427頁。
〔註64〕曾公亮、丁度：《武經總要》前集卷12，第424頁。
〔註65〕曾公亮、丁度：《武經總要》前集卷12，第428～429頁。
〔註66〕沈括：《夢溪筆談》（北京：中華書局，2015年）卷11，第114～115頁。

按沈括的計算，動員十萬軍人需要三十萬民夫運糧。元豐四年宋夏戰爭，宋朝動員兵力三十萬人以上，需要的民夫超過百萬，如此龐大的人力需求給宋朝帶來沉重壓力。而運送火藥火炮等裝備，又需要更專業的人力與制度化的管理，若管理不當，運到前線後缺少某些部件，將使整座火炮形同報廢。而這龐大又細密的管理體系，在當時宋朝似乎是難以做到的。下面的元豐四年宋夏戰爭，我們將看到兵力龐大而高科技的宋朝大軍會面臨何種困難。

圖 4-2-2　宋代砲車：旋風車砲、臥車砲

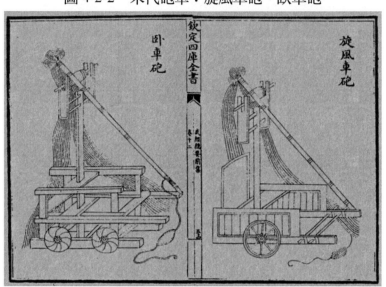

圖 4-2-3　蒺藜火毬、引火毬、鐵嘴火鷂、竹火鷂

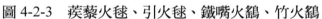

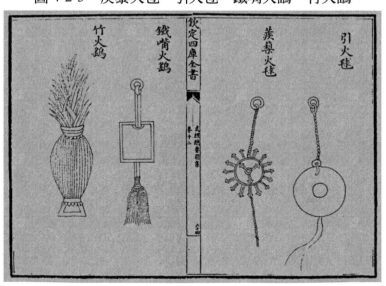

圖 4-2-4　霹靂火毬

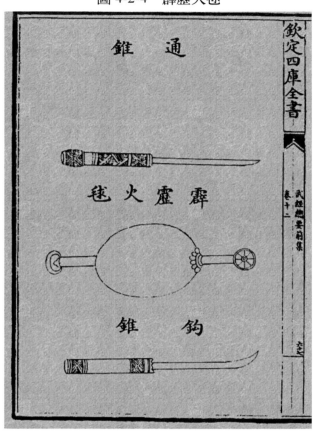

圖 4-2-5　行砲車、軒車砲（非宋朝之物）

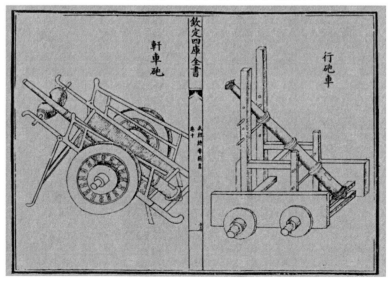

三、武舉與武學

宋神宗除了設置軍器監之外，又恢復了「武學」。按宋朝本有「武舉」：

> （天聖七年，1029），因唐之制，置武舉。應三班院使臣、文武子弟
> 實有軍謀武藝，許詣兵部投牒取應。先報軍機策論三卷，每卷三道，
> 召人保委。主判官先詳所業，視人才，驗行止，先試步射一石弓力、
> 馬射七斗弓力。問策一道，合格，即引見召試。〔註67〕

參加武舉的資格為三班使臣或文武官員子弟，考試時先向軍機申報策論三卷，每卷三題，等於是書面考試，然後由主判官「詳所業，視人才，驗行止」，進行身家背景調查，再參加考試。考試內容為步射、騎射，以及問策一道。這種武舉考試通常以步射、騎射為主，策論只是形式，因此選拔出來的，通常是優秀的「戰士」，但卻未必是合格的「將帥」。

熙寧元年十一月十八日，神宗在〈南郊赦〉中說道：

> 昨復武科，特新選法。如聞三路頗有遺材，應河北、河東、陝西臣
> 僚，今後當舉奏武舉人者，路分都總管、副都總管各委舉三人，轉
> 運使副、提點刑獄、路分鈐轄、勾管路分軍馬各三人，餘依舊制。
> 仍須是本路土著，不得以遊士寄貫人冒充數。〔註68〕

對河北、河東、陝西三路加以放寬，路分都總管、副都總管、轉運使副、提點刑獄、路分鈐轄、勾管路分軍馬皆可以推薦三人，此三路的平民百姓也有機會參加武舉，其他各路則照舊。考試的內容方面：

> （元豐）四年正月十二日，中書禮房請令進士試本經、《論語》、《孟
> 子》，大義論策之外，加律義一道，省試二道。武舉止試孫吳大義及
> 策。從之。〔註69〕

武舉的考試從考策論改為考《孫子》、《吳子》大義，較之策問的天馬行空，更為符合實際。

而在武舉之外，神宗又設置武學，將仁宗時曇花一現的武學重新恢復：

> 熙寧五年，樞密院言：「古者出師，受成於學，文武弛張，其道一
> 也，乞復置武學。」詔于武成王廟置學。元豐官制行，改教授為博
> 士。〔註70〕

〔註67〕《宋會要輯稿》，〈崇儒〉3之28，第2803頁。
〔註68〕《宋會要輯稿》，〈選舉〉17之11～12，第5590頁。
〔註69〕《宋會要輯稿》，〈選舉〉3之47，第5310頁。
〔註70〕《宋史》卷165〈職官五・武學〉，第3915頁。

《宋會要輯稿》敘述更詳：

> 熙寧五年七月二十七日，樞密院言：「古者出師，受成於學，文武弛
> 張，其道一也。將帥之任，民命是司，長養其材，安得無素？洪惟
> 仁祖，嘗建武學。橫議中輟，有識悼之。國家承平，及此閒暇，臣
> 等欲乞復置武學，以廣教育，以追成先朝之志。」詔：「於武成王廟
> 置學，選文武官知兵者充教授。凡使臣未參班，并門蔭草澤人，并
> 許召京朝官兩員保任。仍先試驗人材、弓馬，應武舉格者，方許入
> 學，給常膳，習諸家兵法。教授官纂次歷代用兵成敗次第及前世士
> 大夫忠義之節足以訓者講釋之。願試陣隊者，量給兵伍肄習。在學
> 及三年，則具藝業，保明考試，以等第班行安排。未及格者，逾年
> 再試。凡試中，三班使臣與三路巡檢、監押寨主。白身試中，與經
> 略司教押軍隊準備差使。三年無遺闕，與親民或巡檢。如至大使臣，
> 歷任中無贓罪杖以上及私罪情理重大者，兩省或本路鈐轄以上三人
> 同罪保舉堪將領者，並與兼諸衛將軍，外任迴歸環衛班。學徒試中，
> 並家狀內開坐於某人下受學來。任用有勞効，教授官並優與旌獎。
> 如不勤其職，致學徒廢墮，亦等第行罰。仍差韓縝判武學，郭固同
> 判。賜錢萬緡充食本。」〔註71〕

進入武學的資格為未參班（沒有差遣）的三班使臣、以及「門蔭草澤人」（父
祖曾任官而現為普通百姓），一般百姓還是沒有機會，入學需要京朝官兩人推
薦，比武舉（由路分都總管、副都總管、轉運使副、提點刑獄、路分鈐轄、勾
管路分軍馬等推薦）的標準要低得多，考試的內容和武舉類似，「應武舉格者，
方許入學」。入學後學習三年，參加考試，合格者原三班使臣可以給予三路巡
檢、監押、寨主等差遣，成為下級的統兵官；原為平民者「與經略司教押軍隊
準備差使。三年無遺闕，與親民或巡檢」，先到部隊實習三年，然後才會給予
巡檢等統兵官的資格。至於考試未及格者，明年再試。如果寄祿官為大使臣（三
班使臣的最高兩級），則可以加環衛將軍的頭銜，入「環衛班」（高級班）學習，
做為未來將帥的準備人才。

當時的武學制度是仿效「太學三舍法」：

> 元豐元年四月二十五日，詔：「經任大小使臣無贓私罪，聽召保官二
> 人量試驗，充武學外舍生，以三十人為額。累試合格，乃得補內舍。」

〔註71〕《宋會要輯稿》，〈崇儒〉3之29，第2803～2804頁。

> 六月十一日，詔：「武學上舍生在學一年，不犯第二等過，委主判同
> 學官保明免解，從上冊過二人。內於貢舉法自應免解，及該免解後
> 又在學二年以上，無殿罰，免閣試。」〔註72〕

武學上舍生成績優異者（前兩名），可以取得免解試、免閣試的資格，也就是說，一般武學學生畢業後也可以參加武舉，需要通過解試、閣試等考試，以取得進一步升遷的機會。

此外，已經參加過武舉的武進士，擔任三班使臣後，也可以進入武學就讀。例如：

> 熙寧八年十月十三日，武學言：「上舍生員曹安國昨不預薦名，契勘
> 本人未建學已應武舉，兩試祕閣中選，兼久充職掌，委實材略可用。
> 欲乞將來依得解人例，赴祕閣再試。」從之。〔註73〕

曹安國本身已參加過武舉，並且實際任職（久充職掌），成績雖好但「不預薦名」，沒有得到免解試的機會，所以武學為他奏請由祕閣再加考核。

元豐三年（1080）四月，神宗命國子監司業朱服等人校訂「武經七書」，「詔校訂《孫子》、《吳子》、《六韜》、《司馬法》、《三略》、《尉繚子》、《李靖問對》等書，鏤版行之。」〔註74〕將武學教材整理得更為完備。元豐三年「六月十八日，武學上新勑令格式，詔行之。」〔註75〕學者王軍營指出：北宋中後期，兵學迎來興盛局面。在宋廷大力倡行下，朝野士大夫積極研究軍事理論，推動了兵學的發展。北宋中後期的兵學理論明顯地體現出一些特徵，如普遍重視選任將帥、重視兵機謀略、重視熟悉敵我實情、重視陣法陣圖等。〔註76〕

不過，武學也受到官場不良作風的影響。例如：

> 熙寧五年十月二十一日，武學言：試密州司法參軍蔡碩邊策一道，
> 詞理稍優。詔除初等職官、武學教授。〔註77〕

按蔡碩為蔡確之弟。蔡確為新黨官員，列名《宋史姦臣傳》：「王安石薦確，徙為三班主簿。用鄧綰薦，為監察御史裏行。王韶開熙河，多貸公錢，秦帥郭逵

〔註72〕《宋會要輯稿》，〈崇儒〉3之30，第2804頁。
〔註73〕《宋會要輯稿》，〈崇儒〉3之30，第2804頁。
〔註74〕《長編》卷三〇三，元豐三年四月乙未，第7375頁。
〔註75〕《宋會要輯稿》，〈崇儒〉3之30，第2804頁。
〔註76〕王軍營：〈北宋中後期兵學發展特徵論略〉，《西北大學學報（哲社版）》2019年第1期，第172～180頁。
〔註77〕《宋會要輯稿》，〈崇儒〉3之29，第2804頁。

劾其罪,詔使杜純鞫治得實。安石卹其牘,更遣確,確希意直詔,達、純獲譴。確善觀人主意,與時上下,知神宗已厭安石,因安石乘馬入宣德門與衛士競,即疏其過以賣直。加直集賢院,遷御史知雜事。」〔註78〕蔡確在熙寧年間擔任御史之職,不但彈劾了秦鳳安撫使郭逵,甚至彈劾了當朝宰相王安石這樣的高官,可謂權勢薰天。因此其弟蔡碩被拔擢為武學教授,不能說不受蔡確的影響。而蔡碩本身又兼管軍器監軍器什物法度的規劃工作,很少待在武學:

> (元豐)六年四月二十七日,詔武學博士蔡碩罷博士,專編修軍器
> 什物法度,仍支舊任職錢。先是,監察御史王桓奏:「近武學補上、
> 內舍生,其博士蔡碩以修軍器法制權罷職事。乞權差官攷試。按碩
> 自元豐四年以兼編修,除本學直日外。餘悉不復總領,已一年有餘。
> 且博士職專教導,而碩一月之間,詣學者不過七八。碩知力不能兼,
> 當辭其一,而乃利其俸入,不自祈免者,蓋恃兄確為宰相,而人莫
> 敢議故也。如此,何以示天下?」故有是命。〔註79〕

蔡碩一個月只待在武學七、八天,無法專心教導學生,本應辭去武學教職,專心在軍器監工作。但因捨不得武學較高的津貼,且其兄蔡確為宰相,無人敢議論。至王桓上奏,神宗才免去蔡碩武學博士之職,使其專任編修軍器什物法度之事,但「仍支舊任職錢」,照舊領取武學博士的津貼。

神宗設立武學,用意良善,但武學官員仍不免受到官場文化的侵蝕。且武舉、武學選拔的人才,也要從基層三班使臣開始歷練起,要讓武學發揮具體作用,非一朝一夕可成。

第三節 保甲法的推行

一、王安石變法前的兵農合一論與鄉兵制度

中國自古以來,即有兵農合一的理論,《國語·周語上》記載:「三時務農,而一時講武,故征則有威,守則有財。」即是要求百姓在農閒時進行軍事訓練,以備戰爭的需要。漢代以後的儒家士大夫,強調以復古為理想,也以兵農合一為典範;唐代府兵制更是宋代學者經常引為典據的例證。關於唐代府兵制,據《新唐書·兵志》記載:

〔註78〕 《宋史》卷471〈姦臣一·蔡確〉,第13698頁。
〔註79〕 《宋會要輯稿》,〈崇儒〉3之30,第2804頁。

府兵之制，起自西魏、後周，而備於隋，唐興因之。隋制十二衛，曰翊衛，曰驍騎衛，曰武衛，曰屯衛，曰禦衛，曰候衛，為左右，皆有將軍以分統諸府之兵。府有郎將、副郎將、坊主、團主，以相統治。又有驃騎、車騎二府，皆有將軍。後更驃騎曰鷹揚郎將，車騎曰副郎將。別置折衝、果毅。

自高祖初起，開大將軍府，以建成（太子李建成）為左領大都督，領左三軍，燉煌公為右領大都督，領右三軍，元吉（齊王李元吉）統中軍。發自太原，有兵三萬人。及諸起義以相屬與降羣盜，得兵二十萬。武德初，始置軍府，以驃騎、車騎兩將軍府領之。析關中為十二道，曰：萬年道、長安道、富平道、醴泉道、同州道、華州道、寧州道、岐州道、豳州道、西麟州道、涇州道、宜州道，皆置府。三年，更以萬年道為參旗軍，長安道為鼓旗軍，富平道為玄戈軍，醴泉道為井鉞軍，同州道為羽林軍，華州道為騎官軍，寧州道為折威軍，岐州道為平道軍，豳州道為招搖軍，西麟州道為苑遊軍，涇州道為天紀軍，宜州道為天節軍；軍置將、副各一人，以督耕戰，以車騎府統之。六年，以天下既定，遂廢十二軍，改驃騎曰統軍，車騎曰別將。居歲餘，十二軍復，而軍置將軍一人，軍有坊，置主一人，以檢察戶口，勸課農桑。

太宗貞觀十年，更號統軍為折衝都尉，別將為果毅都尉，諸府總曰折衝府。凡天下十道，置府六百三十四，皆有名號，而關內二百六十有一，皆以隸諸衛。凡府三等：兵千二百人為上，千人為中，八百人為下。府置折衝都尉一人，左右果毅都尉各一人，長史、兵曹、別將各一人，校尉六人。士以三百人為團，團有校尉；五十人為隊，隊有正；十人為火，火有長。火備六馱馬。凡火具烏布幕、鐵馬盂、布槽、鍤、钁、鑿、碓、筐、斧、鉗、鋸皆一，甲牀二，鎌二。隊具火鑽一，胸馬繩一，首羈、足絆皆三。人具弓一，矢三十，胡祿、橫刀、礪石、大觿、氈帽、氈裝、行縢皆一，麥飯九斗，米二斗，皆自備，并其介冑、戎具藏於庫。有所征行，則視其入而出給之。其番上宿衛者，惟給弓矢、橫刀而已。

凡民年二十為兵，六十而免。其能騎而射者為越騎，其餘為步兵、武騎、排穳手、步射。

每歲季冬，折衝都尉率五校兵馬之在府者，置左右二校尉，位相距百步。每校為步隊十，騎隊一，皆卷矟幡，展刃旗，散立以俟。角手吹大角一通，諸校皆斂人騎為隊；二通，偃旗矟，解幡；三通，旗矟舉。左右校擊鼓，二校之人合譟而進。右校擊鉦，隊少卻，左校進逐至右校立所；左校擊鉦，少卻，右校進逐至左校立所；右校復擊鉦，隊還，左校復薄戰；皆擊鉦，隊各還。大角復鳴一通，皆卷幡、攝矢、弛弓、匣刃；二通，旗矟舉，隊皆進；三通，左右校皆引還。是日也，因縱獵，獲各入其人。

其隸於衛也，左、右衛皆領六十府，諸衛領五十至四十，其餘以隸東宮六率。

凡發府兵，皆下符契，州刺史與折衝勘契乃發。若全府發，則折衝都尉以下皆行；不盡，則果毅行；少則別將行。當給馬者，官予其直市之，每匹予錢二萬五千。刺史、折衝、果毅歲閱不任戰事者罷之，以其錢更市，不足則一府共足之。

凡當宿衛者番上，兵部以遠近給番，五百里為五番，千里七番，一千五百里八番，二千里十番，外為十二番，皆一月上。若簡留直衛者，五百里為七番，千里八番，二千里十番，外為十二番，亦月上。〔註80〕

歐陽修記載的唐代府兵制度，認為府兵起源於西魏，唐太宗時更名為折衝府，其制度是以民為兵，「年二十為兵，六十而免」，平時訓練時士兵的糧食武器「皆自備」，府兵還有「番上」的任務，負責宿衛京師，「五百里五番」即五百里內的府兵分為五班，每月輪一班，服役一個月左右（皆一月上）；「（兩千里）外為十二番」即兩千里外的府兵分為十二班，每月輪一班，一年輪值一次。歐陽修對府兵制稱讚備至：「唐立府兵之制，頗有足稱焉。蓋古者兵法起於井田，自周衰，王制壞而不復；至於府兵，始一寓之於農，其居處、教養、畜材、待事、動作、休息，皆有節目，雖不能盡合古法，蓋得其大意焉，此高祖、太宗之所以盛也。至其後世，子孫驕弱，不能謹守，屢變其制。夫置兵所以止亂，及其弊也，適足為亂，又其甚也，至困天下以養亂，而遂至於亡焉。」〔註81〕認為唐代因府兵制的實行而強盛，又因府兵制的破壞而衰弱。

到了宋朝，由於募兵花費甚多，對國家財政造成了沉重的負擔，尤其募兵

〔註80〕《新唐書》卷50〈兵志〉，第1324～1326頁。
〔註81〕《新唐書》卷50〈兵志〉，第1323頁。

制度下的宋朝在對遼、對夏戰爭中敗多勝少，表現不佳，更引起宋代士大夫們對兵制改革的關注。然而，這些文人士大夫往往「紙上談兵」，一味地將「三時務農，一時講武」的觀點與唐朝府兵制的成功視作金科玉律的典範。例如張方平在〈武備論〉中主張：

> 臣聞《周典》因井田而立軍賦，稽民數而起兵役，約比、閭、族、黨、州、鄉之法，為伍、兩、卒、旅、軍、師之制。乘馬器甲，皆隨而具，蒐苗獮狩，因訓練之。辨其鼓、鐸、鐲、鐃、旗物、號名之用，教其坐、作、進、退、疾、徐、疏、數之節，示以號令之信，習以陣列之容，故其民趨耕則為農，起戰則為兵，居處同樂，死生同憂，服容相別，音聲相辨，自三代至於隋唐，兵農之業未離也。隋則諸衛領乎鄉團，唐則諸府備乎衛士。
>
> 初，文皇貞觀中，因躡隋制，內為十二衛將軍之號，外立折衝府都尉之名，其府兵分置於畿甸及諸州，而名隸諸衛。天下衛士向六十萬人，成丁入籍，六十出役，每歲十一月以衛士帳上於兵部，以備調發。後天下承平漸久，武事不修，天寶中，府兵無復存者，遂停折衝府，立武士帳，而兵農始判矣。郡國無備，索然虛邑，及盜起范陽，併河朔，獵留、鄭，衝鞏、洛，突函、潼，如踐無人之境焉。〔註82〕

張方平認為自三代而下，逮於唐，兵農一本。直到唐玄宗「天寶中，廢折衝府，立武士帳，而兵農始判」，一旦沒有了兵農合一的府兵制，安史之亂一爆發，唐朝便無法平亂，將府兵之存廢視為唐朝盛衰的關鍵。張方平又認為宋太祖時期在河東三晉地區的「鄉軍」也值得效法，張方平說道：

> 我太祖之北征也，亦嘗制為鄉軍之法，獨取乎三晉之民，而得十萬之眾。是時北鄙繹騷，國兵再衄，義軍奮拒，號為強銳。夫界邊之郡，民多習鬥，結曹分伍，挽強拔距，裹糧淬刃，惟敵是求。習其川原，識其形勢，以戰則力，以守則固，不食廩粟，不衣藏帛，不邀上賞，不利寵名，郡縣相維，聚落相護，鄰里相任，刑罰相及，故民兵之與營卒，利害嘗百倍也。〔註83〕

因此張方平向朝廷建議：

> 伏願遠採周唐之法，近考太祖之制，謹修民政，寓行軍令。若夫十

〔註82〕張方平：《樂全集》卷13〈武備論·民兵〉，第104～105頁。
〔註83〕張方平：《樂全集》卷13〈武備論·民兵〉，第105～106頁。

鄉之縣，鄉之戶千，為戶一萬，老者、疾者、鰥寡孤獨、困窮無告者去其半，存者為戶五千，貴者、賢者、能者、服公事者去其半，餘得一師。五縣之州為一軍，諸郡縣之大小，視其民之衆寡，設為團隊，理如軍法，歲終農事之隙，縣大夫親誓其衆，頒官府之鼓鐸、旗物、兵器，教習其坐、作、騶趨、擊刺之法，州長巡行部縣，察其精慢而誅賞之。農事既修，命歸鼓鐸、旗物、兵器於官府，各使執事于田，如此則兵農之勢再合，營聚之軍可省，國用必積，民力必寬。〔註84〕

張方平認為這種民兵可以不花費國家的軍費，所以「營聚之軍可省，國用必積」，至於百姓來充當民兵，是否仍要繳稅服役？是否真的「民力必寬」？張方平並沒有仔細說明。所以此文純屬理論，並未在可行性上作深入的討論。

慶曆變法的推動者范仲淹，在著名的〈答手詔條陳十事〉（即〈十事疏〉）中，提出了「明黜陟、抑僥倖、精貢舉、擇官長、均公田、厚農桑、修武備、減徭役、覃恩信、重命令」等十件應興應革的建議，其中「修武備」一事，說道：

七曰修武備，臣聞古者天子六軍，以寧邦國。唐初，京師置十六將軍官屬，亦六軍之義也。諸道則開折衝果毅府五百七十四，以儲兵伍。每歲三時耕稼，一時習武。自貞觀至於開元百三十年，戎臣兵伍，無一逆亂。至開元末，聽匪人之言，遂罷府兵，唐衰，兵伍皆市井之徒，無禮義之教，無忠信之心，驕蹇凶逆，至於喪亡。我祖宗以來，罷諸侯權，聚兵京師，衣糧賞賜豐足，經八十年矣。雖已困生靈、虛府庫，而難於改作者，所以重京師也。今西北強梗，邊備未足，京師衛兵多遠戍，或有倉卒，輦轂無備，此大可憂也。遠戍者防邊陲之患，或緩急抽還，則外禦不嚴，戎狄進奔，便可直趨關輔。新招者聚市井之輩，而輕囂易動，或財力一屈，請給不充，則必散為群盜。今生民已困，無可誅求，或連年凶飢，將何以濟贍軍之策，可不預圖？若因循過時，臣恐急難之際，宗社可憂，臣請密委兩地，以京畿見在軍馬同議有無闕數，如六軍未整，須議置兵，則請約唐之法，先於畿內並近輔州府，召募強壯之人，充京畿衛士，得五萬人以助正兵，足為強盛，使三時務農，大省給贍之費，一時

<hr>

〔註84〕張方平：《樂全集》卷13〈武備論・民兵〉，第106頁。

教戰，自可防虞外患。其召募之法並將校次第，並先密切定奪聞奏，此實強兵節財之要也。候京畿近輔召募衛兵已成次第，然後諸道效此，漸可施行，聖慈留意。〔註85〕

范仲淹非常推崇唐代的府兵制，認為這是貞觀到開元唐朝盛世富強之基礎，因此建議：「請約唐（府兵）之法，先於畿內並近輔州府，招募強壯之人，充京畿衛士，得五萬人以助正兵，足為強盛。使三時務農，大省給贍之費；一時教戰，自可防虞外患。」仍然不脫將「三時務農，一時講武」的觀點與唐朝府兵制奉為圭臬。不過隨著慶曆變法的失敗，范仲淹的主張也未能真正施行。

英宗治平元年（1064），韓琦建議仿效宋夏戰爭時期在陝西設置的鄉兵「弓手」，建立「義勇」，韓琦說道：「陝西當西事之初，亦嘗三丁選一丁為弓手，其後刺為保捷正軍，及夏國納款，朝廷揀放，於今所存者無幾。……今若於陝西諸州亦點義勇，止刺手背，……一時不無小擾，而終成長利。」〔註86〕企圖將原來臨時性的作法常態化、制度化。可見自唐至宋，兵農合一的府兵制成為儒家士大夫討論兵制時經常標榜的理想。

王安石對於兵農合一的理想也持贊成的態度，落實到具體的政策，即是「保甲法」。王安石說道：「今所以為保甲，足以除盜，然非特除盜也，固可漸習其為兵。……使與募兵相參，則可以消募兵驕志，省養兵財費，事漸可以復古，此宗廟長久計，非小事也。」〔註87〕王安石又說：「保甲之法，起於三代丘甲，管仲用之齊，子產用之鄭，商君用之秦，仲長統言之漢，而非今日之立異也。……使行什伍相維，鄰里相屬，察奸而顯諸仁，宿兵而藏諸用，苟不得其人而行之，則騷之以追呼，駭之以調發，而民心搖矣。」〔註88〕王安石認為保甲是古代的理想兵制，管仲、子產、商鞅皆曾行之，且可以改革募兵導致的驕兵悍卒的弊端，並且可以產生維護治安（除盜、察奸）、充實兵員（宿兵）的作用，但要由合適的人才來推行，才不至於騷擾百姓，引起民怨。

學者方震華在〈理想兵制的形塑——唐宋時期的兵農合一論〉一文認為：唐代在安史之亂後，由於藩鎮割據，軍閥專擅，於是許多唐朝官員士大夫，如

〔註85〕 范仲淹：《范仲淹全集·政府奏議》卷上〈答手詔條陳十事〉，第535頁。
〔註86〕 《長編》卷203，治平元年十一月乙亥，第4915頁。
〔註87〕 《長編》卷221，熙寧四年三月丁未，第5392頁。
〔註88〕 王安石：《臨川文集》（影印文淵閣四庫全書本第1105冊，臺北：台灣商務印書館，1986年）卷41〈上五事箚子〉，第311頁。

李泌、白居易、杜牧等，都主張恢復唐初的府兵制，以制衡藩鎮，在唐末文士的筆下，府兵制被描述成三代聖王寓兵於農的理想制度。到了宋代，由於宋夏戰爭，募兵而來的禁軍屢戰屢敗，宋朝官員如張方平、范仲淹、韓琦、王安石等人，也相繼提出了恢復府兵制的主張。方震華認為宋人在軍事議題上對兵農合一的追求，直接促成了宋代政府的軍事改革，但是，唐代倡議恢復府兵論者對於府兵制的過度美化，造成宋代士人往往視「兵農合一」為解決「兵弱財匱」的良方，這種期待近乎認為，只要能以民兵取代募兵，政府就可以不必花錢養兵，卻隨時可得有用之兵，既忽略了維護國防必然有相當物力資源的投入，也低估了兵、農兩種不同活動在結合上的困難。〔註89〕

事實上，王安石變法之前，北宋在部分地區已實施過兵農合一的鄉兵制度。據《宋史‧兵志四‧鄉兵一》的記載：

> 鄉兵者，選自戶籍，或土民應募，在所團結訓練，以為防守之兵也。周廣順中，點秦州稅戶充保毅軍，宋因之。自建隆四年，分命使臣往關西道，令調發鄉兵赴慶州。咸平四年，令陝西係稅人戶家出一丁，號曰保毅，官給糧賜，使之分番戍守。五年，陝西緣邊丁壯充保毅者至六萬八千七百七十五人。七月，以募兵離去鄉土，有傷和氣，詔諸州點充「強壯」戶者，稅賦止令本州輸納，有司不得支移之。……當是時，河北、河東有神銳、忠勇、強壯，河北有忠順、強人，陝西有保毅、砦戶、強人、強人弓手，河東、陝西有弓箭手，河北東、陝西有義勇，麟州有義兵，川峽有土丁、壯丁，荊湖南、北有弩手、土丁，廣南東、西有槍手、土丁，邕州有溪洞壯丁、土丁，廣南東、西有壯丁。〔註90〕

從上述引文中，我們可以看出，鄉兵「選自戶籍，或土民應募」，「官給糧賜，使之分番戍守」，是一種半強制性的募兵制，但與全民服役的徵兵不同；且鄉兵亦享有俸祿，與唐代府兵制強調自給自養的兵農合一制又有所不同；實施鄉兵的地區甚多，但並非全國普遍設置（京東西、江南、兩浙、福建等地即無），可見是因地制宜，隨當地之需要而設。

〔註89〕參見方震華：〈理想兵制的形塑──唐宋時期的兵農合一論〉，收於黃寬重主編：《基調與變奏：七至二十世紀的中國》（臺北：國立政治大學歷史系，2008年），第三冊，第85～105頁。又收於方震華：《和戰之間的兩難──北宋中後期的軍政與遼夏關係》，第79～104頁。

〔註90〕《宋史》卷190〈兵志四‧鄉兵一〉，第4705～4706頁。

　　鄉兵制度在北宋時期持續發展，真宗咸平時，籍河北民二丁、三丁抽一為「強壯」〔註91〕，以禦契丹。仁宗伐西夏，募河東陝西之民為「弓手」（鄉弓手），後刺為禁軍保捷指揮。〔註92〕英宗治平元年，宰相韓琦奏陳「唐置府兵，最為近古」，奏請籍陝西之民，三丁抽一為義勇，刺字於手背，英宗從之，得十五萬六千餘人。〔註93〕到了神宗推行變法，王安石遂以鄉兵制度為基礎，進一步加以擴展，成為了保甲法。

二、保甲法的實施與推行

　　王安石變法開始之後，熙寧三年（1070）開封府官員趙子幾上奏：「欲乞因舊來保甲重行隱括，將逐縣見管鄉民的實戶口都數，除病患、老幼、單丁、女戶別為附保係籍保管外，將其餘主客戶兩丁以上，自近及遠，結為大小諸保，各立首領，使相部勒管轄。」〔註94〕當時趙子幾只是在開封府界實施保甲法。同年十二月，司農寺公佈了〈畿縣保甲條制〉，推行「保甲法」，規定以十家為一保，置保長一人；五十家為一大保，設大保長一人；十大保為一都保，選二人為都、副保正。「凡選一家兩丁以上，通主客為之，謂之保丁。……內材勇為眾所伏及物力最高者，充逐保保丁，除禁兵器不得置外，其餘弓箭等並許從便自置，學習武藝。」〔註95〕亦即兩丁以上之家，選一丁充保丁，十家為一保，共十人；一大保為五十人，一都保為五百人。開封府界的保甲法開始正式推行，並逐步擴展至全國各路。

　　此外，與保甲法相關者，又有「保甲養馬法」，其事始於熙寧五年（1072）四月，《宋史‧兵十二‧馬政》記載：

> 保甲養馬者，自熙寧五年始。先是，中書省、樞密院議其事於上前，文彥博、吳充言：「國馬宜不可闕。今法，馬死者責償，恐非民願。」安石以為令下而京畿投牒者已千五百戶，決非出於驅迫，持論益堅。五月，詔開封府界諸縣保甲願牧馬者聽，仍以陝西所市馬選給之。
> 六年，曾布等承詔上其條約：凡五路義勇保甲願養馬者，戶一疋，

〔註91〕《長編》卷47，咸平三年十二月壬申，第1036頁。

〔註92〕參見翁建道：《北宋西北地區的鄉兵》，台中：國立中興大學碩士論文，1997年。

〔註93〕《長編》卷203，治平元年十一月乙亥，第4915頁。

〔註94〕《宋會要輯稿》，〈兵〉2之5，第8624頁。

〔註95〕《宋會要輯稿》，〈兵〉2之6，第8623頁。

物力高願養二疋者聽，皆以監牧見馬給之，或官與其直令自市，毋或彊與。府界毋過三千疋，五路毋過五千疋。襲逐盜賊外，乘越三百里者有禁。在府界者，免體量草二百五十束，加給以錢布；在五路者，歲免折變緣納錢。（戶等）三等以上，十戶為一保；（戶等）四等以下，十戶為一社，以待病斃追償者。保戶馬斃，保戶獨償之；社戶馬斃，社戶半償之。歲一閱其肥瘠，禁苛留者。凡十四條，先從府界頒焉。五路委監司、經略司、州縣更度之。於是保甲養馬行於諸路矣。〔註96〕

在開封府諸縣及陝西、河東、河北諸路，允許保甲戶飼養官馬，馬死者償之。

保甲法實施之後，在一段時間內與英宗治平時韓琦推行的「義勇」並行。熙寧八年（1075）十月，神宗下詔：「五路義勇每年赴州教，保甲赴縣教，並自十月至次年正月終。義勇不及十指揮，保甲不及十都者，自十一月起教。各據人數，分定番次，教閱一月。」〔註97〕當時規定在冬季農閒時（十月至次年正月），分批次（番）進行教閱訓練。訓練的地點，義勇在州（由巡檢負責教閱），保甲在縣（由縣尉負責教閱），訓練時間為一個月。然而到熙寧九年（1076）四月，神宗又下詔：「河北西路義勇、保甲分三十六番，隨便近村分於巡檢、縣尉下上番，半月一替。歲於農閑月，並下番人，並令所轄巡檢、縣尉擇寬廣處聚教五日。餘四路準此。」〔註98〕此時義勇、保甲分批次就近在村落上番，時間是半個月，河北西路分成三十六番，輪替一次時間為一年半。且上番時似不進行教閱訓練，每年另在農閒時集合上番與下番之義勇、保甲，集中訓練五日。

保丁上番之時，官府會給予若干津貼補助。《宋史·兵志六·保甲》記載熙寧五年神宗下詔：「主戶保丁願上番於巡檢司，十日一更，疾故者次番代之，月給口糧、薪菜錢，分番巡警，每五十人輪大保長二、都副保正一統領之。都副保正月各給錢七千，大保長三千。當番者毋得輒離本所。捕逐劇盜，雖下番人亦聽追集，給其錢斛，事訖遣還，毋過上番人數，仍折除其上番日。」〔註99〕可見保丁上番之時，可以領有口糧、薪菜錢等補貼，遇有盜賊之事，動員上番保丁仍不足時，可以臨時招集已下番的保丁，也要給以錢斛。不過這些補

〔註96〕《宋史》卷198〈兵志十二·馬政〉，第4946～4947頁。
〔註97〕《宋會要輯稿》，〈兵〉2之10，第8626頁。
〔註98〕《宋會要輯稿》，〈兵〉2之11，第8627頁。
〔註99〕《宋史》卷192〈兵志六·保甲〉，第4768～4769頁。

貼錢斛，與正式士兵的俸祿相比，仍有相當大的差距。王安石規劃保甲的經費來源時曾說道：「當減募兵之費以供之。所供保甲之費，纔養兵十之一二。」〔註100〕故保丁上番領取的津貼，其實十分有限。

據《宋會要輯稿》的記載：熙寧九年，開封府界與全國各路已經組成義勇、保甲七百一十八萬餘人（義勇二十四萬餘人，保甲六百九十三萬餘人），其中開封府界、河北東路、河北西路、永興軍路、秦鳳路、河東路對部分保甲進行教閱，約五十六萬餘人，其餘各路的保甲並未進行教閱訓練。〔註101〕哲宗紹聖二年（1095），當時的宰相章惇指出：「熙寧中，先帝始行保甲法，三路、府界得七十餘萬丁，設官教閱，始於府界，眾議沸騰，教閱既成，更勝正兵，元豐中始遣使遍教三路。」〔註102〕這段回溯性的文字，似乎認為開封府外的河北、河東、陝西三路，對保甲進行教閱訓練的時間是在元豐時期，漆俠《王安石變法》更據以認為：元豐三年（1080）設「團教法」，集中訓練開封府界的保丁，其後又將團教法推廣於三路，府界與三路「勝過正兵」的保甲，達六十餘萬。〔註103〕實際上，河北、河東、陝西諸路的保甲在熙寧時期便以進行教閱訓練了。只不過當時的訓練，由地方的縣尉、巡檢負責，縣尉、巡檢既有維護地方治安之責，又要訓練保甲，職事不專，難以有成。於是元豐三年（1080）開始推行「團教法」。

所謂「團教法」，亦即訓練大保長成為教頭，使之訓練保丁。為了讓大保長具備專業的軍事素養，在「團教法」實施之前，元豐二年（1079）先實施「府界集教大保長法」，《宋史》記載：

> （元豐）二年十一月，始立府界集教大保長法，以昭宣使入內內侍省副都知王中正、東上閤門使狄諮兼提舉府界教保甲大保長，總二十二縣為教場十一所，大保長凡二千八百二十五人，每十人一色事藝，置教頭一。凡禁軍教頭二百七十，都教頭三十，使臣十。弓以八斗、九斗、一石為三等，弩以二石四斗、二石七斗、三石為三等，馬射九斗、八斗為二等，其材力超拔者為出等。當教時，月給錢三千，日給食，官予戎械、戰袍，又具銀楪、酒醪以為賞犒。〔註104〕

〔註100〕《宋史》卷192〈兵志六·保甲〉，第4778頁。
〔註101〕《宋會要輯稿》，〈兵〉2之12～15，第8628～8629頁。
〔註102〕《宋會要輯稿》，〈兵〉2之38，第8644頁。
〔註103〕漆俠：《漆俠全集第二集·王安石變法》，第109頁。
〔註104〕《宋史》卷192〈兵志六〉，第4770頁。

在大保長訓練完成後，遂正式實施「團教法」：

> （元豐）三年，大保長藝成，乃立團教法，以大保長為教頭，教保
> 丁焉。凡一都保相近者分為五團，即本團都副保正所居空地聚教之。
> 以大保長藝成者十人衰教，五日一周之。五分其丁，以其一為騎，
> 二為弓，三為弩。府界法成，乃推之三路，各置文武官一人提舉，
> 河北則狄諮、劉定，陝西則張山甫，河東則黃廉、王崇拯，以封樁
> 養贍義勇保甲錢糧給其費。是歲，引府界保甲武藝成，帝親閱，錄
> 用能者，餘賜金帛。〔註105〕

從元豐二年十一月開始訓練大保長，到元豐三年正式實施團教法，將一都保的
保丁分成五團，由大保長進行訓練，「五日一周之」，每團的保丁訓練五天，五
團共計二十五天，如此五團輪流訓練，每年每團保丁可輪訓十五次左右（每次
五天），這樣的訓練與以前由巡檢、縣尉「聚教五日」相比是嚴格多了。但大
保長只經過了幾個月的密集集訓，便開始擔任教頭，負責訓練保丁的工作，令
人不禁懷疑，大保長是否真的具備教頭應有的軍事素質？訓練保丁是否真的
具有成效？

元豐四年（1081），判尚書兵部蒲宗孟奏請「欲乞五路義勇並排為保甲，
所貴民兵法出於一。」於是神宗下詔：「五路義勇宜悉改為保甲，爾後丁口增
減，並依見行保甲法。河北、河東第四等、陝西第五等以上，每戶及五丁以上
者取兩丁，令兵部具畫一以聞。其舊管人員、節級，即改為（保）正、長。」
〔註106〕義勇與保甲至此合而為一。新法的反對者司馬光在〈乞罷保甲狀〉中
說：「又悉罷三路巡檢下兵士、諸縣弓手，皆易以保甲。」〔註107〕時間當在元
豐四年。我們從宋神宗的詔令中也可看出，當時擔任保丁者，河北、河東路為
九等戶中第四等以上，陝西路為九等戶中第五等以上，且每戶有五丁者，選兩
丁充保丁。可見理論上，保丁應為「材勇為眾所伏及物力最高者」，亦即來自
鄉村中較為富裕的農戶，如此才能自備兵器進行訓練。

元豐八年（1085）神宗去世，哲宗即位，高太皇太后攝政，用司馬光為相，
開始廢除新法，保甲法也在其中。元豐八年七月，朝廷下詔：「府界、三路保

〔註105〕《宋史》卷192〈兵志六〉，第4770～4771頁。
〔註106〕《宋會要輯稿》，〈兵〉2之19～20，第8632～8633頁。
〔註107〕司馬光：《傳家集》（文淵閣四庫全書第1094冊，臺北：台灣商務印書館，
　　　　1986年）卷46〈乞罷保甲狀〉，第434頁。

甲，自來年正月以後並罷團教，仍依義勇舊法，每歲農隙赴縣教閱一月，其差官置場、排備軍器、教閱法式、番次、按賞費用，令樞密院、三省同立法。」〔註108〕八月又下詔：「府界、三路保甲，自來年正月一日，依義勇法，冬教二月（按：應為一月）。每月赴縣教閱，五都保以上，分為四番，自十月起教，至正月罷。令保即先從多教，周而復始，仍降畫一處分。府界、三路已罷團教，其提舉錢糧官司並罷，撥與教閱司兼領。皆自來年正月一日施行。」〔註109〕五都保分為四番，每月一番，自十月開始到明年正月，共四個月，在各縣進行教閱訓練。亦即廢除團教法，大致恢復了熙寧八年的方法（雖然號稱為義勇舊法），於農隙時訓練一個月。

三、保甲法的相關問題

（一）役外加稅，變相剝削百姓

根據前文熙寧九年的統計數字，除了開封府、河北、河東、陝西諸路的部分保丁（約五十六萬人）之外，其他各路的保甲保丁六百餘萬人都處於「不教閱」的狀態，亦即每年雖由巡檢、縣尉集中管理半個月左右，但不進行軍事訓練。如此一來，地方官員手邊擁有了大量的閒置人力，因此便讓保丁去從事其他基層行政事務。鄭勝明認為保甲法實施後，保甲對社會日常事務的管理功能日益增加，包括管理戶籍、徵收賦稅、修橋鋪路、救火等，顯示了保甲的職役化。〔註110〕刁培俊亦引用《長編》熙寧八年閏四月甲寅的內容：

> 上曰：「已令出錢免役，又卻令保丁催稅，失信于百姓。又保正只合令習兵，不可令貳事。」安石曰：「保丁、戶長，皆出於百姓為之。今罷差戶長充保丁催稅，無向時勾追牙集科校之苦，而數年或十年以來方一次催稅，催稅不過二十餘家，於人無所苦。」〔註111〕

當時神宗認為保甲應該以軍事訓練為主，不應使其負責收稅，否則便是「失信於民」。但王安石說「保丁、戶長皆出於百姓為之」，似乎只是名目上的差別，實質上並無不同。實際上，募役法之下的戶長，是由官府雇募，需要由官府出

〔註108〕《長編》卷358，元豐八年七月戊戌，第8562頁。
〔註109〕《長編》卷359，元豐八年八月丁亥，第8587頁。
〔註110〕鄭勝明：〈宋代保甲法的鄉村社會控制功能〉，《河北大學成人教育學院學報》2008年第1期，第94～96頁。
〔註111〕《長編》卷263，熙寧八年閏四月甲寅，第6450～6451頁。參見刁培俊：〈宋朝「保甲法」四題〉，《中國史研究》2009年第1期，第73頁。

錢聘用；但保甲卻是服役，官府不必支付費用。刁培俊又引用元豐八年（1085）十月，知吉州安福縣上官公穎的上疏：

> 耆、壯、戶長法之始行也，皆出於雇，及其既久也，耆壯之役則歸於保甲之正長，戶長之役則歸於催稅甲頭。往日所募之錢，除承帖人及刑法司人役許用外，其餘一旦封樁，若以為耆、壯、戶長誠可以廢罷，即所用之錢自當于百姓均減元額，今則錢不為之減，又使保正長為耆、壯之事，催稅甲頭任戶長之責，是何異使民出錢免役而又使之執役也。〔註112〕

刁培俊認為用保甲組織的保正長等承擔起原來耆戶長等鄉役的職責，在這一名募實差的充役方式下，各類民戶和官戶照常繳納免役錢、助役錢，但耆戶長不存在了，保正長則不領取雇役錢。朝廷為此「節省」下一大筆開支，納入國庫，鄉村事務依然有人正常辦理。然而鄭勝明、刁培俊似乎皆未明確指出此一變化對百姓造成的影響。

宋初以來，百姓除了交納賦稅之外，還要服「差役」，又稱「職役」，理論上由百姓中較富裕的上等戶充任。《宋史·食貨上五·役法上》記載：「役出於民，州縣皆有常數。宋因前代之制，以衙前主官物，以里正、戶長、鄉書手課督賦稅，以耆長、弓手、壯丁逐捕盜賊，以承符、人力、手力、散從官給使令；縣曹司至押、錄，州曹司至孔目官，下至雜職、虞候、揀、揩等人，各以鄉戶等第定差。」〔註113〕《雲麓漫鈔》記載：「國初，里正、戶長掌課輸，鄉書手隸里正。里正於第一、戶長於第二等差鄉書手。天聖以來，以上戶多占色役，於第四等差耆長，掌盜賊煙火之事，其屬有壯丁。」〔註114〕然而差役繁重，「役之重者，自里正、鄉戶為衙前，主典府庫或輦運官物，往往破產。」〔註115〕宋朝官員屢屢提出改革差役的建議，熙寧元年（1068）知諫院吳充奏言：「今鄉役之中，衙前為重。民間規避重役，土地不敢多耕，而避戶等；骨肉不敢義聚，而憚人丁。故近年上戶浸少，中下戶浸多，役使頻仍，生資不給，則轉為工商，不得已而為盜賊。」〔註116〕百姓為了逃避差役，有「析戶避役」

〔註112〕 《長編》卷 360，元豐八年十月丙戌，第 8620 頁。參見刁培俊：〈宋朝「保甲法」四題〉，《中國史研究》2009 年第 1 期，第 74～75 頁。

〔註113〕 《宋史》卷 177〈食貨上五·役法上〉，第 4295 頁。

〔註114〕 趙彥衛：《雲麓漫鈔》（北京：中華書局，1996 年）卷 12，第 219 頁。

〔註115〕 《宋史》卷 177〈食貨上五·役法上〉，第 4296 頁。

〔註116〕 《宋史》卷 177〈食貨上五·役法上〉，第 4299 頁。

（家人分居以降低戶等，逃避差役）者。地方上的「形勢戶」（宋代對入仕官員和地方豪強人戶的統稱）透過各種手段逃避差役，反而使得差役落到了貧苦的下等人戶身上。〔註 117〕

在差役的弊端未改善的情形之下，熙寧三年十二月王安石又推動保甲法，是「役上加役」，百姓在差役之外，還要另服保甲的「兵役」，負擔更為沉重。熙寧三年實施保甲法將近一年之後，熙寧四年「冬十月壬子朔，罷差役法，使民出錢募役。」〔註 118〕開始推行「募役法」。《宋史・食貨上五・役法上》記載：「凡當役人戶，以等第出錢，名免役錢。其坊郭等第戶及未成丁、單丁、女戶、寺觀、品官之家，舊無色役而出錢者，名助役錢。凡敷錢，先視州若縣應用雇直多少，隨戶等均取；雇直既已用足，又率其數增取二分，以備水旱欠閣，雖增毋得過二分，謂之免役寬剩錢。」〔註 119〕按照募役法，百姓免去衙前、里正、鄉書手等職役，改納「免役錢」。原先不用服役的官戶、女戶、寺觀、單丁未成年者也要納「助役錢」，又增取二分「免役寬剩錢」，以備水旱欠閣。因此，從原來的「役外加役」，變成了「役外加稅」（保甲役外另交納免役錢）。而保甲役又由原來的防備盜賊、對抗外敵的軍事訓練，變成了為官府服各種差役，仍在變相服役，此即神宗所說「失信於百姓」，上官公頴所說「使民出錢免役而又使之執役」。百姓在交納免役錢後又須服保甲的「兵役」，並繼續從事原先差役的工作（戶籍管理、徵收賦稅等），對百姓而言，依舊要服役（由差役改為保甲），卻多繳了一筆免役錢，負擔變相加重，保甲法、募役法一起推動，百姓負擔有增無減，自然導致民怨沸騰。

（二）保甲正長欺壓保丁，保丁橫行鄉里，造成社會不安

北宋前期的差役與保甲類似之處，在於理論上都由鄉村九等戶中的上等戶來負擔。前文引用宋神宗元豐四年的詔令中，即已明確規定河北、河東路為九等戶中第四等以上，陝西路為九等戶中第五等以上，且每戶有五丁者，選兩

〔註 117〕 參見周寶珠：〈關於宋代詭名戶問題〉，《開封師院學報（社會科學版）》1978年第 2 期，第 42～52 頁。尹敬坊：〈關於宋代的形勢戶問題〉，《北京師範大學學報》1980 年第 6 期，第 26～35 頁。阮明道：〈宋代的形勢戶〉，《南充師院學報（哲學社會科學版）》，1981 年第 2 期，第 69～74 頁。王麗：〈宋代的豪強形勢戶〉，《天中學刊》2008 年第 3 期，第 105～108 頁。馬秋菊：《兩宋鄉村職役的發展》，雲南大學 2012 年碩士論文。
〔註 118〕 《宋史》卷 15〈神宗紀二〉，第 280 頁。
〔註 119〕 《宋史》卷 177〈食貨上五・役法上〉，第 4300～4301 頁。

丁充保丁。但實際上，地方豪強仍透過各種手段逃避保甲之役，反對新法的王拱辰指出保甲法的弊端，說道：「時三路籍民為保甲，下戶皆不免，日聚教之，提舉官禁令苛急。河北保甲往往為盜賊，百十為群，州縣不敢以聞。」〔註120〕可見變法之前差役法中「上戶逃避，下戶承擔重役」的弊端仍然繼續存在。下戶百姓充任保丁時，又往往為保正、保長所欺凌，「保正、保長，依倚弄權，坐索供給，多責賂遺，小不副意，妄加鞭撻，蠶食行伍，不知紀極。中下之民，罄家所有，侵肌削骨，無以供億，愁苦困弊，靡所投訴，流移四方，繼屬盈路。」〔註121〕下戶百姓不堪重負，又不堪上級侵壓，走投無路之下，甚至聚集成為盜匪。

元豐八年樞密院曾上言：

> 訪聞近日府界、三路團教保甲，多因正長騷擾，或巡教官指揮苛虐，致小人兇暴，凌犯抵法。逐處提舉官多務姑息，不喜州、縣公行，致官吏畏避，不敢舉發，監司觀望，不為按劾，含養姦凶，深為未便。欲令府界、三路安撫、監司、高舉保甲司及州、縣常切覺察，按劾施行。如違，重行黜責。〔註122〕

因為保長保正的欺壓，導致保丁作亂，「小人兇暴，凌犯抵法」，地方官員又畏葸因循，不敢依法懲罰，導致地方社會陷於混亂之中。樞密院雖要求地方政府「常切覺察」，但成效如何，令人質疑。

保正保長及其上級長官對保丁的欺壓，監察御史王巖叟說得最為詳細：

> 民之言曰：教法之難不足以為苦也，而羈縻之虐有甚焉；羈縻不足以為苦也，而鞭笞之酷有甚焉；鞭笞不足以為苦也，而誅求之無已有甚焉。方耕而輟，方耘而罷，方幹而去，此羈縻之所以為苦也。其教也，保長得笞之，保正又笞之，巡檢之指使與巡檢者又交撻之，提舉司之指使與提舉司之幹當公事者又互鞭之，提舉之官長又鞭之，一有逃避，縣令又鞭之。人無聊生，每相與言曰：「恨不死爾。」此鞭笞之所以為甚苦也。創袍、市巾、買弓、修箭、添弦、換包指、治鞍韂、蓋涼棚、畫象法、造隊牌、緝架、僦桌椅、圍典紙墨、看廳人僱直、均菜蔬、納稭粒之類，其名百出，不可勝數。故其父老之諺

〔註120〕劉敞：《公是集》卷51〈王開府行狀〉（文淵閣四庫全書第1095冊，臺北：台灣商務印書館，1986年），第857頁。

〔註121〕司馬光：《傳家集》卷46〈乞罷保甲狀〉，第434頁。

〔註122〕《長編》卷357，元豐八年六月丙戌，第8548頁。

曰：「兒曹空手，不可以入教場。」非虛語也。都副兩保正，大小兩
保長，平居於家，婚姻喪葬之問遺，秋成夏熟、絲麻穀麥之邀求，
遇於城市，一飲一食之責望，此迫於勢而不敢不致者也。一不如意，
則以藝不應法為名，而捶辱之無所不至。又所謂巡檢者、指使者，
多由此徒以出，貪而冒法，不顧後禍，有踰於保正、保長者，此誅
求之所以為甚苦也。〔註123〕

保正、保長仗勢欺人，用各種名目向保丁徵收錢財，平常的開銷也要求保丁支
付，保丁一旦推辭拒絕，則立刻鞭笞之，保正、保長之醜行醜態，可謂天人共
憤矣。而保正、保長之上的巡檢、指使多由保正、保長升遷而來，對保丁的欺
壓更肆無忌憚，在這重重壓迫下，保丁只能感嘆：「恨不死爾。」

王巖叟又談到百姓為避免成為保丁而自殘的慘況：

又有逐養子、出婿、再嫁其母而兄弟析居以求免者，有毒其目、斷
其指、炙烙其肌膚以自至於殘廢以求免者，有盡室以逃而不歸者，
有委老弱於家而保丁自逃者。保丁自逃，則法當督其家出賞錢十千
以募之，使其家有所出，當未至於逃；至於逃，則困窮可知，而督
取十千，何可以得？故縣縣皆常有數十百家老弱嗟咨於道路，哀訴
於公庭。如臣之愚，且知不忍，使陛下仁聖見之，當如何也？〔註124〕

百姓為了逃避保甲之役，逐養子、出婿、再嫁其母、兄弟析居、毒其目、斷其
指、炙烙肌膚以自殘、盡室以逃、委老弱而自逃，用盡各種方式。和北宋前期
為了逃避差役而「析戶避役」相比，有過之而無不及。保丁逃亡其家屬還要支
付懸賞錢十千，更使老弱流亡於道路。

關於保丁訓練時所需的馬匹，往往向百姓借用，流弊亦多，王巖叟說道：

又保丁之外，平戶之家凡有一馬，皆令借供。逐場教騎，終日馳驟，
往往至於飢羸殘壞而就斃，誰復敢言？或其主家偶因出處，一誤借
供，遂有追呼笞責之害。又或其家官逋督迫，不得已而易之，則有
抑令還取之苦。故人人以有馬為禍，此皆提舉司官吏倚法以生事，
重為百姓之擾者也。〔註125〕

如百姓家中有馬匹，會被官府借用，作為訓練保甲之用。若馬匹因操練過度而

〔註123〕《長編》卷361，元豐八年十一月丙午，第8642頁。
〔註124〕《長編》卷361，元豐八年十一月丙午，第8642～8643頁。
〔註125〕《長編》卷361，元豐八年十一月丙午，第8643頁。

死亡，馬匹主人只能自認倒楣。如果馬匹主人拒絕借出馬匹，則會被官府追呼答責。如果馬匹主人將馬匹賣掉，官府會要求馬匹主人買回馬匹，以備官府借用。故保丁之外的一般百姓也以擁有馬匹為禍。

關於保丁受保長、保正騷擾之苦，司馬光也曾說道：

> 先帝（神宗）以敵人驕傲，據漢唐故地，有征伐開疆之志，故置保甲，令開封府界及河北、陝西、河東三路皆五日一教閱，京東、西兩路保甲養馬，仍各置提舉官，權任比監司。既而有司各務張皇，以希功賞，其提舉官專護本局，不顧他司。事干保甲，州縣皆不得關預，管內百姓，不得處治。其巡檢、指使、保正、保長，競為騷擾，蠶食無厭，稍不如意，擅行捶撻。其保丁習於遊惰，不復務農，或自為劫掠，或侵陵鄉里。其本家耕種耘穫，率皆妨廢，供送不辦，箕歛無窮，貲產耗竭，無以為生。弱者流移四方，壯者亡為盜賊。行之數年，先帝寖知其弊，申敕州縣，令保甲應有違犯並巡教官、指使違法事件，並許州縣覺察施行。〔註126〕

司馬光認為，一方面由於管理保甲的巡檢、指使、保正、保長等人騷擾欺壓保丁，另一方面保丁服役之後不再務農，遊惰無事，於是保丁橫行鄉里，禍害百姓。司馬光除了指出保正、保長對保丁的欺壓，更指出保丁既服保甲之役，受過若干軍事訓練，雖不足以上戰場作戰，但欺壓一般百姓則有餘，因此「自為劫掠、侵陵鄉里」，造成地方的不安。而保甲歸於提舉保甲司管理，各路監司、州縣不得干預，使得地方官無法處理保甲破壞地方治安的問題。神宗雖下令州縣官員「覺察施行」，但實際成效似乎不彰。

樞密院也指出保丁在不教閱時橫行鄉里的情況：「府界、三路團教保甲，雖不當赴教日，往來於市井村疃，以習學事藝為名，聚集博飲，不治生業。」朝廷遂下詔：「提舉保甲司關牒轄下，不赴教日，令務農作，遇閒暇，許於本家閱習事藝，違者重坐之。」〔註127〕保丁受過軍事訓練之後，不再自視為一般農民，於是不事生產，聚集博飲，反而成為社會治安的亂源。

王拱辰、司馬光、王巖叟等人，都是反對新法的舊黨官員，他們對保甲法的批評，是否可信？本人認為，鑒於北宋前期差役法實施時已發生「析戶避役」的弊端，保甲法實施後百姓按照類似的方式逃避保甲之役，是十分合理的。保

〔註126〕《長編》卷358，元豐八年七月甲辰，第8563頁。
〔註127〕《長編》卷358，元豐八年七月庚戌，第8567頁。

甲法以民為兵，要百姓犧牲個人的利益為國家服役，這需要百姓擁有強烈的國家意識與公民意識，才能達到上述的目標。在一千年前的宋朝百姓，大多數是文盲，文化水準不高，要他們產生國家意識與公民意識，犧牲個人私利為國家服役，是十分困難的。此外，保正、保長凌虐保丁的事件層出不窮，也是保甲法實施後的一大問題，要避免這類事件，擔任長官者必須具有非常高的道德素養與責任感。在今日世界各國的軍隊中，上級長官霸凌下級士兵的事件仍然層出不窮，現代先進軍隊都難以做到的事，要求一千年前平民百姓出身的保正、保長具有此種道德素養，自然更是緣木求魚。

（三）訓練不精，戰鬥力低落

訓練不精是保甲法的反對者經常提到的問題，司馬光說道：「鄉村盜賊悉委巡檢，而巡檢兼掌巡按保甲教閱，朝夕奔走，猶恐不辦，何暇逐捕盜賊哉？」〔註128〕巡檢、縣尉本身原有職掌，兼任保甲訓練，如何能專心工作？「不教閱」的保甲保丁沒有進行軍事訓練，自不待言；至於開封府界、河北、河東、陝西諸路「受教閱」的保丁，前文提到熙寧八年，規定「教閱一月」，到了熙寧九年就成了「上番半月，教閱五日」，每年如此短暫的訓練時間，訓練出來的保丁如何堪用？即使元豐三年開始實施團教法，但負責訓練保丁的大保長只經過短期的集訓，是否能負擔訓練之責也令人懷疑。

熙寧八年十一月，交趾國王李乾德向宋朝發動戰爭，攻佔欽、廉等州，次年又攻佔邕州，宋神宗決定討伐交趾，由北方調派禁軍南下作戰。此時保甲法已實施五年，保甲在此戰爭中將扮演何種角色？熙寧九年二月，廣西轉運司奏言：「討伐交趾，差夫極眾，桂州九縣籍定保丁止八千五百，附保及單丁客戶共九萬一千二百有畸。今欲每差保丁兩番，即於附保人內差夫一番，各量給錢米，及本司所勾抽官員差使，欲望以官錢犒設。」〔註129〕廣西轉運司想到的，是把保丁當作搬運糧草的差夫來使用，且因保丁人數不足，還要調動保丁之外的附保人、單丁客戶。如此則保丁與非保丁有何差別？保甲上番訓練的意義何在？當時宋神宗亦下詔：「近賊合清野處，令廣西經略、安撫司選委使臣官員，召集保正，令團集民戶，搬運糧蓄。」〔註130〕神宗也是將保甲保丁當作搬運糧草的人夫來運用，真正作戰，還是要靠北方來的禁軍。

〔註128〕司馬光：《傳家集》卷46〈乞罷保甲狀〉，第434～435頁。
〔註129〕《長編》卷273，熙寧九年二月丁亥，第6674頁。
〔註130〕《長編》卷273，熙寧九年二月辛丑，第6683頁。

如謂廣南東、西路的保丁因為是「不教閱」（當時經教閱訓練的保丁僅限於開封府界、河北、河東、陝西諸路）的原因，所以僅能負責搬運糧草的工作，那麼朝廷對待經過教閱訓練的開封府界、河北、河東、陝西諸路保丁，又是甚麼態度？元豐四年，西夏發生政變，神宗決定發「係將禁兵」（隸屬於諸「將」的禁兵）三十餘萬人，兵分河東、鄜延、涇原、環慶、熙河五路，大舉討伐西夏。六月，神宗命令涇原路統帥王中正：「令王中正候編排本路軍馬畢，赴闕，於在京七百料錢以下，選募馬步軍萬五千人，開封府界及本路共選募義勇、保甲萬人，如涇原路五千人不足，於秦鳳路選募。」〔註131〕按照熙寧九年的統計數字，開封府界有保甲七萬三千七百一十八人（教閱者七萬六百四十二人）；秦鳳等路義勇三萬九千九百八十人，保甲十二萬六千四百九十一人（教閱者六萬三千九百五十八人）。〔註132〕神宗命王中正選募開封府界與涇原路的義勇與保甲，卻不過萬人，顯然所占比例甚少，並非作戰的主力，可見義勇、保甲之中具有戰鬥力者，十分有限。元豐四年八月，提舉河東路義勇保甲兼提點刑獄司奏言：「準轉運司牒，已定太原府、代州等義勇、保甲運糧草。」〔註133〕十月乙丑，按閱三路集教義勇保甲趙卨奏言：「臣等近自晉、絳至潞州按閱，體問潞州昨轉運司差夫萬一千隨軍，坊郭上戶有差夫四百人者，其次一二百人，……期會迫趣，民力實不能勝。」〔註134〕河東轉運司還是僅僅將保甲保丁當作搬運人夫來運用，且轉運司猶嫌人數不足，奏請由河北抽調人夫四萬人供河東路使用，神宗大怒說道：「緣本路（河東路）止係籍義勇保丁有二十一萬餘人，豈有供上件一軍不足之理？」〔註135〕可見在戰爭過程中，從皇帝到地方官員，都認為義勇、保甲僅能充當搬運人夫，真正的戰鬥還是要禁軍兵士來執行。顯然與「兵農合一」、「寓兵於農」的理想，有極大的落差。

四、北宋末至南宋之保甲差役化，義軍保甲化

　　鄭勝明認為保甲法實施後，保甲逐漸變質，成為地方基層社會事務的執行者，如管理戶籍、徵收賦稅、修橋鋪路、救火等，顯示了保甲的職役化。鄭勝

〔註131〕《長編》卷313，元豐四年六月壬午，第7594頁。
〔註132〕《宋會要輯稿》，〈兵〉2之12～15，第8628～8629頁。
〔註133〕《長編》卷315，元豐四年八月辛酉，第7620頁。
〔註134〕《長編》卷317，元豐四年十月乙丑，第7674頁。
〔註135〕《長編》卷317，元豐四年十月乙丑，第7677頁。

明並引用南宋朱熹〈論差役利害狀〉的評論：「至如江浙等處，則遂以保正承引，保長催稅……此等重役遂一切歸於保正保長無祿之人。」〔註136〕而當保甲「差役化」，離「寓兵於農」、「兵農合一」的理想越來越遠時，北宋末至南宋時期，部分義軍民兵卻繼承了北宋鄉兵、保甲的遺緒，成為南宋邊防抗金的力量之一。

　　徽宗時期，荊湖北路有「湖北土丁刀弩手」，「湖北土丁刀弩手者，自政和七年（1117）始募土丁為之，授以閒田，散居邊境，教以武藝，其隸於籍者，至九千餘人。」〔註137〕頗有寓兵於農的遺意。靖康之禍之後，南宋高宗建炎元年（1127），為了對抗南侵的金人，高宗下詔在各地成立「忠義巡社」。《宋會要輯稿·兵二》記載：

> 忠義巡社，高宗建炎元年八月十日詔：「諸路州、軍、府巡社，並以忠義巡社為名，仍專隸安撫使司。」同日三省、樞密院言：「今參酌立定諸路、州、軍、府忠義巡社可行之法：……鄉村民戶除三路保甲並京畿諸路諸色役人並稚小老病外，雖客戶但有家屬煙爨而願入巡社者亦聽，即不得抑勒單丁貧弱之人，仍逐社置籍，縣置都簿，內有自置馬者，於籍內開說，別加優恤。」〔註138〕

忠義巡社的組織架構：每十人為一甲，甲內推擇一人為甲長；五甲為一隊，推一人為隊長；四隊為一部，推一人為部長；五部為一社，推二人為社長、副社長；五社為一都社，推擇都社正、副都社正各一人；兩都社或一萬人以上以都總轄、副都總轄為正副首領。〔註139〕

　　到了紹興初年，又有「利路義士」：

> 利路義士者，紹興初，王敏節庶為興元帥，以富平之役後，兵卒單寡，乃籍興元諸縣良家子弟，號曰「義士」，以縣令為軍正，而尉副之，守臣提舉，每丁免家業三百緡。合梁、洋、大安三郡至萬三千餘人，軍勢大振。〔註140〕

〔註136〕朱熹：《朱熹集》（成都，四川教育出版社，1996年）卷21〈論差役利害狀〉。參見鄭勝明：〈宋代保甲法的鄉村社會控制功能〉，《河北大學成人教育學院學報》2008年第1期，第94～96頁。

〔註137〕李心傳：《建炎以來朝野雜記》甲集卷18〈湖北土丁刀弩手〉，第414頁。

〔註138〕《宋會要輯稿》，〈兵〉2之50，第8650頁。

〔註139〕《宋會要輯稿》，〈兵〉2之51，第8650～8651頁。

〔註140〕李心傳：《建炎以來朝野雜記》甲集卷18〈利路義士忠義人〉，第408頁。

利路義士由興元諸縣百姓組成，除了「每丁免家業三百緡」的減稅優待外，似無其他俸祿。

此外，四川宣撫使吳璘曾創設「御前中軍敢勇」，於關外四州簽丁，不分主客戶，每三丁以上取一，五丁以上取二。〔註141〕紹興末荊南有「荊鄂義勇民兵」，取主戶之雙丁，每十戶為一甲，五甲為一團，甲、團皆有長，又擇邑豪為總首，歲於農隙，教以武事，而官給其糧。〔註142〕孝宗乾道四年（1168）淮西又創「山水寨民兵」，於山水寨保伍中取之，三丁籍一，歲以農隙聚教，官給口糧。〔註143〕這些義軍民兵，繼承了保甲法「寓兵於農」的初衷，選民為兵，於農忙之際講武訓練，在南宋的軍事體系之中，扮演了輔助官軍的角色。這些民兵義軍，在戰爭中的表現經常勝於官軍。《鶴林玉露》記載：

> 乾道初，宿亳之役，禁旅多出征，江上之備空虛，陳福公（按：陳俊卿）首獻民兵之策，及登庸，亟欲推行，會罷相，遂格。然兩淮已用其法，而荊襄尤有成規。開禧用兵，禁旅多敗，而兩淮山水寨萬弩手率有功，特為官軍所嫉，無以慰其心盡其力耳。丙寅，虜大舉南侵，圍安、襄以撼荊、鄂，宣司檄召諸處兵，與湖北義勇俱往救。諸郡兵不待見敵而潰，所過鈔略，甚於戎寇。獨義勇隨其帥進退，不敢有秋毫犯，蓋顧其室家門戶故也。〔註144〕

北宋神宗時期，保甲已開始逐漸演變成為負責地方基層事務的差役，而「兵農合一」的理想，只有在南宋以後邊境地區部分義軍民兵的身上，才得以體現。

第四節　軍事改革成效的初次檢驗──交趾之役

宋神宗熙寧變法之後，宋朝積弱、積貧的現象已有改變。王安石變法，以富國強兵為目標，在經濟上，推行青苗法、市易法、方田均稅法的措施，大量增加了宋朝的財政收入；在軍事上，推行將兵法、保甲法、保馬法等軍事改革，提升軍隊的戰鬥能力；對夏關係上，宋神宗開始積極開邊，與北宋澶淵之盟後的守勢政策不同。神宗熙寧時期除了王韶提出〈平戎策〉，主張「欲平西夏，

〔註141〕李心傳：《建炎以來朝野雜記》甲集卷18〈興元良家子〉，第409～410頁。
〔註142〕李心傳：《建炎以來朝野雜記》甲集卷18〈荊鄂義勇民兵〉，第410頁。
〔註143〕李心傳：《建炎以來朝野雜記》甲集卷18〈淮南萬弩手〉，第412頁。
〔註144〕羅大經：《鶴林玉露》（北京：中華書局，1983年）甲編卷1〈民兵〉，第11頁。

當先定河湟」,使得宋朝積極向西北用兵之外,宋朝同時積極在南方整頓軍備,準備討伐交趾。交趾在宋朝的威脅之下,竟先發制人,於熙寧八年(1075)攻陷欽、廉、邕各州,交趾之役因此爆發。

從歷史上而言,交趾與中國自古以來關係密切,自秦始皇統一中國後,為了獲得南海經濟利益,將勢力擴展至南方,並將中原文化輸入嶺南百越地區。秦滅亡後,趙佗自立建南越國,西漢初年,趙佗遣使納貢,直至武帝討平南越,嶺南和交趾內屬中國,交趾展開長期的北屬時代。交趾自漢到唐代的北屬時期,長期接受中原文化的浸潤,中原官吏和土著酋長的長期勢力結合,逐漸發展出地方豪酋階級,唐末藩鎮割據時,地方豪酋的勢力越來越擴大,出現了地方政權。北宋初期,太祖平定南漢,交趾丁朝納貢臣服,太祖即停止了進一步討伐交趾的動作。到了太宗時期,前黎朝黎桓以武力取丁氏而代之,太宗乃趁機討伐交趾,然因宋軍不適應南方氣候,諸軍多死於炎瘴,太宗最後只能放棄軍事手段,對交趾改採「恩信撫綏」政策,即使交趾發生政變,李朝李公蘊推翻前黎朝政權,北宋也保持「不干涉主義」。北宋為了應付北方遼夏的戰事,在邊防呈現「重北輕南」的現象,交趾察覺北宋不欲用兵的心態,態度日趨傲慢,不斷「開疆拓土」征服邊境部族,這些邊境族群逃入宋朝境內,甚至引發了仁宗皇祐年間的儂智高之亂。〔註145〕

北宋對交趾的態度,到神宗時期改為「開疆納土」的積極擴張政策,因此引發了熙寧八年(1075)北宋與交趾的戰爭,此時宋朝已經經歷了一系列的軍事改革,包括推行「將兵法」、設置「軍器監」、實施「保甲法」等,交趾之役的爆發,不啻為宋代軍事改革成效的一個試金石。

一、交趾之役的爆發與邕州攻防戰

本書第三章第三節中曾提到,在宋神宗的積極擴張政策之下,廣南西路經略安撫使沈起、劉彝等人採取了一連串招募峒丁、編練保甲、招納交趾逃人的舉動,引起了交趾的關注與邊界的緊張。對立不斷升高的結果,熙寧八年(1075)十一月,交趾李仁宗「命李常傑等大舉伐宋,陷欽、廉二州。」〔註146〕戰爭正式爆發。

〔註145〕 參見湯佩津:《北宋的南邊政策——以交趾為中心》,嘉義:國立中正大學博士論文,2004年。
〔註146〕 《欽定越史通鑑綱目》卷3,頁35上。

　　當時的交趾，是李朝第四代君主李乾德在位，史稱李仁宗。李仁宗面對宋朝步步進逼，已經有了戰爭的準備。然而在開戰之前，交趾首先要防範宋朝可能會聯合交趾南方的占城，南北夾攻交趾，使交趾首尾不能兼顧。因此李仁宗先於熙寧八年八月，「命李常傑伐占城，不克而還。」「占城擾邊，（李仁宗）命常傑征之，不克，乃圖畫布政、麻令、地哩三州山川形勢而還。」〔註147〕這一軍事行動的目的不是要征服占城，而是威嚇占城，使其不敢與宋朝合作。

　　在解決了後方的顧慮之後，熙寧八年十一月，李仁宗正式發動戰爭，《欽定越史通鑑綱目》記載：

　　　　（李仁宗）命李常傑、尊亶等領兵十餘萬，分道伐宋。常傑兵至欽、

　　　　廉，攻陷之，宋兵死者八千人。〔註148〕

而根據宋朝方面的史料，《長編》記載熙寧八年十一月己巳，廣西經略司言：「諜報交趾廣源州集鄉兵，欲圖入寇。」〔註149〕廣西經略司已發現交趾有入寇的企圖。但宋朝朝廷尚未及反應，九日後，十一月戊寅，「交趾陷欽州，後三日又陷廉州。」〔註150〕而廣西經略司直到十二月癸巳（初六）才得知欽、廉二州失陷的消息，並上報京師：

　　　　（熙寧八年十二月癸巳）廣南西路經略司言：「交趾以舟師駐湖陽鎮，

　　　　謀以兩路入寇，欽、廉已陷矣。」（原注：十一月二十日陷欽州，十

　　　　二月二十日奏方到。廉州當是十一月二十三日陷，十二月二十二日

　　　　奏到。）〔註151〕

宋神宗是在十二月丁未（二十日）、己酉（二十二日）才陸續得知欽、廉失陷。〔註152〕這種情況，反映了廣西前線與汴京相隔遙遠，因此汴京無法立即掌握廣西的戰況，並採取有效的對策，因此導致戰事爆發之初，交趾軍可以不斷攻城掠地。

　　在欽、廉二州失陷後，交趾將領尊亶續攻邕州，當時宋朝的邕州知州為蘇

〔註147〕《欽定越史通鑑綱目》卷3，頁34下。
〔註148〕《欽定越史通鑑綱目》卷3，頁35下。又據吳士連等修，陳荊和編校：《大
　　　　越史記全書》（東京：東京大學東洋文化研究所，1984年）卷3，上冊，第
　　　　248頁的記載，將李常傑、尊亶分道伐宋的時間訂在熙寧八年二月，今依《欽
　　　　定越史通鑑綱目》。
〔註149〕《長編》卷270，熙寧八年十一月己巳，第6621頁。
〔註150〕《長編》卷270，熙寧八年十一月戊寅，第6624頁。
〔註151〕《長編》卷271，熙寧八年十二月癸巳，第6638頁。
〔註152〕《長編》卷271，熙寧八年十二月丁未、己酉，第6645～6646頁。

緘，據《宋史・蘇緘傳》記載：

> 蘇緘字宣甫，泉州晉江人。舉進士，調廣州南海主簿。州領蕃舶，
> 每商至，則擇官閱實其貲，商皆豪家大姓，習以客禮見主者，緘以
> 選往，商樊氏輒升階就席，緘詰而杖之。樊訴於州，州召責緘，緘
> 曰：「主簿雖卑，邑官也，商雖富，部民也，邑官杖部民，有何不可？」
> 州不能詰。再調陽武尉，劇盜李囊橐於民，賊曹莫能捕。緘訪得其
> 處，萃眾大索，火旁舍以迫之。李從中逸出，緘馳馬逐，斬其首送
> 府。府尹賈昌朝驚曰：「儒者乃爾輕生邪！」累遷祕書丞，知英州。
> 儂智高圍廣，緘曰：「廣，吾都府也，且去州近，今城危在旦暮而不
> 往救，非義也。」即募士數千人，委印於提點刑獄鮑軻，夜行赴難，
> 去廣二十里止營。廣人黃師宓陷賊中，為之謀主，緘擒斬其父。羣
> 不逞並緣為盜，復捕殺六十餘人，招其註誤者六千八百人，使復業。
> 賊勢沮，將解去，緘分兵先扼其歸路，布槎木亙四十里。賊至不得
> 前，乃遠出數舍渡江，由連、賀而西。緘與賊戰，摧傷甚眾，盡得
> 其所略物。時諸將皆罷，獨緘有功，仁宗喜，換為供備庫副使、廣
> 東都監，管押兩路兵甲，遣中使賜朝衣、金帶。襲賊至邕，大將陳
> 曙以失律誅，緘亦貶房州司馬。復著作佐郎，監越州稅十餘年，始
> 還副使。知廉州。屋多茅竹，戍卒楊禧醉焚營，延燒民廬，因乘以
> 為竊，緘戮之於市，又坐謫潭州都監。未幾，知鼎州。
> 熙寧初，進如京使、廣東鈐轄。四年，交趾謀入寇，以緘為皇城使
> 知邕州。緘伺得實，以書抵知桂州沈起，起不以為意。及劉彝代起，
> 緘致書於彝，請罷所行事。彝不聽，反移文責緘沮議，令勿得輒言。
> 八年，蠻遂入寇，眾號八萬，陷欽、廉，破邕四砦。〔註153〕

吳處厚《青箱雜記》亦記載：「蘇緘字宣甫，性忠義，喜功名，皇祐中以祕書
丞知英州，值儂賊作亂，他州皆不能守，獨緘捍禦有功。」〔註154〕蘇緘原本
是進士出身的文官，但個性剛毅忠勇不遜於武將，早年曾「馳馬斬劇盜」讓賈
昌朝驚異不已，儂智高入寇時又率兵馳援廣州，其後遂換官為武職。這種經歷
與戰功，如果能配合宋神宗積極拓邊的政策，前途應該不可限量。然而蘇緘對
沈起、劉彝向交趾挑釁的作法似乎不以為然。蘇緘將交趾可能入侵的消息報告

〔註153〕《宋史》卷446〈忠義一・蘇緘傳〉，第13156～13157頁。
〔註154〕吳處厚：《青箱雜記》（北京：中華書局，1985年）卷7，第74頁。

沈起，沈起「不以為意」，蘇緘致書劉彝希望改變對威脅交趾的種種作法，也遭到劉彝責備，最後導致戰爭爆發。

欽州、廉州失守後，身為邕州知州的蘇緘率少數士卒固守邕州：

> （蘇）緘聞賊且至，閱郡兵，得廂禁卒並老弱才二千八百人，召官吏與郡人之才勇者，授以方略，使以部分地自守。州民震驚，將竄逃者不可勝數。緘悉出官帑及私財示之曰：「吾兵械素具，蓄聚亦不乏，今賊眾已薄城下，惟有堅壁固守，以待外援，可以坐勝。若一人舉足，則群心動搖，大事先去矣。汝輩幸聽吾言，冀蒙厚賞，或不聽而出，當先並其孥斬之。」大校翟積陰欲出奔，緘使人伏門外梟其首以徇。由是上下脅息聽命。緘復慕死士，得數百人，挈舟邕江，與賊逆戰，斬首二百餘級，殺其巨象十數，賊遂圍城。緘日夜行勞士卒，以神臂弓仆賊、殪象不可勝計。賊為攻具，四面瞰城，城上發火箭，焚其梯衝，前後殺傷萬五千餘人，城中人心益固，雖老幼皆謂救至在刻漏，圍即解矣。〔註155〕

蘇緘以重賞重罰約束士卒，以救兵將至安定民心，以敢死隊突襲敵軍，以「神臂弓」仆賊殪象，由城上放火箭焚敵衝車雲梯，可謂盡其所能矣。

然而，蘇緘與邕州軍民殷殷盼望的援兵，卻在赴援途中遭到殲滅。《欽定越史通鑑綱目》記載：

> 尊亶攻邕州，廣西都監張守節將兵來救，常傑逆擊於崑崙關，大破之，斬守節於陣。〔註156〕

援助邕州的廣西都監張守節被殺，邕州後援斷絕，在彈盡援絕的情況下，邕州終於淪陷：

> （熙寧九年正月庚辰）是日，交賊陷邕州，蘇緘死之。張守節敗，生獲於賊者數百人。賊知北軍善攻城，啗以厚利，使為雲梯，既成，為緘所焚。又為攻濠洞，蒙以生皮，緘俟其既度，縱火焚於穴中。賊計盡，稍欲引去，而知外援不至。會有能土攻者，教賊囊土數萬，向城山積，頃刻高數丈，賊眾登土囊以入，城遂陷。緘猶領傷卒馳騎苦戰，力不敵，緘曰：「吾義不死賊手。」乃還州廨，闔門，命其

〔註155〕《長編》卷271，熙寧八年十二月丁酉，第6640頁。

〔註156〕《欽定越史通鑑綱目》卷3，頁35下。另見《長編》卷272，熙寧九年正月己未，第6656頁。

家三十六人皆先死，藏屍於坎，縱火自焚。賊至，求緘及其家遺骸，皆不能得。殺吏卒、土丁、居民五萬餘人，以百首為一積，凡五百八十餘積。並欽、廉州所殺，無慮十萬餘人，並毀其城以填江。邕州凡被圍凡四十二日，緘率屬將士固守，糧儲既竭，又歲旱，井泉皆涸，人饑渴，汲漚麻汗水以飲，多病下痢，死者相枕，而人無叛者。緘憤沈起、劉彝致寇，彝又坐視城覆不救，欲盡疏以聞，屬道梗不通，乃列起、彝罪牓於市，冀達朝廷。〔註157〕

邕州失陷時，除知州蘇緘全家自盡之外，通判著作郎唐子正亦「盡室遇害」，死難極為慘烈。〔註158〕邕州雖然失陷，但蘇緘死守邕州四十二日，邕州軍民五萬多人的犧牲，為宋朝爭取了寶貴的時間。《長編》記載：

緘既死，交賊復謀寇桂州，前鋒行數舍，或見大兵自北南行，呼曰：「蘇皇城領兵來報交趾之怨。」賊師懼，遂引歸。〔註159〕

蘇緘死守邕州，使得交趾軍付出了重大傷亡代價，並遲滯了交趾軍的攻勢，使得宋朝北方軍隊乘時南下，阻止交趾擴張戰果。神宗曾向蘇緘之子蘇子元稱讚其父的貢獻：

邕州若非卿父守禦，如欽、廉二州賊至而城破，乘勝奔突，則賓、象、桂州皆不得保矣。昔唐張巡、許遠以睢陽蔽捍江淮，較之卿父，未為遠過也。〔註160〕

神宗之言，實為的評。交趾在開戰之初，攻佔欽、廉、邕三州，這便是交趾軍擴張的最大限度。

二、宋朝、交趾雙方的戰爭準備

（一）宋朝方面的戰爭準備

宋神宗在欽、廉失陷後將近一個月才得到消息，因此改善傳送資訊的速度，是首要之務。熙寧八年十二月丁未，神宗下令：「自京至邕、桂以來置急腳遞鋪，差內侍一人點檢，係關人處，即差人貼鋪。」〔註161〕

其次，是要求廣西各地官府，招募兵馬，嚴加防守。神宗要求廣西「逐州

〔註157〕《長編》卷272，熙寧九年正月庚辰，第6664～6665頁。
〔註158〕釋文瑩：《湘山野錄》（北京：中華書局，1984年）卷下，第56頁。
〔註159〕《長編》卷272，熙寧九年正月庚辰，第6665頁。
〔註160〕《長編》卷273，熙寧九年二月辛丑，第6684頁。
〔註161〕《長編》卷271，熙寧八年十二月丁未，第6645頁。

軍但嚴城守，毋輕出戰」〔註162〕，又因廣西兵力薄弱，令廣西經略司「募丁壯
三二千，守邕、賓等州城，不足，即選土丁。」又「遣使臣分諸州軍，選配軍少
壯有膽勇堪披帶者赴桂州，每約五百人團成一指揮教閱，以新澄海為名。」〔註
163〕要求廣西招募丁壯、土丁甚至選擇「配軍」的罪犯，補充兵員，加強防守。

　　最重要者，是調兵遣將，出師征伐。統帥方面，神宗最初以趙卨為安南道
行營馬步軍都總管、經略招討使、廣南西路安撫使，李憲為副使，燕達為副都
總管。〔註164〕趙卨與蘇緘類似，雖出身文官，但對軍事事務相當熟悉。《宋史·
趙卨傳》記載：

> 趙卨字公才，邛州依政人。第進士，為汾州司法參軍。郭逵宣撫陝
> 西，辟掌機宜文字。种諤擅納綏州降人數萬，朝廷以其生事，議誅
> 諤，反故地歸降人，以解仇釋兵。卨上疏曰：「諤無名興舉，死有餘
> 責。若將改而還之，彼能聽順而亡絕約之心乎？不若諭以彼眾餓莩，
> 投死中國，邊臣雖擅納，實無所利，特以往年俘我蘇立、景詢輩爾。
> 可遣詢等來，與降人交歸，各遵紀律，而疆場寧矣。如其蔽而不遣，
> 則我留橫山之眾，未為失也。」又徙逵帥鄜延，為逵移書執政，請
> 存綏州以張兵勢，先規度大理河川，建堡砦，畫稼穡之地三十里，
> 以處降者。若棄綏不守，則無以安新附之眾。援种世衡招蕃兵部敵
> 屯青澗城故事。朝廷從之，活降人數萬，為東路捍蔽。
> 熙寧初，夏人誘殺知保安軍楊定等，既而以李崇貴、韓道喜來獻，
> 且請和。朝廷欲官其任事之酋，鐫歲賜以為俸給，因使納塞門、安
> 遠二砦而還綏州。卨言：「綏實形勢之地，宜增廣邊障，乃無窮之利。
> 若存綏以觀其變，計之得也。」神宗召問狀，對曰：「綏之存亡，皆
> 不免用兵。降二萬人入吾肝脾，釁隙已深，不可亡備。」神宗然之。
> 除集賢校理。〔註165〕

治平四年种諤攻佔綏州，誘降西夏酋豪嵬名山等人，當時文武百官紛紛奏請斬
种諤、將綏州與嵬名山等人歸還西夏，唯獨趙卨建議：如果西夏願意先歸還被
俘的宋朝官員蘇立、景詢的話，宋朝可以考慮歸還降人，否則絕不能片面歸還
降人。又認為綏州戰略地位重要，反對歸還綏州，建議使降人屯住在綏州，作

〔註162〕《長編》卷271，熙寧八年十二月丁未，第6645～6646頁。
〔註163〕《長編》卷271，熙寧八年十二月己酉，第6647頁。
〔註164〕《長編》卷271，熙寧八年十二月辛亥，第6649頁。
〔註165〕《宋史》卷332〈趙卨傳〉，第10683～10684頁。

為宋朝東路的屏障。從這些建議看，趙卨與完全反對拓邊生事的保守派官員不
同，會考慮邊疆現實的情形，保障宋朝最大的利益。而趙卨曾在郭逵宣撫陝西
時「辟掌機宜文字」，又曾「為逵移書執政」，可見趙卨長期擔任郭逵的幕僚，
與郭逵關係密切。《宋史‧趙卨傳》又載：

> 韓絳宣撫陝西，河東兵西討，卨為絳言：「大兵過山界，皆砂磧，乏
> 善水草，又亡險隘可以控扼，今切危之。若乘兵威招誘山界人戶，
> 處之生地，當先經畫山界控扼之地，然後招降；不爾，勞師遠攻，
> 未見其利。」絳欲取橫山，納种諤之策，遂城囉兀。〔註166〕

韓絳與种諤欲進一步經略橫山，趙卨向韓絳建議應先「經畫山界控扼之地」，
作為大軍出塞後的根據地，韓絳因此在囉兀城築城。可見趙卨在軍事上，不是
完全的保守反戰，但也非冒險貪功，而是能理性思考戰場形勢的戰略人才。當
時宋神宗選擇以趙卨為統帥，是十分正確的。不過，對於趙卨的副手李憲，朝
臣則有甚多爭議，因為李憲身為宦官（見本書第六章第三節），因此宰相王安
石反對以李憲作為趙卨的副手。《鐵圍山叢談》記載：

> 熙寧十年，交趾無故犯鄙，遂並陷欽、廉、邕三郡，多殺人民，繫
> 虜其子女，朝廷為赫怒，出大師行討之。時將遣內侍李憲行，王舒
> 公介甫（按：即王安石）力爭其不可乃止，而介甫亦罷矣。〔註167〕

除了宰相王安石的反對之外，同時李憲也與趙卨不合，《宋史‧趙卨傳》記載：

> 交趾叛，詔為安南行營經略、招討使，總九將軍討之，以中官李憲
> 為貳。卨與議不合，請罷憲。神宗問可代者，卨以郭逵老邊事，願
> 為神贊，於是以逵為宣撫使，卨副之。〔註168〕

李憲身為宦官，代表的是皇帝的意志，而趙卨則反對皇帝透過宦官遙控前線軍
事事務，因此與李憲不合，向神宗奏請以他的老長官郭逵自代。熙寧九年二月，
因趙卨推薦郭逵老於邊事，神宗遂以郭逵為安南道行營馬步軍都總管、招討
使、荊湖廣南路宣撫使，改趙卨為副使。〔註169〕

郭逵為武將出身，早年即表現出軍事上的判斷力，《宋史‧郭逵傳》記載：

> 郭逵字仲通，其先自邢徙洛。康定中，兄遵死於敵，錄逵為三班奉

〔註166〕 《宋史》卷332〈趙卨傳〉，第10684頁。
〔註167〕 蔡絛：《鐵圍山叢談》（北京：中華書局，1983年）卷2，第35頁。
〔註168〕 《宋史》卷332〈趙卨傳〉，第10685頁。
〔註169〕 《長編》卷273，熙寧九年二月戊子，第6674頁。

職，隸陝西范仲淹麾下。仲淹勉以問學。延安清剛社募兵誤殺熟羌，
將論死，達請而免之，活壯士十三人。方議取靈武，達曰：「地遠而
食不繼，城大而兵不多，未見其利。」未幾，涇原任福以全軍沒，
人服其先見。陳執中安撫京東，奏為駐泊將。執中與賓佐論當今名
將，共推葛懷敏。達曰：「懷敏易與爾，他日必敗朝廷事。」執中始
怒，居數日，問曰：「君何以知葛懷敏非名將而敗事邪？」曰：「喜
功徼幸，徒勇無謀，可禽也。」執中歎曰：「君真知兵，懷敏既覆師
矣。」為真定兵馬監押。〔註170〕

郭達預測了任福大軍主動出擊，後勤補給不足，必將失敗；又預測葛懷敏有勇
無謀，必將敗事。從這些例子中，都可以看出他對軍事上的判斷相當準確。《宋
史‧郭達傳》又載：

种諤受嵬名山降，取綏州，夏人遂殺楊定。朝論以邊釁方起，欲棄
綏。達曰：「虜既殺王官，而又棄綏不守，見弱已甚。且名山舉族來
歸，當何以處？」既而夏人欲以塞門、安遠二砦來易，朝廷許之。
達曰：「此正商於六百里之策也。非先交二砦，不可與。」遣其屬趙
卨、薛昌朝與夏使議，唯言砦基，卨曰：「二砦之北，舊有三十六堡，
且以長城嶺為界，西平王祥符所移書固在也。」虜使驚不能對，乃
寢其請。初，詔焚棄綏州，達匿而不下。至是，帝問大臣，皆莫知，
達始自劾向者違詔旨之罪，帝手詔褒答。〔註171〕

在种諤攻取綏州事件中，郭達反對將綏州歸還西夏，甚至將神宗下令焚棄綏州
的詔書藏匿，可見郭達與趙卨相同，會考慮邊疆現實的情形，保障宋朝最大的
利益。郭達與趙卨作為征伐交趾的正副統帥，可以說是當時最合適的組合了。

　　除了選定將帥之外，還要調派正規部隊剿寇平亂。熙寧八年十二月庚戌，
「發河北第三十五將赴桂州，第十九將駐潭州，以備廣西經略司勾抽策應。」
〔註172〕這是加強南方邊防的先行部隊。又按《欽定越史通鑑綱目》記載：

（宋朝）以郭達為招討使，趙卨副之，總九將軍，約占城、真臘來
侵。〔註173〕

〔註170〕《宋史》卷290〈郭達傳〉，第9722～9723頁。
〔註171〕《宋史》卷290〈郭達傳〉，第9724頁。
〔註172〕《長編》卷271，熙寧八年十二月庚戌，第6648頁。
〔註173〕《欽定越史通鑑綱目》卷3，頁38上、下。

文中「總九將軍」，亦即「總九將之兵」，所謂「九將」，即熙寧九年正月，宋神宗從各地抽調而來的主力部隊，包括：

皇城使、涇原路鈐轄姚兕。

引進副使、熙河路鈐轄李浩。

右騏驥副使、秦鳳路都監、兼知甘谷城、兼第三將張之諫。

內藏庫副使、權發遣通遠軍楊萬。

左藏庫副使、權環慶路都監、兼第三將雷嗣文。

鄜延路都監、兼副將呂真。

供備庫副使、環慶路都監、兼第四將李孝孫。

內殿承制、鄜延路都監、兼副將曲珍。

閤門祇候、權發遣豐州張世矩。

內殿承制、河北第二十將狄詳。

西頭供奉官、閤門祇候、京西第四副將管偉。

河東第七副將王潛。

據《長編》考察相關史料：「（姚）兕本傳：兕將中軍。（曲）珍本傳：珍為第一將。六月三日《實錄》乃以珍為左第二副將。」〔註174〕可見「九將之兵」應為配合戰爭需要，按照「將兵法」臨時設立的編制。這種「臨時置將」的編制，包括了將北方已編成的各「將」直接調到南方作戰，如秦鳳第三將（張之諫）、環慶第三將（雷嗣文）、鄜延某副將（呂真，番號不詳）、環慶第四將（李孝孫）、鄜延某副將（曲珍，番號不詳）、河北第二十將（狄詳）、京西第四副將（管偉）、河東第七副將（王潛），以及把其他「不係將禁兵」（未實施置將法的禁兵，如姚兕、李浩等）編成一將，共為九將，並重新賦以「中軍將」、「左第一將」、「左第二將」、「左第三將」、「左第四將」、「右第一將」、「右第二將」、「右第三將」、「右第四將」等番號，以正將或副將為統兵官，成為宋朝南征的主力。

每「將」的兵力，根據熙寧十年（1077）交趾之役後中書、樞密院向神宗奏報的行營兵馬數：「兵四萬九千五百六人，馬四千六百九十四。」〔註175〕平均每「將」約五千五百人。這應是當時宋朝鎮守西北與北方最精銳的部隊。

戰略方面，神宗希望趁此機會，一舉消滅交趾，收為州縣，《長編》記載：

〔註174〕《長編》卷272，熙寧九年正月庚午，第6659頁。

〔註175〕《長編》卷280，熙寧十年二月丙午，第6868～6869頁。

詔郭逵等，交州平日，依內地列置州縣。〔註176〕

因此除了陸路進攻之外，神宗還希望由海路發動攻擊。宋神宗下詔：

> 交趾為寇，朝廷已議水陸攻討，占城、占臘（真臘）於賊素有血讎，
> 委許彥先、劉初同募海商三五人，作經略司委曲說諭彼君長，豫為
> 計置，候王師前進，協力攻討。〔註177〕

熙寧九年二月，神宗派遣容州節度推官李勃、三班奉職羅昌皓持敕書與藥物、
器幣，前往占城、真臘，進行遊說。〔註178〕《長編》又記載：

> （熙寧九年三月）癸未，西京左藏庫副使楊從先為安南道行營戰棹
> 都監。先是，從先言從海道出兵為便，欲冒大洋深入西南隅，繞出
> 賊後，擣其空虛，因以兵邀會占城、真臘之眾，同力攻討。上是其
> 言，遂授此職，令募兵以往。〔註179〕

按楊從先的計劃，希望海陸二路並進，海路與占城、真臘聯軍，由交趾南部發
動進攻，以期南北合擊。不過，交趾李仁宗在對宋開戰之先，已先攻打占城威
嚇之。因此這一策略恐不可行。安南招討司考慮之後，認為：

> 丁憂人將作監丞蘇子元言：「朝廷命將至占城、占臘，使牽制交賊，
> 廣東所備戰船，海風不定，必不能盡達。況占城畏交趾，占臘未嘗至
> 廣州貿易，人情不通，若舟師至而二國疑懼，則事危矣。」……並據
> 廣東轉運副使陳倩狀：「前此發船舶至占城、占臘，各避九月至十二
> 月颶風飄溺，須正月初北風乃可過洋。本司看詳楊從先之計誠疏，蘇
> 子元之說甚長，乞朝廷詳酌指揮。」詔招討司從長施行。〔註180〕

安南招討司考慮到占城、真臘未必配合，貿然出兵恐引起二國疑懼，且九月
到十二月有颶風，要等到正月才有北風，適合船支南行，因此認為楊從先的
計畫不可行，請神宗重新考慮海路出兵的計劃。七月，安南行營抵達桂州，
郭逵仍然計畫劃海陸二路並進：「廣南東路鈐轄和斌及楊從先等督水軍涉海
自廣東進，諸將九軍自廣西進。」〔註181〕但宋神宗最後決定，放棄海路征討
行動：

〔註176〕《長編》卷273，熙寧九年二月甲寅，第6689頁。
〔註177〕《長編》卷271，熙寧八年十二月癸丑，第6651頁。
〔註178〕《長編》卷273，熙寧九年二月戊子，第6675～6676頁。
〔註179〕《長編》卷273，熙寧九年三月癸未，第6697頁。
〔註180〕《長編》卷276，熙寧九年六月辛丑，第6748頁。
〔註181〕《長編》卷277，熙寧九年七月月末，第6772頁。

（熙寧九年八月）乙未，詔：「安南道行營戰棹都監楊從先所總兵甲，既不過海洋，宜令悉取招討司處分，其空名宣箚及節制朝旨，並令送招討司。」〔註182〕

陸路方面，大軍未動，糧草先行，九將軍兵號稱十萬人，所需糧草及搬運人力，是宋朝頭痛之事，《長編》記載：

熙寧九年夏四月丙戌朔，上批付郭逵等：「近據廣西轉運使李平一奏：『將來大軍進討，合用般糧人夫四十餘萬，乞自湖已南，一例差科前去。』顯是張皇，驚動人情，傳聞遠近，上達朝廷，深為不便。卿等可多方計度，的確合運致兵食人力數目，疾速以聞。」逵言：「契勘平一所奏，約兵十萬人，馬一萬匹，月日口食、馬草料，計度般運腳夫四十餘萬。況入界討蕩交賊巢穴，難以指準一月為期，若更寬剩計度，又恐費用轉多。今計度將來入界隨軍糧草，除人馬量力自負，及於出產處買水牛馱米，其牛便充軍食，如軍食不闕，即充屯田耕稼使用，可減省米及腳乘。並將九軍輕重不急之物權留，量差禁軍相兼充火頭等，亦不妨戰鬥。可那廂兵或用小車、騾子往來馱載，及將不得力馬更不帶行。如此擘畫，可於平一所奏合用般糧人夫內減一半外，只以二十萬人節次般運，供軍食用。及候本司到彼，更有可以裁減處，別具奏聞。」〔註183〕

可見宋朝「九將之兵」十萬人，目標是要在一個月之內「討蕩交賊巢穴」，征服交趾。廣西轉運使李平一認為需要四十萬人搬運糧草，而郭逵雖盡力減少動員人數，仍須二十萬人，浩大的軍需費用，將成為宋朝的重大負擔。

此外，前面提到，這九將之兵，都來自北方河北、陝西、河東、京西等地，在南方作戰，恐有水土不服的問題，這是宋軍最大的挑戰。戰爭爆發之初，神宗即考慮到此問題，下令：「翰林醫官院選治嵐瘴藥方五、七種，下合藥所修製。」〔註184〕當時元老大臣張方平即說道：

秦、渭馬軍、弓箭手，本備羌戎，皆是捍邊銳兵勁騎，有到京師，猶為不服水土，輒生疾病。而乃驅之瘴霧沮洳之中，巉巖之地，水多沙毒，草無萹蓿，進又不能馳突決勝，其能還者無幾矣。〔註185〕

〔註182〕《長編》卷277，熙寧九年八月乙未，第6776頁。
〔註183〕《長編》卷274，熙寧九年四月丙戌，第6700～6701頁。
〔註184〕《長編》卷271，熙寧八年十二月庚戌，第6648頁。
〔註185〕《長編》卷276，熙寧九年六月月末，第6762頁。

清楚地指出北方軍人至南方瘴癘之地，必有水土不服的疾病問題，對北軍的處境相當悲觀。果然，宋軍至南方之後，得疫疾而死者甚多。《長編》記載：

> （熙寧九年八月戊子）又批：「聞安南兵過嶺者多疾病，其令宣撫司曉告毋食生冷，嚴立酒禁。」〔註186〕

此為八月之事。十月時，神宗下詔：

> （熙寧九年十月）丙申，詔：「安南行營兵士以不習水土，多病瘴癘致死，並宜令隨所在州縣即時依編敕及移牒住營州縣，依廣勇例給孝贈。」〔註187〕

神宗又下令：

> 安南行營至邕州四將下諸軍，九月上旬死病近四五千人，此乃將副全不約束，恣令飲食北人所忌之物，以致生疾，可火急嚴誡勵，仍切責醫用藥治之。〔註188〕

可見九月時，宋朝十萬大軍已有四五千人生病或死亡。為此，神宗再度令太醫局合治瘴藥三十種，差使臣齎付安寧行營總管司，並令內供奉官梁從政率醫官院習知治瘴者五、七人，赴邕州治療病患。〔註189〕

宋朝十萬大軍，在兵力武器上雖有絕對優勢，但是轉糧運輸困難、北人水土不服兩大問題，卻是宋軍的致命傷。

（二）交趾的戰爭準備

交趾在攻佔欽、廉、邕三州之後，擄掠人口，隨即撤離宋境。司馬光《涑水記聞》記載：

> 正月二十一日，（邕州）矢石且盡，城遂潰破，蘇緘猶誓士卒殊死戰，兵民死者十餘萬口，擄婦女小弱者七八萬口。二十二日，賊焚邕州城。二十三日，遂回本洞。〔註190〕

交趾為何要撤回本國，縮小防線？原因在於交趾人口太少，此次出兵已是舉國盡出，孤注一擲了。王安石說道：

> 有略賣在交趾者，因隨賊至邕州得脫，召問，昨入寇六萬人眾內，多

〔註186〕《長編》卷277，熙寧九年八月戊子，第6775頁。
〔註187〕《長編》卷278，熙寧九年十月丙申，第6800頁。
〔註188〕《長編》卷278，熙寧九年十月丁酉，第6800頁。
〔註189〕《長編》卷278，熙寧九年十月乙巳，第6803頁。
〔註190〕司馬光：《涑水記聞》卷13，第249頁。

婦女老弱略賣得脫者，其主人一家六口，五口來隨軍，一口不能動，故留。前日蘇子元亦言一家八口，七人來，一人病不能行，故留。然則交趾舉國入寇，其國乃空無人也，失此機會，誠可惜。〔註191〕

在史料中我們也發現交趾在中國大量擄掠人口，《長編》記載：

詔以廣西進士徐伯祥為右侍禁，欽、廉、白州巡檢。先是，交賊自邕州驅略老小數千人，將道廣州歸。伯祥募得數十人，輒追躡其後，而所斬獲亦數十級，於是所略去老小因得乘間脫免者至七百餘人。經略司以聞，故有是命。〔註192〕

可見交趾發動戰爭的主要目標，不在佔領城池，而在掠奪人口，帶回本國供奴役驅使，做為勞力來源。

因此，當中國大軍壓境時，交趾以有限兵力，必須縮小防線。交趾撤軍之際，並開始進行宣傳戰，《涑水記聞》又載：

時交趾所破城邑，即為露布，榜之衢路，言：「所部之民叛如中國者，官吏容受庇匿，我遣使訴於桂管，不報，又遣使泛海訴於廣州，亦不報，故我帥兵追捕亡叛者。而鈐轄張守節等輒相邀遮，士眾奮擊，應時授首。」又言：「桂管點閱峒兵，明言又見討伐。」又言：「中國作青苗、助役之法，窮困生民，我今出師，欲相拯濟。」〔註193〕

交趾訴求有三，一為「帥兵追捕亡叛者」，這一點為小題大作，追捕亡叛者，何至於攻佔欽、廉、邕三州，殺害十餘萬人？第二點為桂管（廣西經略安撫使知桂州劉彝）點閱峒丁，明言要討伐交趾，故交趾先發制人，這一點倒是符合實情。第三點「言中國作青苗、助役之法，窮困生民，我今出兵欲相拯濟」，可見交趾方面也知道中國正在推行新法，並知反對新法者甚多，交趾強調此點，就是希望分化宋人，使反對派不支持王安石對交趾作戰，這一作法似乎已引起反對派司馬光的注意，還收錄於《涑水記聞》之中，可見此宣傳不無效果。

交趾面對宋朝大軍進攻，必須精準掌握宋軍的動態，因此派遣間諜在宋朝大量蒐集情報。神宗已察覺此問題，下令：「廣東、江西、福建募人效用，慮姦細在其間，令招討司指揮將官常加覺察。」〔註194〕又詔：「聞交賊多遣姦人

〔註191〕《長編》卷275，熙寧九年五月己卯，第6734～6735頁。
〔註192〕《長編》卷273，熙寧九年三月丁丑，第6693頁。
〔註193〕司馬光：《涑水記聞》卷13，第250頁。又見於《長編》卷271，熙寧八年十二月癸丑，第6650～6651頁。
〔註194〕《長編》卷273，熙寧九年三月庚申，第6690頁。

偵事於二廣，令宣撫司指揮將官，所至審察教閱，無聽人縱觀，免窺覘擊敵進退之法。」〔註195〕廣東轉運司也奏言：「聞交趾昨陷欽、廉等州，執僧道百餘人，奪其公憑而殺之，令間諜詐為僧道以偵事。」〔註196〕前述因救回被擄人口而授官的廣西進士徐伯（百）祥，實際即為交趾間諜：

> 嶺南進士徐百祥屢舉不中第，陰遺交趾書曰：「大王先世本閩人，聞今交趾公卿貴人多閩人也。百祥才略不在人後，而不用於中國，願得佐大王下風。今中國欲大舉以滅交趾，兵法：『先人有奪人之心。』不若先舉兵入寇，百祥請為內應。」於是交趾大發兵入寇，陷欽、廉、邕三州，百祥未得間往歸之。會石鑑與百祥有親，奏稱百祥有戰功，除侍禁，充欽廉白州巡檢。朝廷命宣徽使郭逵討交趾，交趾請降，曰：「我本不入寇，中國人呼我耳。」因以百祥書與逵，逵檄廣西轉運司按鞫，百祥逃去，自經死。〔註197〕

宋神宗亦告誡郭逵：「賊勇銳致死或在夏國之右，緣此舉近繫二廣安危，遠關四方觀望，若不萬全致勝，於國計深為不便，切宜穩審也。」〔註198〕可見交趾雖小國，但戰鬥力不比西夏差，是宋朝不可忽視的敵人。

三、戰爭過程與檢討

（一）虎頭蛇尾的「十日戰爭」

雖然征討交趾問題重重，但宋神宗卻要求速戰速決，神宗告訴郭逵：「安南之舉惟萬全速了為上，卿等可更體國，精加籌策，博極群議，亟期殄滅，以尊強華夏，使邊隅自此稍知斂戢。」〔註199〕在神宗「萬全速了」、「尊強華夏」的期盼下，郭逵在大軍尚未抵桂州時，便要先做出成績，於是下令前線宋軍對交趾發動突襲：

> （熙寧九年七月癸亥）先是，郭逵次潭州，遣知欽州任起領兵襲賊界永安州玉山寨，是日，起攻拔永安州。〔註200〕

宋朝大軍壓境，以及小規模的攻擊行動，已使交趾方面震驚，邊境領袖紛紛向

〔註195〕《長編》卷274，熙寧九年四月丁酉，第6707頁。
〔註196〕《長編》卷277，熙寧九年八月壬子，第6780頁。
〔註197〕司馬光：《涑水記聞》卷13，第248頁。
〔註198〕《長編》卷277，熙寧九年八月己亥，第6777頁。
〔註199〕《長編》卷276，熙寧九年六月壬子，第6753頁。
〔註200〕《長編》卷277，熙寧九年七月癸亥，第6769頁。

宋朝投降。《長編》記載：

> （熙寧九年十二月）丙戌，安南招討司言：「廣源州偽觀察使劉紀率
> 家屬並峒長降。」詔：「劉紀如因大兵壓境，不得已出降，並家屬護
> 送赴闕。」〔註201〕

此外：

> （熙寧九年十二月）癸巳，安南招討司言：「廣源古農八細峒頭首儂
> 士忠、盧豹等乞降。」詔：「內有嘗歸明反覆之人，令招討司選使臣
> 押赴闕。」〔註202〕

雖然宋神宗並不信任這些投降者，要求將這些投降者押赴京師。但郭逵決定趁
交趾士氣衰落，以及時序進入冬天，氣候較適合北軍作戰的機會，向交趾發動
進攻。十二月癸巳，郭逵正式舉兵攻入交趾。當時趙卨的觀點與郭逵不同：

> 逵至，輒與卨異：卨欲乘兵形未動，先撫輯兩江峒丁，擇壯勇啖以利，
> 使招徠攜貳，隳其腹心，然後以大兵繼之，逵不聽；卨又欲使人齎敕
> 榜入賊中招納，又不聽。遂令燕達先破廣源，復還永平。〔註203〕

趙卨認為應該先撫輯兩江峒丁、招納敵軍投降，採取穩紮穩打的策略，郭逵則
在宋神宗「萬全速了」、「尊強華夏」的壓力下，主張立即出兵。郭逵率兵攻入
交趾後，《欽定越史通鑑綱目》記載：

> （熙寧九年）冬十二月，宋軍來侵，取廣源諸州而還。〔註204〕

《長編》則記載：

> （熙寧九年十二月癸巳）是日，郭逵等舉兵出界，賊屯決里隘，逵
> 遣張世矩攻之。賊以象拒戰，逵使強弩射之，以巨刀斬象鼻，象卻
> 走，自踐其軍，大兵乘之，賊潰去。乘勝拔機榔縣。別將曲珍又攻
> 拔門州，溪峒悉降。〔註205〕

張世矩以強弩、巨刀大破交趾軍的象陣，攻佔機榔縣，曲珍則攻佔門州，宋軍
旗開得勝。

首戰得勝之後，宋軍繼續進兵至富良江，《長編》記載：

> （熙寧九年十二月癸卯）是日，郭逵等次富良江，初，逵遣燕達先破

〔註201〕《長編》卷279，熙寧九年十二月丙戌，第6830頁。
〔註202〕《長編》卷279，熙寧九年十二月癸巳，第6832頁。
〔註203〕《宋史》卷332〈趙卨傳〉，第10685頁。
〔註204〕《欽定越史通鑑綱目》卷3，頁38上。
〔註205〕《長編》卷279，熙寧九年十二月癸巳，第6832頁。

廣源，復還永平，與大兵會。趙卨以為廣源間道距交州十二驛，趣利
掩擊，出其不意，川途並進，三路致討，勢必分潰。達不從。〔註206〕

趙卨主張大軍應由廣源州直取交州，然而宋軍除繼續遭遇交趾軍的抵抗外，軍
士因疫疾而死者也日益增多，因此郭逵主張兵分三路，水陸並進，採取較穩健
的作法。《長編》又載：

廣源既降，（燕）達議還赴達約，時下連、古弄洞敗兵猶萬餘眾，達
恐去則彼必來襲，乃留曲珍將輕騎三千，揚言由二洞入交州，縱二
蠻俘使歸，賊果自守不敢動。賊始設伏於夾口隘以待我師，達知之，
乃由間道兜頂嶺以進，遂抵富良江，未至交州三十里。賊艤戰艦四
百餘艘於江南岸，我師不能濟，欲戰弗得。達請示弱以誘賊，賊果
輕我師，數萬眾鼓譟逆戰，前軍不利，達率親兵當之。達等繼進，
賊少卻，叱騎將張世矩、王湣合鬥，諸伏盡發，賊大敗，蹙入江水
者不可勝數，水為之三日不流。殺其大將洪真太子，禽左郎將阮根。
乾德（李仁宗）懼，奉表詣軍門乞降，納蘇、茂、思琅、門諒、廣源
五州之地，仍歸所掠子女。於是達與諸將議帥大兵濟江，諸將曰：
「九軍食盡矣。凡兵之在行者十萬，夫二十餘萬，冒暑涉瘴，死亡
過半，存者皆病瘁。」達曰：「吾不能覆賊巢，俘乾德以報朝廷，天
也。願以一身活十餘萬人命。」乃班師，以乾德降表聞，約交人聽
旨。〔註207〕

越南方面的《欽定越史通鑑綱目》亦載：

（宋朝）以郭逵為招討使，趙卨副之，總九將軍，約占城、真臘來
侵。帝（李仁宗）命常傑領兵逆擊，至如月江，大戰，破之，宋人死
者千餘人，遂引退。至是達等復引兵西進，直至富良江，官軍乘船
逆戰，宋兵不得渡，乃伐木治攻具，機石如雨，官船皆壞，官軍為
所襲擊，死者數千人。帝因遣使詣宋軍門納款，以求緩師。宋人深
入瘴地，士卒八萬人，死者過半，久屯江岸不得渡，乃從其請。退
取廣源、思琅、蘇、茂、桃榔等州縣而還。〔註208〕

雙方的記載大致相符。《欽定越史通鑑綱目》所記「帝命常傑領兵逆擊，至如

〔註206〕《長編》卷279，熙寧九年十二月癸卯，第6843頁。
〔註207〕《長編》卷279，熙寧九年十二月癸卯，第6843～6844頁。
〔註208〕《欽定越史通鑑綱目》卷3，頁38上～39上。

月江，大戰，破之，宋人死者千餘人，遂引退」，可能即是《長編》所說「燕達請示弱以誘賊，賊果輕我師，數萬眾鼓譟逆戰，前軍不利」，只為宋軍誘敵的行動。

雙方主力的決戰，《長編》記載郭逵「叱騎將張世矩、王湝合鬥，諸伏盡發，賊大敗，躩入江水者不可勝數，水為之三日不流。殺其大將洪真太子，禽左郎將阮根」，《欽定越史通鑑綱目》則說宋軍「伐木治攻具，機石如雨，官船皆壞，官軍為所襲擊，死者數千人」，雙方記載皆是宋軍大勝。

最後李仁宗李乾德請降，郭逵因宋軍「冒暑涉瘴，死亡過半」，只好放棄進攻交州的計畫，接受了李仁宗的降表。郭逵發動的征討行動，自十二月癸巳開始，至十二月癸卯為止，凡十日。

綜觀宋朝勝而不進、倉促停戰的原因，還是在於軍士十萬人（九將之兵實際為四萬九千五百零六人）、民夫二十餘萬因瘴癘而死者過半，運糧民夫的大量死亡，更導致後方軍糧無法順利運至前線，導致前線「九軍食盡矣」的危機。據中書、樞密院向神宗奏報的行營兵馬數：「兵四萬九千五百六人，馬四千六百九十四。除病死及事故，見存二萬三千四百人，馬三千一百七十四匹。」〔註209〕九將之兵四萬九千五百零六人中，在戰爭中即因病死及事故減員二萬六千一百零六人，剩二萬三千四百人，死亡率為 52.7%，傷（病）亡率實在太高，因此郭逵決定「以一身活十餘萬人命」，由自己承擔勝而不進、擅自停戰的責任。郭逵在熙寧十年二月上奏：

> 王師以去年十二月十一日舉兵出界討伐，是日破大里隘，各路賊黨望風逃潰，二十一日抵富良江，未至交州三十里，賊以精兵乘舠逆戰，我師奮擊，大破之，斬偽大將洪真太子，其餘驅擁入江，溺死不知其數。乾德上表，乞修貢如初。遂收復廣源、門、蘇、茂、思琅等州，先後降賊將劉應紀共一百九十人，飛捷以聞。〔註210〕

顯然宋神宗對這一「飛捷」很不滿意，但也必須承認現實。宣佈「安南道經略招討都總管、荊湖南路宣撫司並罷」、「以廣源州為順州」，結束了這一短暫的戰爭。〔註211〕

至於宋軍統帥郭逵，《宋史·郭逵傳》記載：

〔註209〕《長編》卷280，熙寧十年二月丙午，第6868～6869頁。

〔註210〕《宋會要輯稿》，〈蕃夷〉4之36，第9792頁。

〔註211〕《長編》卷280，熙寧十年二月丙午，第6867～6868頁。

> 時兵夫三十萬人，冒暑涉瘴地，死者過半。至是，與賊隔一水不得
> 進，乃班師。坐貶左衛將軍，西京安置，屏處十年。哲宗立，復左
> 屯衛大將軍致仕。起知潞州，進廣州觀察使、知河中。辭歸洛，改
> 左武衛上將軍、提舉崇福宮，卒。……雖坐征南無功久廢，猶隱然
> 為一時宿將云。〔註212〕

郭逵果然應驗了他所說「以一身活十餘萬人命」，戰後被貶官，屏處十年，但
郭逵不以個人寵辱為念，以國家大局為先，保全官兵性命為重，《宋史》評價
為「一時宿將」，誠屬實至名歸。而趙卨在攻入交趾前主張謹慎從事，攻入交
趾後卻主張全力進兵攻取交州，這種「周密的計劃，猛烈的執行」的行事風格，
較郭逵更具有軍事素養與見識。

次年，元豐元年（1078），交趾李仁宗遣陶元為使，出使宋朝，〔註213〕雙
方關係開始改善。元豐二年（1079），李仁宗又將部分被俘宋人放還回國。宋
神宗則將廣源州（順州）歸還交趾，作為回報。〔註214〕宋朝與交趾，又回歸
原先的宗主國與藩屬國之關係。

（二）交趾之役的檢討

熙寧八年的宋越戰爭的起因，在於宋朝在變法尚未完成、內部黨爭問題嚴
重、南方軍備未足的情形之下，縱容邊臣沈起、劉彝等人對交趾採取強硬政策，
引起交趾的不安，遂導致交趾先發制人，起兵入寇。從這一點來說，宋朝的外
交策略失敗的，宋神宗以及負責執行的沈起、劉彝要負相當大的責任。《宋史》
評論道：

> 論曰：兵，兇器也，雖聖人猶曰未學。輕敵寡謀，鮮有不自焚者。永
> 樂之陷，安南之畔，死者百萬，罹禍甚慘，良由數人者不自量度，以
> 開邊釁。……（沈）起執議益堅，妄意輕舉，雖貶官莫贖其責。（劉）
> 彝不能行所學，而規規然蹈前車之轍，以濟其過，烏得無罪？〔註215〕

《宋史》的評論一針見血，允為讜論。

相對來說，交趾掌握了宋朝南侵野心已露、但軍事尚未充備的時機，先發
制人，取得了戰場上的主動，其後宋朝雖大軍南下，攻佔廣源州等地，交趾又

〔註212〕《宋史》卷290〈郭逵傳〉，第9725～9726頁。
〔註213〕《欽定越史通鑑綱目》卷3，頁40下。
〔註214〕《欽定越史通鑑綱目》卷3，頁41上～42下。
〔註215〕《宋史》卷334〈劉彝傳〉，第10729～10730頁。

利用宋軍水土不服、疾病叢生的缺點，趁機與宋言和，迫使宋朝罷兵。從這些方面來說，交趾的外交與軍事策略運用得相當成功，其最大的回報就是，終兩宋之世，宋朝不再對交趾用兵，取得了邊境的長期和平。

對於宋朝來說，熙寧八年交趾之役，宋軍來自北方，水土不服，導致因瘴癘而死者甚多，影響了宋朝的軍事行動，但宋軍統帥郭逵卻能認識本身的缺點，在佔領邊界廣源州、思琅州、蘇州、茂州、桄榔縣等地，兵抵富良江之後，便停止跨江進攻，不做無謂的推進，避免了戰線過長易被敵軍伏擊的缺點，且迅速接受交趾的請和，結束戰爭，減少了兵士的傷亡，避免陷入長期戰爭的泥淖，這一點是值得稱道的。

其次，宋神宗時期的最高戰略，是王韶〈平戎策〉征服河湟、進而討伐西夏的大計劃，宋朝在迅速解決了交趾的問題後，宋神宗重新將注意力放在西北，繼續推動西北拓邊的計劃，若沒有安定的南方，則西北拓邊的計劃恐未易完成。在戰略的角度上來看，迅速結束對交趾的戰爭是有利於大局的。

此外，宋朝為了改善北軍南征不習水土的弱點，元豐四年（1081）又將「置將法」推行於東南諸路，設置「東南十三將」：

> （元豐）四年，詔團結東南路諸軍，亦如畿京法，其十三將自淮南始，東路為第一，西路為第二，兩浙西路為第三，東路為第四，江南東路為第五，西路為第六，荊湖北路為第七，南路潭州為第八，全邵永州應援廣西為第九，福建路為第十，廣南東路為第十一，西路桂州為第十二，邕州為第十三，總天下為九十二將。〔註216〕

東南十三將中，全邵永州第九將、廣西桂州第十二將、廣西邕州第十三將明顯是為了防範交趾而設，加強了宋朝在南方的軍力，因此終宋之世，交趾不敢再為患中國。

至於保甲法招集訓練的保丁，在本章第三節已說到，從宋神宗到地方官員都並未把保丁當作正式的軍人看待，而是用來充當搬運糧草的民伕。熙寧九年二月，廣西轉運司奏言：「討伐交趾，差伕極眾，桂州九縣籍定保丁止八千五百，附保及單丁客戶共九萬一千二百有畸。今欲每差保丁兩番，即於附保人內差伕一番，各量給錢米，及本司所勾抽官員差使，欲望以官錢犒設。」〔註217〕廣西轉運司想到的，是把保丁當作搬運糧草的差伕來使用，且因保丁人數不

〔註216〕馬端臨：《文獻通考》卷153〈兵考五〉，第4579～4580頁。
〔註217〕《長編》卷273，熙寧九年二月丁亥，第6674頁。

足，還要調動保丁之外的附保人、單丁客戶。如此則保丁與非保丁毫無差別，保甲上番訓練變得毫無意義。當時宋神宗亦下詔：「近賊合清野處，令廣西經略、安撫司選委使臣官員，召集保正，令團集民戶，搬運糧蓄。」〔註218〕神宗也是將保正率領民戶（即保丁）當作搬運糧草的人夫來運用，至於真正上戰場作戰，還是要靠北方來的禁軍。

本章小結

　　宋神宗時期的軍事改革，以將兵法、軍器監、保甲法為主。在將兵法方面，其最大的意義，在於將駐泊、屯駐、就糧禁軍，甚至連鄉兵（弓箭手等）、蕃兵的指揮權，隸屬於各「將」的統率之下；而各「將」則聽命於本路的安撫使，使得安撫使地位提高，軍事指揮的事權得以專一，在宋代整個軍事體系當中，這是屬於高層領導機構的改革。雖然對於改善宋朝軍隊的動員與指揮體系，有著明顯的效果，但是對於基層士兵的教育與訓練而言，卻未見明顯的改善。

　　軍器監的設置對宋朝武器的製造與改良著有成效，然而光有先進的武器並不是戰爭勝利的保證，尤其先進武器製造費時費力，需要專人維護與保養，戰爭時期如何運輸這些先進武器，使之可以隨著大部隊長途快速移動，這些問題都考驗著宋朝軍隊的後勤補給能力。

　　至於保甲法，起源於古代「兵農合一」、「寓兵於農」的理想，這一理想為唐宋文人所提倡；並且宋代有鄉兵之制，可謂是保甲法的先聲。王安石變法時，遂正式將之付諸施行。然而保丁的實際訓練者為巡檢、縣尉，巡檢、縣尉皆有原本的職掌，訓練保甲只是兼職，故訓練不專，加以每年訓練時間太短，故保甲實際戰鬥力並不高，實際戰爭時，宋朝仍以「將兵」為主力，保甲只有輔助的功能。

　　此外，王安石推動的變法，許多新政新法就個案來看，似乎並無不妥；但數條新法合在一起，就成為百姓的負擔，如募役法與保甲法即是典型的例子。百姓依照「募役法」免服差役而繳納免役錢，卻又因推行「保甲法」而充保丁，對百姓而言，依舊要服役（由差役改為保甲），卻多繳了一筆免役錢，負擔變相加重。即使保甲法的政策有其理想的一面，但王安石變法缺少整體

〔註218〕《長編》卷273，熙寧九年二月辛丑，第6683頁。

的配套規劃,將保甲法、募役法一起推動,百姓負擔有增無減,自然導致民怨沸騰。

　　宋神宗時期的軍事改革,能不能在戰場上發揮真正的實效,只有留待戰爭來驗證了。